*Für Julia, Rémy und Margot,
die den Dreh raus haben, mich zu motivieren.*

Jürg Liechti

Dann komm ich halt, sag aber nichts

Motivierung Jugendlicher in Therapie und Beratung

2009

Mitglieder des wissenschaftlichen Beirats des Carl-Auer Verlags:

Prof. Dr. Rolf Arnold
Prof. Dr. Dirk Baecker
Prof. Dr. Bernhard Blanke
Prof. Dr. Ulrich Clement
Prof. Dr. Jörg Fengler
Dr. Barbara Heitger
Prof. Dr. Johannes Herwig-Lempp
Prof. Dr. Bruno Hildenbrand
Prof. Dr. Karl L. Holtz
Prof. Dr. Heiko Kleve
Dr. Roswita Königswieser
Prof. Dr. Jürgen Kriz
Prof. Dr. Friedebert Kröger
Tom Levold
Dr. Kurt Ludewig
Prof. Dr. Siegfried Mrochen
Dr. Burkhard Peter
Prof. Dr. Bernhard Pörksen

Prof. Dr. Kersten Reich
Prof. Dr. Wolf Ritscher
Dr. Wilhelm Rotthaus
Prof. Dr. Arist von Schlippe
Dr. Gunther Schmidt
Prof. Dr. Siegfried J. Schmidt
Jakob R. Schneider
Prof. Dr. Jochen Schweitzer
Prof. Dr. Fritz B. Simon
Dr. Therese Steiner
Prof. Dr. Dr. Helm Stierlin
Karsten Trebesch
Bernhard Trenkle
Prof. Dr. Sigrid Tschöpe-Scheffler
Prof. Dr. Reinhard Voß
Dr. Gunthard Weber
Prof. Dr. Rudolf Wimmer
Prof. Dr. Michael Wirsching

Umschlaggestaltung: Goebel/Riemer
Umschlagfoto: © photocase, french_03, 2008
Satz u. Grafik: Josef Hegele, Heiligkreuzsteinach
Printed in Germany
Druck und Bindung: Freiburger Graphische Betriebe, www.fgb.de

Erste Auflage 2009
ISBN 978-3-89670-674-4
© 2009 Carl-Auer-Systeme, Heidelberg
Alle Rechte vorbehalten

Bibliografische Information der Deutschen Nationalbibliothek
Die Deutsche Nationalbibliothek verzeichnet diese Publikation
in der Deutschen Nationalbibliografie; detaillierte bibliografische
Daten sind im Internet über http://dnb.d-nb.de abrufbar.

Informationen zu unserem gesamten Programm, unseren Autoren
und zum Verlag finden Sie unter: **www.carl-auer.de**.

Wenn Sie Interesse an unseren monatlichen Nachrichten
aus der Häusserstraße haben, können Sie unter
http://www.carl-auer.de/newsletter den Newsletter abonnieren.

Carl-Auer Verlag
Häusserstraße 14
69115 Heidelberg
Tel. 0 62 21-64 38 0
Fax 0 62 21-64 38 22
E-Mail: **info@carl-auer.de**

Inhaltsverzeichnis

Vorwort 11
Vorwort des Autors 14

1. Einleitung 15
Weil ich keine Hilfe brauche 15
Eva S. – ein Hilferuf 15
Die Pubertät ist nicht an allem schuld 17
Wozu dient dieses Buch? 18
Drei klinische Einstiegskonstellationen 21

2. Ein stilles Leiden 24
Extreme verbinden – Der Ersttermin 24
Kooperation im therapeutischen Arbeitskontext 27
Eine empirische Abfolge von Phasen 36
Das Problemsystem 40
Zur Diagnostik 42
Probleme entwickeln sich 44
Der Ablösungskonflikt 46
Systemische Gesichtspunkte 50

3. Ein heikles Thema 52
Therapiemotivation im Jugendalter – ein heikles Thema 52
Psychologische Reaktanz 53
Idealszenario und Wirklichkeit 56
Hilflosigkeit fordert heraus 58
    Beispiel 1: Javier A. 58
Kontext, Kontext, Kontext 64
Optionen erweitern 65
Relativität der Perspektiven 66
    Beispiel 2: Fatlinda Z. 67
    Variante 1: 70
    Variante 2: 71
Motivation ist mehr als die halbe Miete 72

4. Jugendliche und Eltern 74
  Wenn die Eltern schwierig werden 74
  Jugendliche sind »etwas anders« 75
  Von Pickeln und Timing 77
  Familie als »therapeutische Einrichtung« 79
  Was macht Familie aus? 80

5. Der systemische Therapieprozess und der konsultative Einbezug Jugendlicher 82
  Therapiemotivation – Entwicklung im Kontext 82
  Elterliche Hilflosigkeit 84
  Konsultativer Einbezug Jugendlicher 87
  1. Schritt: Die Klage (Perspektive) der Eltern akzeptieren 89
    Beispiel 3: Leonardo U. 89
  2. Schritt: Neurahmung der elterlichen Perspektive 91
    Beispiel 4: Yannik V. – »Gemeinsam im Boot der Ratlosigkeit« 95
  3. Schritt: Die Klage (Perspektive) des Jugendlichen akzeptieren . 103
  4. Schritt: Neurahmung der jugendlichen Perspektive 106
  5. Schritt: Klärungsprozesse in Gang setzen 109
  6. Schritt: Autonomieprozesse begleiten 115
    Beispiel 5: Alex D. – Beispiel für einen »Ausstoßungsmodus« der erschwerten Ablösung 116

6. Aspekte der Therapiemotivation 122
  Therapiemotivation: Die »pièce de résistance« 122
  Leidensdruck und »ideales Selbst« 124
  Wahre Familiendiagnostiker 126
    Beispiel 6: Elisabeth B. – Störung des Sozialverhaltens ... 126
  Lobbying für das erfahrene Leid 133
  Menschen sind immer motiviert 134
  Motivation hat zwei Seiten 136
  Personelle Faktoren 137
    Beispiel 7: Andrin B. 137
    Beispiel 8: Priska T. 138
  Beziehungskontextuelle Faktoren 138
  Determinanten der Therapiemotivation 139
    Beispiel 9: Leander F. 140
  Bekannte Konzepte der Veränderungsmotivation 143

Motivationale Gesprächsführung 143
Motivation und Selbstmanagement. 144
Motivation und kognitive Vorbereitung. 145
Motivierende Gesprächsführung 146
Motivation und Selbstbestimmung 147

7. Hilfebeziehung und therapeutisches Handwerk 149
Mobilisierung von Selbstheilungssystemen 149
Systemisches Modell. 150
Therapeutische Haltungen. 151
Die allparteiliche Haltung. 151
Die neutrale Haltung 152
Die Therapiebeziehung steht im Zentrum 152
Vier Helfermodelle 154
Das moralische Modell 155
Das Aufklärungsmodell. 155
Das medizinische (Defekt-)Modell 156
Das kompensatorische Modell 156
Systemkompetenz. 157
Systemische Problembeschreibungen. 158
Strukturelle Äquivalenz 160
   Beispiel 10: »Den Karren aus dem Dreck ziehen« 160
Signifikanz 161
   Beispiel 11: Johann V. 161
Vernetztheit. 162
   Beispiel 12: Maja M. und »das alte Haus von
   Rocky Docky« 162
Patientin als Expertin 165
Positive Erfahrung. 166
Attributionsgewohnheiten 166
   Beispiel 13: Saskia P. 166
Mehrung von Optionen. 167
Praktische Lösungen 168
Sieben Fragetypen. 168
Ordealtechnik 170
   Beispiel 14: Vera U. 171
Ritualisiertes Klagen 174
Anmeldung eines elterlichen Notstandes 176
   Beispiel 15: Roland B. 177

8. Phasensensitive Modelle 181
Stufen der Veränderung 181
  Beispiel 16: Janos R. 182
Stadium 1 – Fehlendes Problembewusstsein
(»precontemplation«) 185
Stadium 2 – Nachdenklichkeit (»contemplation«) 189
Stadium 3 – Entscheidung/Vorbereitung (»preparation«) 191
Stadium 4 – Handeln (»action«) 192
Stadium 5 – Aufrechterhalten (»maintenance«) 193
Stadium 6 – Abschließen (»termination«) 194
Besucher, Klagende, Kunden 195
Besucher: Bereitschaft, in eine Sitzung zu kommen 195
Klagende: Die Bereitschaft, ein Problem zu beklagen 196
Kunde: Die Bereitschaft, ein Problem zu lösen 196

9. Zwei Beispiele für den Einstieg 197
Eine beunruhigende Zunahme 197
Erkenntnisrahmen 198
Systemischer Ansatz erster Ordnung 198
  Beispiel 17: Pia C. 199
Systemischer Ansatz zweiter Ordnung 201
Fall 1: Ein Hilferuf aus dem Äther – Zu viel des Guten 202
Den Dialog in Gang halten 203
Öffnendes Fragen 205
Fall 2: Siehst du, Vater hasst mich! – Patchworkfamilie 207
Ein Anruf der Mutter 207
Eine integrale Sicht 208
Grund der Zuweisung 210
Anamnese und diagnostische Einschätzung 210
Exploration des Problemsystems 212
Aus dem Erstinterview 212
Risiken der Patchwork- oder Stieffamilie 215
Dreiecksprozesse 217
Dyadisch, triadisch 218
»Spill-over«-Effekte (Überschwappen) 219
Elterliche Allianz im Patchwork 220
Systemische Beziehungsgestaltung –
Der Umgang mit Felix 223

10. Krisenintervention aus systemischer Sicht **229**
　Einbeziehung des Umfelds auch in der Krise 229
　Was ist eine Krise? 230
　Ein Notruf 231
　Krisenintervention – eine systemische Perspektive 232
　Einen weiterführenden Kontext herstellen 233
　Abschätzen der Suizidalität 234
　Aspekte einer Krisenbegleitung 237
　Ein abschließendes Wort 238

Literatur **240**
Über den Autor **252**

Vorwort

Wer sind die jungen, in ihrem Leben emotional eingeschränkten Menschen, die durch therapeutische Hilfe nur gewinnen können, die sie aber nicht annehmen können und sich mit starken Gefühlen dagegen wehren? Und was können Therapeuten und Therapeutinnen tun, denen das eigentlich sonnenklar ist und die über eine Fülle professioneller Mittel verfügen, um diesen intensiven Widerstand gegen Hilfsangebote zu überwinden? Das ist, wie Jürg Liechti sagt, in der Tat ein »heikles Thema«. Dahinter steht bei allen davon Betroffenen nahezu immer ein stilles Leiden. Die Unfähigkeit wahrzunehmen, dass Hilfe gebraucht wird, die Unfähigkeit, Hilfe anzunehmen, weil das als Eingeständnis eigener Schwäche unerträglich ist, kennzeichnet vor allem Menschen, die sich von allem, was sie psychisch verunsichert, gefühllos distanzieren. Solange sie den Mangel an und das ungestillte Bedürfnis nach psychischer Sicherheit dadurch emotional im Schach halten, ist eine solche Reaktion kaum zu durchbrechen.

Jugendliche, die ihren Eltern das Leben schwer machen, haben – aus ihrer Sicht – schwierige Eltern. Denn, wie John Bowlby, dem wir die Bindungstheorie verdanken, festgestellt hat: »Menschen jeden Alters sind am glücklichsten und nutzen ihre Begabungen auf die vorteilhafteste Weise, wenn sie die Gewissheit haben, dass mindestens eine Person hinter ihnen steht, die ihr Vertrauen besitzt und ihnen zur Hilfe kommt, falls sich Schwierigkeiten ergeben« (Bowlby 1973, S. 359). Dies ersehnen sich Kinder von ihren Eltern, selbst wenn sie selbst schon erwachsen sind und eigene Kinder haben. Die Aufgabe von Eltern zeigt sich vor allem darin, wie sie ihre Rolle als schützend, stärker und weiser vorleben, mit dem Kind verhandeln, Kompromisse schließen und ihnen ein Vorbild sind entsprechend ihrem Alter, seinen Bedürfnissen und seinen notwendigen Erfahrungen. Deshalb sind Eltern für viele Jahre so gut wie unersetzlich.

Traumatische Verletzungen durch die Eltern selbst, wie etwa elterlicher Streit, der ungelöst bleibt, Gewalt, alkohol- und drogenbedingte Exzesse, aber auch durch lebensbedrohliche Situationen, Unfälle usw., ziehen oft intensivere Belastungssymptome als eigene Traumata bei den Kindern nach sich. Jürg Liechti weiß um die Reaktanz, die intensiven Gegenreaktionen Jugendlicher, deren Eltern Forderungen stellen, ohne ihnen selbst eine sichere Basis beim Erkunden der Welt zu bieten, und die auch kein sicherer Hafen sind zur Entspannung nach Konflikten, die dabei immer entstehen. Mit sicheren und starken Eltern können sich Jugendliche während und nach der Pubertät konstruktiv, lernend, abwägend, vergleichend und deshalb gewinnbringend auseinandersetzen. Mit unsicheren und schwachen Eltern dagegen gelingt das nicht, »denn die (psychologische) Funktion ihrer ›Störung‹ besteht gerade darin, dies zu vermeiden« (S. 104). Dabei geht es nicht in erster Linie um nachprüfbare Wahrheit, sondern um die Klarheit, mit der die Eltern – und ihre Sicht der Dinge – von den betroffenen Jugendlichen wahrgenommen werden. Jürg Liechti nennt dies eine »Neurahmung« der jugendlichen Perspektive; es ist, im Sinne von John Bowlby, ein Setzen neuer Arbeitsmodelle von sich und anderen an die Stelle alter und untauglicher.

Die Haltung »Dann komm ich halt, sag aber nichts« ist dafür nicht besonders ermutigend. Wie sollten, ohne Gespräch, neue Rahmen entstehen? Das tragende Grundmotiv ist das Interesse an starken, weil in ihren Beziehungen zum jugendlichen Kind sicheren Eltern. Daran lässt die Fülle an bindungstheoretisch inspirierten Forschungsergebnissen keinen Zweifel. In den praktischen therapeutischen Konzepten und Interventionen, die sich in jedem Fall, den Jürg Liechti vorstellt, als nützlich, aufschlussreich und spannend erweisen, ist dies der Schlüssel. Er öffnet langsam und vorsichtig die verschüttete Bereitschaft zur sprachlichen Klärung der lähmenden Hilflosigkeit gegenüber emotionalen Konflikten. Widerspenstige Jugendliche mit tief empfundener, aber vehement abgewehrter Anteilnahme an der Last, die ihre Eltern zu tragen haben, wurden so zur Mitarbeit gewonnen und als zukünftige Mitgestalter ihres familiären Schicksals gestärkt.

Für Eltern ist eine solche therapeutische Neurahmung extrem anspruchsvoll. Sie müssen nicht nur ihrer Tochter oder ihrem Sohn gegenüber die eigene Hilflosigkeit zugeben, sondern vor allem sich selbst gegenüber. Je länger ein Jugendlicher als Kind dieser Eltern Erfahrungen von fehlendem Schutz in bedrohlichen Situationen, von mangelhafter Unterstützung und von kränkenden Zurückweisungen gemacht hat, desto anspruchsvoller sind die Anforderungen an die Kompetenz des Therapeuten bei der Krisenbegleitung. Kritisch und vorrangig ist die Motivation zur Therapie, weil sich beim Übergang zum Erwachsensein die emotional tief wirkende, abgrenzende Schutzhaltung bereits stark verfestigt hat. Das Wissen um Bindungen, um die besondere Wirkung der Qualität therapeutischer Beziehungen und die therapeutische Kunstfertigkeit zusammen eröffnen trotz allem hoffnungsvolle Perspektiven im Umgang mit Menschen, deren Leben in Beziehungen beklemmend eng und emotional dürr geworden ist.

Wer je gesehen hat, wie bereits einjährige Kinder den Ausdruck ihrer Sehsucht und ihrer Not nach Beistand, Nähe und Hilfe unterdrücken, wenn sie oft zurückgewiesen wurden, und wie die vermeidende Organisation ihrer Gefühle die ummittelbare Kommunikation mit ihren Schutzbefohlenen gerade dann verhindert, wenn sie Zuwendung am meisten brauchen, kann verstehen, was in Jugendlichen vorgeht, die solchen Gefühlen ohne Einsicht in die Zusammenhänge und ohne Aussicht auf Lösung ausgeliefert sind. Sie können sich nicht mehr helfen lassen. Die emotional verhärteten Personen sind deshalb auch in klinischen Stichproben außerordentlich unterrepräsentiert, obwohl sie in der Gesamtpopulation von allen bindungsunsicheren Personen die größte Gruppe darstellen. Ihr Lebensgefühl ist das einer Last, die zu ertragen ist, eine emotionale Leere, anstatt – wie bei Jugendlichen aus sicheren Bindungsbeziehungen – meistens erfreulich, emotional reich, mitteilsam, offen und lösungsorientiert auch gegenüber Lebenskonflikten. Sie dahingehend zu motivieren, dass sie Hilfe annehmen, ist die größte Herausforderung, noch vor der Therapie selbst.

Jürg Liechtis Buch öffnet den Blick und den Weg dahin, der in dieser erfolgreichen Klarheit bislang so noch nicht beschritten wurde. Er bringt Hoffnung für viele Jugendliche, die den verzweifelten Konflikt zwischen Autonomie und fehlender psychischer Sicherheit ohne die Stärkung ihrer Eltern, zu der sie selbst beitragen können, nicht lösen könnten.

Prof. em. Dr. phil. Klaus E. Grossmann
Institut für Psychologie, Universität Regensburg

Vorwort des Autors

Dieses Buch plädiert für ein beziehungsorientiertes Handeln, besonders wenn es um die Motivierung Jugendlicher in Therapie und Beratung geht. Wie von selbst bietet sich dabei ein systemisch-familientherapeutischer Ansatz an. Nicht von ungefähr hat er sich zeitgleich zur Bindungstheorie und mit vielen Querbezügen zu ihr entwickelt. Beide Disziplinen gehen davon aus, dass Beziehungsfähigkeit ein Kennzeichen psychischer Gesundheit ist und dass es in familiären Beziehungen – oft verzerrt als Ursache menschlichen Unglücks dargestellt – Selbstheilungskräfte für die Linderung von Leid zu entdecken und zu mobilisieren gilt.

Das Buch fokussiert auf Prozesse der Therapiemotivation, nicht auf die Therapie als Ganzes, und es steuert Ideen bei, wie das Gefüge intimer (Familien-)Beziehungen zur Stärkung der Therapiemotivation genutzt werden kann. Es ist voller Unsicherheiten und offen bleibender Fragen. Zwar versucht es aufzuweisen, dass bei der therapeutischen Navigation durch die Einzigartigkeit klinischer Konstellationen wissenschaftliche Informationen als Orientierungshilfen dienen können. Aber gerade die Therapie mit verhaltensauffälligen Jugendlichen beweist, dass im Einzelfall mit Wendungen zu rechnen ist, die keine Wissenschaft genau voraussagt. Stattdessen verlangt die Arbeit in diesem Bereich von Professionellen eine Fähigkeit, systemische Prozesse zu regulieren, und eine grosse Bereitschaft, Widersprüche auszuhalten.

Abschließend noch kurze Worte des Dankes. Mein innigster Dank gilt meiner Ehefrau, *Dr. Monique Liechti-Darbellay*. Auch sie arbeitet als Psychiaterin und Psychotherapeutin im gleichen Berufsfeld. Ihre Erfahrung und Ermutigung, aber auch ihre kritischen Beiträge haben das Buch durchgehend beeinflusst. Von Herzen danke ich allen Jugendlichen, ihren Eltern und Geschwistern, die mir bisher das Vertrauen geschenkt haben, obwohl ich nicht alle Erwartungen erfüllen konnte. Dem Lektorat schließlich, Frau Dr. Nicola Offermanns und Herrn Dr. Ralf Holtzmann sowie dem Carl-Auer-Verlagsteam danke ich für die sorgfältige Begleitung.

Jürg Liechti
Adelboden, 6. Januar 2009

1. Einleitung

> »Während Soziologen Listen manifester, ›sichtbarer‹ Verpflichtungen zusammengestellt haben, interessieren wir uns mehr für die unsichtbaren. Zwischen jedem Individuum und seinem Beziehungssystem findet ein ständiger Austausch von Gebens- und Nehmens-Erwartungen statt. Wir pendeln unablässig hin und her zwischen diesen Positionen: teils erlegen wir selbst Verpflichtungen auf, teils erfüllen wir sie.«
>
> Boszormenyi-Nagy u. Spark (1981, S. 42)

Weil ich keine Hilfe brauche

Anlässlich eines Workshops fragte ich eine Jugendpsychiaterin: »Sind in deinem Spezialfach Motivationsprobleme bei Jugendlichen ein Thema?« Ihre Antwort kam postwendend und sie war kurz: »Ein Dauerthema, aber man spricht nicht darüber; man ist allein damit!«

Erwachsene suchen unter dem Eindruck von psychischer Beeinträchtigung und Hoffnung auf Besserung von sich aus eine Beratung oder Psychotherapie auf. Um Kinder für eine Kinderpsychotherapie zu gewinnen, braucht man die Unterstützung der Eltern. Aber wie ist es mit seelisch leidenden Jugendlichen? Die lassen sich nicht so schnell in die Karten blicken. Und gerade jene, die am meisten gefährdet sind, neigen am wenigsten dazu, Hilfe zu suchen (Fortune et al. 2008). Stattdessen streiten sie ab, dass etwas nicht stimmt, lehnen Hilfe ab, geben sich undurchsichtig, arrogant, unbeteiligt, cool oder gleichgültig – ungeachtet aller Risiken, die sie dadurch für sich und andere in Kauf nehmen.

Eva S. – ein Hilferuf

An einem leuchtenden Septembertag, kurz vor der ersten Nachmittagssitzung, rief die verzweifelte Frau S. an und bat um Hilfe für ihre 15-jährige Tochter Eva.

Die Mutter hielt es einfach nicht mehr aus, einerseits zu wissen, dass Eva sich an beiden Unterschenkeln Schnittwunden zufügte, und andererseits mit niemandem darüber reden zu können. Als sie am Vormittag die Wäsche zum Waschen sortierte, hatte sie wieder blutige

Pyjamahosen gefunden. Ihr getrennt lebender Ehemann und Vater von Eva glaube ihr nicht, obwohl sie ihm mehrmals von den blutigen Snoopy-Pyjamas erzählt habe. Stattdessen mache er ihr Vorwürfe, sie sei zu dominant und mische sich in übertriebener Manier in die persönlichen Angelegenheiten der Tochter ein (»Sie ist jetzt 15 und kein Kind mehr!«, so habe der Vater gesagt). Sie selber glaube aber eher, es sei ein Hilferuf! »Aber wenn ich Eva direkt darauf anspreche, so reagiert sie aggressiv und bestraft mich dann damit, dass sie tagelang kaum mit mir spricht und sich im Zimmer verschanzt!« Dann wiederum klammere sich Eva an sie, wie das in diesem Alter doch nicht normal sei. In der Beratungsstelle habe man ihr dringend eine Therapie empfohlen, doch Eva weigere sich hinzugehen.

Erschreckende 53 % der jungen Menschen, die sich selbst geschädigt hatten, waren nicht motiviert, Hilfe zu holen, ehe sie sich absichtlich verletzten; dies war das Ergebnis einer umfassenden und repräsentativen Studie an Schulen in England. In anonymen Selbstbeschreibungen gaben die Jugendlichen unter anderem folgende Gründe an, weshalb sie keine Hilfe aufsuchten (Hawton et al. 2006, S. 106):

- »Weil ich keine Hilfe wollte.«
- »Ich brauchte keine Hilfe. Ich konnte alleine damit fertig werden – und zwar besser, als wenn mir irgendjemand geholfen hätte.«
- »Hatte nicht das Gefühl, dass meine Probleme wichtig genug sind.«
- »Ich habe mich geschämt.«
- »Ich hatte nicht das Gefühl, dass mir noch irgendjemand hätte helfen können.«

Haben selbstschädigende Handlungen stattgefunden, so wusste gemäß dieser Studie in fast 80 % der Fälle irgendeine andere Person darüber Bescheid – in der Reihenfolge der Häufigkeit waren das Freunde, Mütter und Geschwister. Dessen ungeachtet schien es keine Gelegenheit zu geben, entschieden einzuschreiten, ehe die Selbstverletzungen geschahen. Zeigen Jugendliche selbstverletzendes Verhalten, auch in schwerwiegendem Ausmaß, so heißt das offenbar noch nicht, dass sie professionelle Hilfe wünschen oder dass jemand durch hilfreiches Einschreiten etwas erreichen könnte. Auch wenn das schon traurig genug ist, so muss angenommen werden, dass die Ohnmacht des Umfelds einschließlich der Fachleute auch bei vielen anderen seelischen Störungen des Jugendalters verbreitet ist.

Die Pubertät ist nicht an allem schuld

Oft genug stoßen Eltern von pubertären oder adoleszenten Kindern mit ungewöhnlichen Entwicklungsverläufen an ihre Grenzen; sie ängstigen sich, fühlen sich überfordert, verunsichert, schuldig oder sehen sich zur Kapitulation gezwungen. Dasselbe Kind, das erst noch kummervoll in ihr Bett geschlüpft ist, sich dankbar umarmen ließ oder einen ihm erteilten Rat willig befolgte, erweist sich über Nacht als unnahbar und fremd. Allen gut gemeinten Hinweisen der Eltern zum Trotz demonstriert es lauten oder wortlosen Widerstand. Je mehr auf »Normalität« gepocht wird, umso abweichender verhält es sich, und je mehr die bangen Eltern auf professionelle Hilfe drängen, desto unwahrscheinlicher kommt sie zustande.

In Anbetracht eines passiv-renitenten, anarchischen oder aktiv-lärmigen Verhaltens von Jugendlichen sind Erwachsene rasch mit dem Etikett der Pubertät bei der Hand.

Der amerikanische Arzt und Psychiater James F. Masterson (1993, S. 184): »Noch vor wenigen Jahren war man der Ansicht, die Adoleszenz sei von ihrem Wesen her eine so tumultuöse und ärgerliche Periode, dass alle Teenager ernsthafte Probleme entwickeln *müssten*. Tatsächlich waren die Begriffe *Teenager* und *Probleme* nahezu synonym.«

»Er ist halt in der Pubertät«, entschuldigen Eltern das asoziale Verhalten ihres Sohnes. Oder sie trösten sich angesichts eines bizarren Essverhaltens ihrer Tochter mit der Hoffnung, »dass sich das wieder legen wird, sobald sie einmal erwachsen ist«. Das mag im einen oder anderen Fall auch zutreffen, doch heutzutage gibt es keinen Grund, es einfach darauf ankommen zu lassen; denn Fachleute verfügen sehr wohl über differenzierende Instrumente, um eine normale Entwicklung von einer krankhaften zu unterscheiden. Und je früher eine Fehlentwicklung einer jugendlichen Person entdeckt und einer möglichst passgenauen Hilfe zugeführt wird, desto besser steht es für ihre psychische Gesundheit – und für die Allgemeinheit, denn schließlich erwachsen ihr aus unzureichend behandelten psychischen

Störungen und deren Folgen über eine lange Lebensspanne hohe Gesundheitskosten.

Bei den meisten emotionalen Störungen und Verhaltensauffälligkeiten im Jugendalter wird von einer Multikausalität der Entstehung ausgegangen. Demzufolge setzen sich multimodale Therapiekonzepte mit unterschiedlichen Chancen und Risiken durch. In jedem Einzelfall muss nach einer passenden Indikation (= plausibler Grund für den Einsatz eines bestimmten Verfahrens bei einer bestimmten Störung) gesucht werden.

Dabei werden zwei verschiedene Indikationsbegriffe unterschieden:

- Die individuelle (methoden-, expertendefinierte) *selektive Indikation* ordnet einer spezifischen Störung das aufgrund empirischer oder klinischer Erkenntnisse bestgeeignete Verfahren zu (Ist bei einem bestimmten Patienten mit einer spezifischen Problematik Psychotherapie überhaupt indiziert? Ist die von der Therapeutin vertretene Therapierichtung indiziert? Ist systemische, Verhaltens- oder Gesprächspsychotherapie etc. indiziert? Sind unabhängige oder ergänzende Hilfeleistungen indiziert?) (vgl. Fiedler 2003).
- Die prozessorientierte (kooperations-, klientenorientierte) *adaptive Indikation* richtet sich nach den wechselnden Bedürfnissen eines sich entwickelnden therapeutischen Systems sowie nach flexiblen Therapiezielen (Was kann eine Mutter tun, um ihrem Sohn einen motivierenden Kontext zu schaffen? Wann ist der »richtige Zeitpunkt« bzw. welches sind die Voraussetzungen, um das Therapiesystem zu erweitern? Findet eine Sitzung trotzdem statt, wenn ein Vater sich abmeldet, weil er vielleicht davon ausgeht, dass Therapie ohnehin eine »Muttersache« sei?) (vgl. Bastine 1981; Mattejat 1997; Schweitzer u. von Schlippe 2006).

Wozu dient dieses Buch?

Das vorliegende Buch richtet den Brennpunkt hauptsächlich auf (familien-)systemische Passungsprozesse (adaptive Indikation), die eine frühzeitige Motivierung Jugendlicher in Therapie und Beratung bezwecken. Es ist von der Überzeugung beseelt, dass Psychotherapie primär die Aufgabe hat, emanzipierende Rahmenbedingungen für die Selbstorganisation der Menschen zu schaffen (und nicht sie zu »reparieren«), und dass speziell bei Jugendlichen der Familienkontext mit zu berücksichtigen ist. Der hier vertretene Ansatz geht davon aus, das die Stimme des Jugendlichen ins Zentrum der Aufmerksamkeit gehört, und nicht dessen Störung. Gewiss: Störungen dürfen nicht unterschätzt werden – besonders, wenn sie eine Eigendynamik entwickeln und das Umfeld in ihren Bann ziehen. Dazu hat sich in den vergangenen Jahrzehnten eine beeindruckende Menge an Wissen angereichert, und es stehen mittlerweile wissenschaftlich perfekt ausgelotete Therapieprogramme für gut definierte Störungen bereit. Ungeachtet dessen kommen die Hilfen nicht überall zum Zug, da Jugendliche sie oft vermeiden. Darüber hinaus besteht bei der Anwendung eines »diagnoselastigen« Ansatzes bei emotionalen Störungen und Verhaltensauffälligkeiten im Jugendalter die Gefahr von subtilen Etikettierungsprozessen.

In einer nuancierten Formulierung, wie wir sie von Magersüchtigen kennen, sagte eine anorektische Jugendliche wörtlich (Liechti 2008):

»Es klingt vielleicht unglaubhaft, aber genau so ist es. Wenn man mir nicht vertraut, wird es nicht gehen. Meine Magersucht ist vielleicht ein bisschen speziell, anders als bei anderen. Jeder Fall ist anders, das hab ich im Spital gesehen. Die Leute dort haben sich Mühe gegeben. Aber für mich ist es einfach nicht der richtige Weg gewesen. Es ist nicht so, dass ich einfach abnehmen will. Ich spüre einfach, dass sich zuerst die Beziehungen in der Familie ändern müssen, dann wird es mir besser gehen, und ich werde essen können. Für mich ist es wie ein Rätsel in der Mitte eines Labyrinths. Zuerst muss man den Weg durch das Labyrinth finden, bevor man das Rätsel lösen kann. Umgekehrt geht es nicht. Ich komm gar nicht ans Rätsel heran, bevor ich nicht den Weg gefunden habe.«

Die »physiologischen« Ambivalenzen des Jugendalters, die vom Ringen um eine eigene Identität angesichts einer widersprüchlichen Welt geprägt sind, machen Jugendliche – und ganz besonders solche mit nicht geradliniger Entwicklung – hellhörig für die Beachtung und Anerkennung als ganze Menschen. Das Bedürfnis, von anderen Menschen be- und geachtet zu werden, gilt für alle und ist bei Jugendlichen besonders stark ausgeprägt. Beachtung ist ein Bestandteil der jugendlichen Existenz: »Ich werde beachtet, also bin ich« (Tarr Krüger

2001). Infolgedessen ist die Idee, verhaltensauffällige Jugendliche stets als *Experten der eigenen Lebenssituation* zu verstehen, nicht nur eine Sache des Respekts; vielmehr ist sie eine Sache der klinischen Notwendigkeit, wenn es darum geht, sie für die Therapie zu gewinnen. Deshalb gehen erfahrene Therapeuten davon aus, dass Jugendliche immer »gute« – das heißt anerkennenswerte – Gründe für ihr Verhalten haben, auch wenn es von außen betrachtet »auffällig«, »schlecht« oder »gestört« erscheint.

Das Buch richtet sich vor allem an beratend oder therapeutisch Tätige, die sich an der konkreten Praxis orientieren und umso empfänglicher für Ideen aus der Werkstatt sind (»Das systemische Denken ist ja ganz faszinierend, aber hier habe ich einfach das praktische Problem, dass Mario sich weigert zu kooperieren, und solange sein Vater nicht mitmacht, wird sich das nicht ändern, und ich weiß einfach nicht, was ich noch tun kann, um diesen Vater zur Zusammenarbeit zu gewinnen.«).

In den 25 Jahren meiner Tätigkeit als Ausbilder in Masterkursen, Workshops, Seminaren und auch in der Supervision stellen sich im Zusammenhang mit Jugendlichentherapien immer wieder dieselben praktischen Fragen:

- Wie kann man Jugendliche erreichen, die von einer psychotherapeutischen Behandlung profitieren könnten, sich dieser aber aktiv bzw. passiv widersetzen?
- Kann man überhaupt »Therapie machen«, wenn eine jugendliche Person »nicht will«, und wenn »ja«, wie denn?
- Ist es ethisch vertretbar, Jugendliche »zu ihrem Glück zu zwingen«?
- Gibt es keine Alternative zur (elterlichen, staatlichen, professionellen) Fremdkontrolle bei gleichzeitigem Vorhandensein offensichtlicher Hilfebedürftigkeit und Widerstand gegenüber einer Behandlung (z. B. Zwangseinweisung in eine Einrichtung)?
- Wie kann man Eltern begegnen, die sich ihren offensichtlich hilfebedürftigen Kindern gegenüber (scheinbar?) machtlos, hilflos, gleichgültig oder distanziert zeigen?
- Dürfen, sollen, müssen Eltern auch gegen den Willen von Jugendlichen in die Therapie einbezogen werden, sofern auf anderem Weg keine Aussicht auf Erfolg besteht?

Das Buch dient dazu, einige Antworten auf diese Fragen zusammenzutragen. Beim Schreiben hatte ich insbesondere das Ziel vor Augen, Anregungen für systemische Lösungen von Motivationsproblemen in der Therapie mit verhaltensauffälligen Jugendlichen zu geben. Demzufolge richtet es den Blick auf die Optimierung familiärer Therapiekontexte. Es verbindet verschiedene theoretische Konzepte zur Therapiemotivation mit Methoden der systemischen Therapie zu einer systemischen Motivierungspraxis.

Drei klinische Einstiegskonstellationen

Praktische Ansätze für die Therapiemotivierung Jugendlicher sind das Thema dieses Buches. Gemäß der berühmten Maxime – »Gedanken ohne Inhalt sind leer, Anschauungen ohne Begriffe sind blind ... Der Verstand vermag nichts anzuschauen, und die Sinne nichts zu denken« (Kant 1920, S. 50) – verwende ich »sinnliche« Fallbeispiele, Therapiegeschichten, Anekdoten sowie »begriffliche« Konzeptansätze und wissenschaftliche Informationen. Zahlreiche Dialogbeispiele sollen die therapeutischen Interventionen konkretisieren und illustrieren. Damit ausgerüstet fokussiere ich vorwiegend auf drei klinische Konstellationen, die ich in meiner Praxis häufig antreffe:

1. Eine alleinerziehende Mutter (ein Vater, Eltern) ruft an oder kommt in die Sprechstunde und erzählt, dass eine Tochter (ein Sohn) offensichtlich ein besorgniserregendes Verhalten an den Tag legt, sich aber weigert, therapeutische Hilfe anzunehmen.
2. Eine alleinerziehende Mutter (ein Vater, Eltern) hat es geschafft, die Tochter (den Sohn) in die Sprechstunde »zu schleppen«, und erwartet nun, dass der Therapeut »den Fall« übernimmt.
3. Die Jugendlichen selbst werden von ihren Eltern (oder Hausärztin, Jugendgericht etc.) in die Therapie »geschickt«.

Alle drei Konstellationen haben viel miteinander zu tun und können sich bei ein und demselben Jugendlichen auch als »motivationale Stadien« entpuppen (von der elterlichen Aussage »Unser Sohn sagt, er werde ganz bestimmt nicht mitkommen« bis zum jugendlichen Kooperationsangebot »Dann komm ich halt, sag aber nichts«).

1. Einleitung

Obwohl sich der Prozess der Therapiemotivation zweifelsohne durch die ganze Therapie durchzieht, stelle ich hier die Optik auf den Einstieg in die Therapie – da, wo Jugendliche »einfach nicht kommen« oder kommen, aber aktiven oder passiven Widerstand zeigen.

Noch ein Wort zu meinem Verständnis des Praktikers. Ich kann mich gut mit folgender Definition identifizieren (Flammer 1988, S. 14): »Der erfolgreiche fachpsychologische Praktiker zeichnet sich wahrscheinlich dadurch aus, dass er (oder sie) eine Auswahl von wissenschaftlichen Theoriebeständen in seine Alltagspsychologie integriert hat, dass er seine Alltagspsychologie im Lichte wissenschaftlichen Wissens mehr als ein psychologischer Laie verfeinert und korrigiert hat. Soweit ihm dies gelungen ist, darf er sich auf seine Alltagspsychologie verlassen, wodurch er relativ frei, spontan und offen auf die gegebene Situation eingehen kann.«

Praxis und Theorie scheinen sich wechselseitig zu »befruchten«, allerdings kenne ich einige hervorragende Praktiker, die ohne viel Theorie auszukommen scheinen.

Von meiner konzeptuellen Herkunft fühle ich mich im systemischen Denken und Handeln beheimatet, allerdings ohne »feste« Bindung an eine Leitfigur oder an eine bestimmte Therapiedoktrin. In den vergangenen Jahren arbeitete ich zunehmend bewusster »schulenübergreifend«. Beruflich fühle ich mich vorrangig den Hilfesuchenden verpflichtet, aber auch den Leistungszahlern, die es mir erlauben, einen Beruf auszuüben, der umso anspruchsvoller und spannender ist, je mehr Erfahrungen dazukommen, und der mir materielle Autonomie gewährt. Den professionellen Nährboden bieten mir meine Kollegen am ZSB Bern[1].

Die berühmte Metapher der Zirkularität, die ich 1983 zum ersten Mal gelesen habe und die mich sofort frappiert hat, war eine der Leitideen, die mich in die systemische Richtung gewiesen haben. Sie stammt von Mary Catherine Bateson, der Tochter des Anthropologen und philosophischen »Vaters« der Familientherapie, Gregory Bateson

---

[1] Das *Zentrum für Systemische Therapie und Beratung, ZSB Bern*, integriert unter demselben Dach sowohl eine Praxisgemeinschaft (psycho-sozio-medizinische Grundversorgung) wie auch ein Fort- und Weiterbildungsinstitut mit anerkannten Curricula und Masterkursen. Die Einrichtung ist rechtlich als eidgenössische Stiftung verankert und bezweckt die Förderung von beziehungsorientierten Hilfen bei psychosozialen Belastungen in Partnerschaft, Familie und Organisationen. Insgesamt sind über 30 Kollegen aus Medizin, Psychologie und sozialen Berufen direkt involviert, teils als praxisführende, teils als ausbildende Therapeuten oder beides (www.zsb-bern.ch).

(in Hoffman 1982, S. 5): »Ein Mann mit einer Sense wird eingeschränkt durch die Form der Sense; sogar seine eigene Körperbewegung erhält Instruktionen durch die Krümmung seines Werkzeugs: eine über Generationen reichende konkrete Proposition über die Einheit der Bewegung von Mensch und Werkzeug durch hochgewachsene Felder; im Laufe der Zeit wird seine eigene Muskulatur das darstellen, was ihn die Sense gelehrt hat, erst durch Steifheit, dann durch sich langsam herausbildende Anmut und Geschicklichkeit. Wir brauchen Zeit, um dieses System zu verstehen und in ihm mehr als nur die instrumentelle Seite zu sehen.«

Im Zentrum des folgenden zweiten Kapitels stehen die Therapie bei einer Jugendlichen mit selbstverletzendem Verhalten und die Frage, inwiefern die Therapie nach systemischen Gesichtspunkten geschieht. Das dritte Kapitel befasst sich mit der Schwierigkeit im Umgang mit der Motivierung sowie mit einer »ersten Annäherung« an das Modell des »konsultativen Einbezugs Jugendlicher«. Das vierte Kapitel behandelt einige grundsätzliche Themen zu Jugendlichen und Familie. Das fünfte Kapitel beschreibt das Modell des »konsultativen Einbezugs Jugendlicher« anhand praktischer Beispiele. Im sechsten stehen konzeptuelle Aspekte der Therapiemotivation im Brennpunkt und im siebten einiges zur Praxis der Psychotherapie und zu dem Handwerkszeug, das sich im Umgang mit Motivierungsproblemen im Jugendalter bewährt hat. Das achte Kapitel fokussiert auf den Entwicklungsaspekt von Therapiemotivation. Im neunten Kapitel werden zwei Therapien unter dem Aspekt der Motivierung der/des Jugendlichen dargestellt. Das zehnte Kapitel schließt mit dem Thema der Krisenintervention bei Jugendlichen.

Um der besseren Lesbarkeit willen habe ich auf die gleichzeitige Nennung der männlichen und weiblichen Form verzichtet, obwohl ich beide Geschlechter in gleichem Maße ansprechen möchte.

2. Ein stilles Leiden

> »Insofern ist es eine Zeit, in der sich Menschen schwertun mit Bindungen. Freiheit ist leichter zu verteidigen, wenn sie eingebettet ist in eine Welt von normalen menschlichen Bindungen, und man könnte argumentieren, dass eine der schwierigsten Aufgaben, die wir heute haben, darin liegt, dafür zu sorgen, dass solche Bindungen nicht mutwillig zerstört werden und dass wohl neue entstehen ...«
>
> Sir Ralf Dahrendorf (Interview in Radio DRS 2, 2006)

Extreme verbinden – Der Ersttermin

Für Evas Mutter, Frau S. (vgl. Kap. 1), ergab sich wegen einer kurzfristigen Terminabsage am gleichen Nachmittag ein Gesprächstermin, den sie ohne zu zögern wahrnahm, obwohl sie dafür einen eigenen Arzttermin umlegen musste. Es erschien eine geschmackvoll gekleidete Frau, die, ursprünglich aus Polen stammend, perfekt Deutsch sprach. Dass sie unter großem Druck stand, zeigte sich in ihren angestrengten Versuchen, das Weinen zu unterdrücken.

MUTTER: Die Schnitte müssen tief sein, weil immer viel, zum Teil vertrocknetes, zum Teil frisches Blut am Pyjama klebt. Auch habe ich im Papierkorb in Evas Zimmer mit Merfen[2] getränkte Wattebausche gefunden. Das ist doch gefährlich, da kann sich doch eine Infektion ergeben, und das muss doch wenigstens von einem Arzt kontrolliert werden.
THERAPEUT: Das ist einleuchtend.
MUTTER: Aber Eva weigert sich vehement, zu einer Beratungsstelle zu gehen. Sie sagt immer, sie brauche keine Hilfe, man solle sie in Ruhe lassen.
THERAPEUT: Und das sehen Sie anders?
MUTTER: Auch mein Mann sagt, ich mische mich zu sehr ein. In letzter Zeit habe ich mir Mühe gegeben, nichts mehr zu sagen. Aber das hat eigentlich auch nichts gebracht.
THERAPEUT: Nichts gebracht? Wie meinen Sie das?
MUTTER: Die blutigen Pyjamahosen sind nicht seltener geworden.
THERAPEUT: Aha.

---

2 Desinfektionsmittel.

MUTTER: Und ich mache mir Vorwürfe, was ich als Mutter alles falsch gemacht habe. Ich bin relativ früh von zu Hause weg, aus Polen, mein Vater war ein hoher Berufsmilitär, jetzt ist er pensioniert und etwas milder geworden ...
THERAPEUT (unterbricht höflich): Sie meinen, die blutigen Pyjamahosen sind nicht seltener geworden, obwohl Sie sich zurückgehalten haben?
MUTTER: Ja, genau.
THERAPEUT: Sie haben angenommen, es gebe einen Zusammenhang zwischen Ihren Fragen an die Tochter und den blutigen Pyjamahosen?
MUTTER: Ja, das heißt, mein Mann hat immer gesagt, Eva mache das absichtlich, um sich von mir abzugrenzen, damit ich sie endlich würde erwachsen werden lassen.
THERAPEUT: Und das hat sich jetzt als Irrtum herausgestellt? Verstehe ich das richtig?
MUTTER: Auch eine meiner Freundinnen hat gesagt, ich solle mich vielleicht zurückhalten. So habe ich es auch gemacht. Ich habe mich sehr zurückgehalten. Aber die blutigen Pyjamahosen sind nicht seltener geworden. Im Gegenteil.
THERAPEUT: Das heißt also, Ihr Mann und Ihre Freundin haben sich in dieser Vermutung geirrt?
MUTTER: Irgendwie ja, auf jeden Fall habe ich es heute Mittag nicht mehr ausgehalten, einfach nichts zu sagen.
THERAPEUT: Sie meinen unser Telefonat?
MUTTER: Das war später, zuerst habe ich Eva gesagt, nachdem sie von der Schule kam, es müsse doch endlich etwas geschehen, so gehe es einfach nicht mehr weiter.
THERAPEUT: Und dann hat sich dasselbe wiederholt wie immer, so wie Sie es kennen?
MUTTER: Eva hat mich angeschrieen ... [weint] ich darf den Ausdruck gar nicht wiederholen, bei mir zu Hause wäre ein solches Wort unmöglich gewesen. Sie hat die Türe zugeknallt und ist verschwunden. Später habe ich versucht, mit ihr zu reden. Sie hat aber die Zimmertür abgeschlossen. Dann habe ich herumtelefoniert, aber niemanden erreicht. Erst dann kam das Telefonat mit Ihnen.
THERAPEUT: Aha [lange Pause] ... Nehmen wir einmal an, Eva würde jetzt hier mit uns zusammen sitzen. Ich würde sie fragen, wer hat eigentlich das größere Problem, die Mutter oder Eva?
MUTTER: Sie würde natürlich sagen, die Mutter. Das sagt sie mir immer: Du hast Probleme, nicht ich! Auch Papa sage das, hat sie mir auch schon an den Kopf geworfen.
THERAPEUT: Gibt's da Ihrer Meinung nach was Wahres dran?
MUTTER: Klar habe ich Probleme, ich bin ja auch bei einer Psychiaterin in Behandlung und nehme Medikamente. Seit mein Mann ausgezogen

2. Ein stilles Leiden

ist, ist es nicht einfacher geworden. Aber ich wäre schon viel ruhiger, wenn Eva sich wenigstens von einer Fachperson helfen ließe.

THERAPEUT: Und Eva will nicht?

MUTTER: Sie will nicht, und das verschafft mir schlaflose Nächte. Ich träume auch davon, wie sie sich schneidet. Ich halt' das nicht mehr aus, obwohl sie sich ja nie beklagt.

THERAPEUT: Gesetzt den Fall, Eva hätte gute Gründe, keine Hilfe anzunehmen, zumindest zum heutigen Zeitpunkt und schon gar nicht von Fachpersonen, gesetzt den Fall, sie säße jetzt gerade hier und würde diese guten Gründe vorbringen, und es wären irgendwie einleuchtende Gründe, würden Sie ihr vertrauen, dass sie damit ihre eigene Wahrheit sagt?

MUTTER: Das würde mir schwerfallen in Anbetracht der blutigen Pyjamahosen.

THERAPEUT: Heißt das, Eva hätte nicht die geringste Chance, Sie von ihrer eigenen Sicht der Probleme zu überzeugen?

MUTTER: Nein, so meine ich es natürlich nicht. Ich kann mir vernünftige Gründe einfach nicht vorstellen. Ohnehin will sie ja gar nicht herkommen.

THERAPEUT: Gesetzt den Fall, Eva würde zu einer Sitzung eingeladen, nicht als Patientin, die sich Schnittwunden zufügt, sondern als junge Frau, die ihre eigene Wahrheit, ihre eigene, vielleicht verrückte, aber aufs Innigste empfundene Wahrheit vorträgt, und sie hätte das Vertrauen, dass man ihr zuhört, wirklich aufmerksam zuhört – denken Sie, dass dadurch die Wahrscheinlichkeit dafür, dass Eva zu einer Sitzung erscheint, größer oder kleiner würde?

MUTTER (überlegt): Ich denke, dass es wahrscheinlicher wäre.

THERAPEUT: Sie glauben, dass es Eva wichtig genug wäre, ihre Mutter über die eigene, innere Sichtweise aufzuklären, der Mutter irgendwie nachvollziehbar zu machen, weshalb sie sich schneidet? Sie denken, das wäre für Eva wichtig genug, um herzukommen?

MUTTER: Das wäre einmal etwas anderes, aber irgendwie auch eine verkehrte Welt.

THERAPEUT: Könnte es sein, dass der Grund des aggressiven Verhaltens darin liegt, dass Eva Ihnen gegenüber Schuldgefühle hat?

MUTTER: Ja, das hat sie mir auch schon einmal gesagt. Wir haben ja auch gute Stunden, dann schlüpft sie sogar in mein Bett.

THERAPEUT: Könnten Sie sich vorstellen, Eva an eine Sitzung einzuladen, diesmal nicht als Patientin, die sich schneidet, sondern als Tochter, die beitragen kann, die schwierige Situation besser zu verstehen?

MUTTER: Was müsste ich denn anders machen?

THERAPEUT: Eigentlich nicht viel; denn das Allerwichtigste tun Sie ja bereits. Sie stehen das alles durch, trotz aller Belastungen. Sie halten Ihrer

Tochter die Treue. Sie hegen ein tiefes Vertrauen in sie. Sie geben nicht auf. Sie suchen Hilfe. Sie bauen Brücken. Das ist alles zusammen weit mehr als die halbe Miete. Dass ein junger Mensch Probleme hat, wenn er sich mehrmals absichtlich und gefährlich schneidet, ist kein Zweifel. Zum Glück hat Eva eine Mutter, die sich dabei nichts vormachen lässt. Vielleicht ist für Eva aber das, was für uns das Problem bedeutet, nämlich das Schneiden, eine Art Lösung eines seelischen Problems. Zum Beispiel ein vielleicht noch unreifes, immerhin aber funktionierendes Ventil für Pubertätsspannungen. Konkret heißt das, Eva würde unter diesen Bedingungen nie freiwillig herkommen, um zu hören, dass sie das Ventil ersatzlos aufgeben soll. Warum sollte sie auch, wo sie gerade eine Methode gefunden hat, um sich einigermaßen in seelischer Balance zu halten. Sie wird möglicherweise aber dafür zu gewinnen sein herzukommen, wenn sie das Vertrauen hat, dass wir uns für das Ventil ausgesprochen interessieren, statt es zu kritisieren. So wie ein Erfinder seine Erfindung vorträgt. Vielleicht kann so auch ihr Interesse für andere, weniger destruktive Ventile geweckt werden. Doch den Zeitpunkt, wo es soweit ist, alte Ventile durch neue zu ersetzen, wird sie selbst bestimmen wollen. Vorerst zählt einzig, dass wir mit ihr ins Gespräch kommen. Offene Gespräche führen zu neuen Möglichkeiten, es sind Brücken, die Extreme verbinden. Das ist unsere Erfahrung.

Kooperation im therapeutischen Arbeitskontext

Leopold Szondi bezeichnete eine besondere Reifestufe des Ichs, das die Gegensätze zwischen Trieb- und Affektnatur, der sozialen und geistigen Umwelt zu überbrücken vermag, als »Überbrücker der Gegensätze« (Pontifex oppositorum, vgl. Szondi 1968, S. 23). So gesehen erklimmt die reife Person eine Entwicklungsstufe der Metakommunikation, die folgende Optionen erlaubt: Entweder entscheidet sich die Person dafür, die (unüberbrückbaren) Gegensätze auszuhalten und sie als Teil des eigenen Schicksals zu akzeptieren (Versöhnung mit dem eigenen Schicksal), oder aber sie tritt an, um zwischen (unerträglichen) Gegensätzen Brücken zu bauen und sie als Quelle kreativer Variation zu nutzen. Demgegenüber bleibt dem unreifen Ich diese Entscheidungsebene unzugänglich und es verheddert sich stattdessen in den Fallstricken unversöhnlicher Positionen und baut Brücken ins Nichts. In der Theorie der menschlichen Kommunikation werden zwei Formen der Eskalation beschrieben, die beide im Extrem die Beziehung und ihre Entwicklung gefährden (Watzlawick 1969):

2. Ein stilles Leiden

- *Symmetrische Beziehungsstruktur:* Typisch ist, dass die wechselseitigen Beiträge sich ähnlich sind (»Ich gebe dir die Hand, du gibst mir die Hand«), wobei wiederum zwei Formen unterschieden werden können, nämlich

    1) eine eher »zornmotivierte« Symmetrie mit dem Motto: »So wie du mir, so ich dir«, »Auge um Auge, Zahn um Zahn«, das heißt, die Dynamik ist aufschaukelnd, die Beziehung wird dadurch labilisiert, und es droht Beziehungsabbruch oder Gewaltausbruch, sowie

    2) eine eher »angstmotivierte« Symmetrie mit dem Motto: »Du machst mir nichts, ich mach dir nichts«, das heißt, die Dynamik ist wenig bewegt, man schont sich wechselseitig, die Beziehung bleibt daher auch eher labil, und es drohen Langeweile und Stillstand.

    In der Praxis äußern sich die beiden Kommunikationstypen einerseits als »symmetrische Eskalation«: »Nein, du hast zuerst böse dreingeblickt!«, »Nein, ich habe erst böse dreingeblickt, nachdem du dieses hässliche Wort gesagt hast!«, »Nein das ist nicht wahr, du hast ...« usw., oder als »symmetrisches Märtyrertum«: »Es geht mir besser, wenn es dir besser geht!«, »Wenn es dir besser geht, dann geht es auch mir besser!«, »Ich muss zuerst sicher sein, dass es dir besser geht, ehe ich für mich schauen kann!« usw. = »Symmetrie der Opfer-Eskalation« (Selvini Palazzoli 1984).

- *Komplementäre Beziehungsstruktur:* Typisch ist, dass sich die wechselseitigen Beiträge ergänzen: »Gibst du mir die Wurst, so lösch ich dir den Durst«, das heißt, die Dynamik ist abschaukelnd, die Beziehung wird stabilisiert, und es drohen die Erstarrung und »Herrschaftsverhältnisse« (der Philosoph und Soziologe Jürgen Habermas [1971] sah darin die Gefahr der Herrschaftsbildung und äußerte sich dahingehend, dass die Symmetrie eine Voraussetzung für herrschaftsfreie Kommunikation sei).

Eine wirkungsvolle Psychotherapie beinhaltet als »Kommunikationstherapie« im Sinn des »Pontifex-Ichs« einen intelligenten und versöhnlichen Brückenschlag zwischen miteinander verstrickten Menschen, Positionen und Inhalten. Es bedeutet einen wichtigen Schritt für eine Familie zu erkennen, dass das Problem in den Kommunikationsmustern liegt, nicht in den Menschen (Metakommunikation):

- *Reziproke Beziehung*: Flexibler (zielregulierter) Wechsel von symmetrischer und komplementärer Kommunikation, je nach Situation und Thematik (z. B. flexibles Verhandeln der Rollen, Rechte und Pflichten).

In zwei weiteren Einzelsitzungen zeigte sich Evas Mutter, Frau S., umso nachdenklicher, je intensiver sie sich mit der Frage auseinandersetzte, wie sie ihre Tochter zur Zusammenarbeit gewinnen könnte. War sie am Anfang davon überzeugt, dass sie als Mutter (und auch als Ehefrau) alles falsch gemacht hat und daher allein die Schuld an Evas Leid und an der Auflösung der Familie trägt, so tauschte sie diese deprimierende Sicht bald gegen eine Neugier auf unerwartete Perspektiven ein. Sie stellte viele Fragen, sprach Ängste aus und erprobte konkrete Sätze – bald sprach sie von den »Wundersätzen« –, die sie ihrer Tochter gegenüber in den heiklen Situationen ins Spiel brachte, wo sie sich angegriffen oder respektlos behandelt fühlte:

- »Ich empfinde es als sehr aggressiv, wie du mich behandelst, und ich möchte dir sagen, dass ich damit nicht einverstanden bin.«
- »Wenn ich dazu schweige, so verstehe es als einen respektvollen Versuch, nicht in gleicher Münze zurückzuzahlen.«
- »Ich würde gerne deine Meinung besser verstehen, dazu brauche ich aber deine Hilfe. Der Therapeut sagt, du könntest mir helfen, die Situation besser zu verstehen.«
- »Wenn Papa das so sagt, dann wird er seine Gründe haben. Er kann es mir ja persönlich sagen, wenn es ihm wichtig genug ist.«
- »Du bist meine Tochter, und du musst einfach wissen, dass ich dich lieb habe und dass sich daran nichts ändert, was auch immer du tust.«
- »Du kannst mich nicht verletzen, du bist meine Tochter, es ist vielmehr dein Verhalten, das mich verletzt.«
- »Bestimmt hast du deine Gründe, wenn du mich ohne Respekt behandelst. Ich würde sie gerne verstehen, um mein Verhalten vielleicht zu ändern.«
- »Ich kann dir höchstens anbieten, zusammen mit dir in die Beratung zu gehen, damit ich lerne, dich besser zu verstehen.«
- »Der Therapeut sagt, es wäre für ihn hilfreich, mit dir zu sprechen, damit er mir besser helfen kann.«

2. Ein stilles Leiden

Die Mutter gab mehrmals die Rückmeldung, dass sie sich in der Beratung verstanden und unterstützt erlebte. Die Vorstellung, dass sie nicht Urheberin aller Probleme war, sondern umgekehrt die Chance hatte, als Architektin neuer Kontexte Lösungsoptionen ins Spiel zu bringen, schien sie zu beflügeln. Die Aufgabe des Therapeuten bestand darin, sie in ihren Aktivitäten »als Coach« zu begleiten, zu ermutigen und ihr beizustehen, in den konkreten Widersprüchlichkeiten des alltäglichen Umgangs mit ihrer Tochter den roten Faden nicht zu verlieren. Nicht unwesentlich war dabei auch die Orientierung an »wissenschaftlich informierten« Ratschlägen, etwa in Bezug auf die Besonderheiten von gefährdeten weiblichen Jugendlichen (Essau u. Petermann 2002, S. 302):

- Mädchen weisen eher ungünstige Selbstbewertungsmuster als Jungen auf und haben eine geringere Erfolgserwartung, sodass sie in der Folge davon ein niedrigeres Selbstwertgefühl entwickeln.
- Bei Mädchen treten selbstbewertende Kognitionen im Vergleich zu Jungen scheinbar häufiger schon präadoleszent auf.
- Das Selbstwertempfinden und der Identitätsaufbau erfolgen bei Mädchen mehr über soziale Beziehungen als bei Jungen, und hierbei spielen Angst vor Ablehnung und Suche nach Zuwendung eine Rolle.
- Mädchen sind für familiäre Konflikte sensitiver und erleben diese deshalb belastender und anforderungsreicher.
- Bei Belastungen zeigen Mädchen im Vergleich zu Jungen eine erhöhte Reaktivität, zum Beispiel negativere Reaktionen und ungünstigere Attributionen bei Misserfolg.
- Die Selbstbehauptungsfähigkeit von Mädchen ist geringer als die von Jungen.

Insgesamt vergingen kaum drei Wochen, bis Eva als »Besucherin« zur ersten Sitzung erschien. Dabei wirkte sie erst zögerlich und misstrauisch, aber auch gespannt darauf, ob sie als »Klagende« auch »nichts« sagen oder ihre Geschichte frei erzählen darf, ohne zugleich bewertet, in die Schranken gewiesen, zur Vermittlerin oder sonst wie in ihren Grundbedürfnissen verletzt zu werden. War der »Wandel« der Mutter nur ein Trick, um sie in die Falle zu locken?

Zu ihrer Überraschung meinte es die Mutter ernst mit dem Wechsel der Perspektive (das Problem ist nicht die Tochter, sondern die Schwierigkeit, sie zu verstehen). Unterstützt vom Therapeuten gab sich Frau S. alle erdenkliche Mühe, einen »Wechsel der Präferenzen« (Ludewig 2000) vorzunehmen, sich »anders« als bisher zu verhalten und vieles neu zu verhandeln, was bisher als tabu gegolten hatte. In Bezug auf die blutigen Snoopys wurde vereinbart, dass die Verantwortung für das Waschen ab sofort Eva zufiel, während die Mutter als Gegenleistung versprach, den »Ich-weiß-ich-bin-eine-schlechte-Mutter-Blick« und entsprechende Bemerkungen zu unterlassen. Die Entscheidung, ob und wann der Vater in die Sitzungen einbezogen werden soll, wurde verhandelbar und Mutter und Tochter überantwortet. Mithin zielte die Therapie darauf ab, im stagnierenden familiären Entwicklungsprozess (kognitive, affektive, kommunikative) Hindernisse zu erkennen und auszuräumen. Infolgedessen wurden Veränderungen nicht nur »im Kopf« der Menschen angeregt, sondern ebenso in der Tat »live« in ihren zwischenmenschlichen Verhaltensweisen und Lebensumständen; denn »Veränderungen von Erwartungen können besonders wirksam durch Veränderung der faktischen Verhältnisse herbeigeführt werden« (Grawe 1998, S. 70). Der Therapeut setzte dabei auf eine Politik der kleinen Schritte sowie auf die Macht des Faktischen, die eine Spirale wechselseitiger Zugeständnisse und reziproker Verpflichtungen in Gang setzt.

Als Nächstes wünschte Eva, den Vater in die Therapie einzubeziehen, während die Mutter, aus Angst vor weiteren Verletzungen, nur zögerlich einwilligte.

Die »Zusammenführung« einer Familie, die sich durch Distanznahme, Mauern oder Kontaktabbruch ein schmerzliches aber immerhin lebbares Gleichgewicht eingerichtet hat, darf sich nicht darin erschöpfen, ihr die pathologischen oder dysfunktionalen Familienmuster vor Augen zu führen. Angehörige haben nicht nur Pflichten, sie haben auch Rechte. Obwohl es heute in vielen Fachstellen und Kliniken zur Routine gehört, Angehörige einzubeziehen, ist die Kritik von Familien nicht ganz verstummt, dass Angehörige wegen eines erkrankten Mitglieds zu einem Gespräch eingeladen würden, sich dann aber als reine »Informanten« ausgenützt oder sogar im Stich gelassen fühlten und dass statt Hoffnungen, etwas zur Besserung beizutragen, Gefühle der Verunsicherung und Schuld zurückblieben. Diese Tatsache beeinflusst den jugendlichen Patienten, denn er oder sie bleibt trotz allem ein Teil seiner Familie. Zusätzlich vernachlässigt ein solches Vorgehen gewachsene Loyalitäten. Als Begründung für die vehemente Ablehnung, ihre Eltern zu einer Sitzung einzuladen, gab eine Jugendliche an: »Als ich in der Klinik war, wurden meine Eltern zu einem Familiengespräch eingeladen. Danach haben sie den Kontakt zu mir abgebrochen. Ich fühlte mich sehr verzweifelt und schuldig. Ich dachte auch daran, mir das Leben zu nehmen. Später habe ich von den Eltern erfahren, sie hätten nur die Richtlinien der Ärzte befolgt, die ihnen geraten hätten, meine Selbstständigkeit zu unterstützen und auf Distanz zu gehen.«

Neben rein juristischen Gesichtspunkten (»Die Eltern haben von Gesetzes wegen die Vertretung des Kindes gegenüber Drittpersonen im Umfang der ihnen zustehenden elterlichen Sorge«, ZGB, Art. 304) ist der Einbezug von Angehörigen noch dringlicher von klinischer Seite her legitimiert. Allerdings sollte er einerseits aufgrund eines besserungsorientierten Konzepts geschehen und andererseits auf echter, das heißt aufgeklärter Freiwilligkeit (ein »plébiscite de tous les jours«, vgl. Renans 1882; es impliziert den deutlich artikulierten Wunsch, an einer Therapie festzuhalten oder auch nicht). Im besten Fall werden dadurch »neue und nie dagewesene« Rahmenbedingungen geschaffen, die es der Familie ermöglichen, beklagte Probleme zu lösen, statt sie zu vermeiden. »Der Therapeut muss die Personen zusammenführen, um sie unabhängiger zu machen«, schrieb Jay Haley (1979, S. 20) in einer Sprache, die Pionieren vorbehalten ist.

Wieweit indessen der Vater von Eva, Herr S., seinerseits überhaupt den Wunsch hat, Mitglied eines therapeutischen Teams zu werden, ist eine ganz andere Frage. Warum sollte er auch? Vielleicht liegt ihm viel mehr daran, Befürchtetes zu vermeiden. Es ist ein verbreiteter Irrtum zu glauben, Familienangehörige hätten allesamt nur darauf gewartet, dass Therapeuten endlich bei ihnen anklopften. Das Gegenteil ist oft der Fall: Je mehr in einer polarisierten Situation die eine Seite auf eine Therapie drängt, umso wahrscheinlicher ist es, dass die andere darin nur Nachteile sieht.

Es gehört zu den heikelsten und anspruchsvollsten Aufgaben der systemischen Therapie, den in ein Leidensproblem verstrickten Menschen ein allseits anschlussfähiges Erklärungs- und Veränderungsmodell (eine therapeutische Problembeschreibung als verbindender Verstehensrahmen) anzubieten.

Der Friedensnobelpreisträger 2008, Martti Ahtisaari, beschrieb seine Taktik des Friedenstiftens scheinbar einfach: »Zuhören, zuhören, zuhören«. Seine Fähigkeit, aus dem Gehörten die richtigen

Schlüsse zu ziehen und für beide Seiten den richtigen Faden zu finden und weiterzuspinnen, zeichneten ihn aus (Gamillscheg 2008, S. 5). Professionelle Streitschlichter, Friedensstifter und Vermittler verfügen über ein umfangreiches Repertoire an Mitteln und Strategien, um zwischenmenschliche Polarisierung, Eskalationen und fundamentalistische Erstarrungen zu überwinden. Anders als in unserer aggressiven Gesellschaft zeichnen sich friedfertige Kulturen dadurch aus, dass sie diesen Berufssparten hohes gesellschaftliches Ansehen zugestehen. In gewissen Stämmen Neuguineas wurden jene Leute, die Frieden zu stiften wussten, als »große Männer« hoch geachtet. Im Volk der Ladakh, wo lange Zeit kaum Kriminalität herrschte und wo die Menschen untereinander einen betont liebevollen Umgang pflegten, genießt Schlichten und Vermitteln ein hohes Prestige und großen Respekt (Pirie 2005).

Ist ein Therapeut bereit, die Erweiterung eines Familien-Settings zu induzieren, so übernimmt er eine nicht zu unterschätzende Verantwortung auch für den Fall des Scheiterns – etwa, wenn im Verlauf einer Familientherapiesitzung unversehens alte Wunden geöffnet werden und ein »falsches« Wort, ein bestimmter Satz, ein Blick, ein Gesichtsausdruck oder eine Geste innerhalb von Sekunden alles zum Überkochen bringt. Eine chaotische Familiensitzung, die unversöhnlich endet, ohne dass die Menschen dabei aufgefangen werden, kann Ausgangspunkt einer fatalen Entwicklung sein. Zwar besteht bei selbstverletzendem Verhalten in der Regel kein direkter Bezug zu suizidalen Absichten (Remschmidt 1997), vielmehr geht es dabei um Affektregulation, um Spannungsabfuhr bei Störungen der Impulskontrolle oder allenfalls um eine Appellfunktion. Indes berichten betroffene Jugendliche von den »extrem negativ geladenen« Momenten, wo auch das symptomatische Verhalten nicht mehr weiter hilft und wo sie bereit sind, ihr Leben herausfordernd »dem Schicksal« zu überlassen (Risikoverhalten). Eltern, die eine Sitzung gehässig und im unüberbrückbaren Streit verlassen, so sehr sie damit auch selber überfordert sind, bekräftigen damit im Erleben des Jugendlichen ein negatives Selbst: Er erlebt sich nicht als wertvoll genug, damit die notwendige Rücksicht, Hilfe oder Fürsorge geleistet wird.

Um solcherart Risiken nicht Tür und Tor zu öffnen, ist es meiner Meinung nach unabdingbar, die »Systemerweiterung« mit den Jugendlichen zu besprechen und insbesondere auch die Möglichkeit des Scheiterns zu antizipieren.

2. Ein stilles Leiden

THERAPEUT: Okay, Eva, Sie haben sich entschieden, den Vater zu einer Sitzung einzuladen. Habe ich das so richtig verstanden?

EVA: Ja, weil ich habe einige Sachen ... ja, das möchte ich ... weil er kann so gut reden, und wenn ich dann mit ihm alleine bin, dann ärgere ich mich hinterher, dass er mich wieder überfahren hat ... dass er so alles besser weiß, und mir Vorwürfe ... nein, eh, nicht eigentlich Vorwürfe, es ist fast noch schlimmer, er vergleicht mich immer mit anderen, die ... die dann so alles besser machen [lange Pause] ...

THERAPEUT: Gut. Sie möchten das hier zusammen mit Ihrem Vater ansprechen. Ich finde das unterstützenswert. Probleme löst man, indem man sie erstmal anspricht ... Wie möchten Sie vorgehen, Eva, möchten Sie ihn gleich selbst einladen, oder gibt es Gründe dafür, dass es besser wäre, wenn jemand anderes das übernimmt?

EVA: Ich bin mir nicht so sicher. Ich habe Angst, dass wenn ich ihn frage, dass ... ich weiß nicht so recht, ich habe Angst, dass er »Nein« sagt ... Eigentlich nicht, weil er nicht herkommen möchte, aber weil er so wenig Zeit hat. Und ich habe Angst, dass ich dann wieder enttäuscht werde, wenn ich dann spüre, dass ihm ... eh ... das andere wichtiger ist, auch wegen seiner Freundin.

THERAPEUT: Gut. Da können wir noch diskutieren ... Noch eine andere Frage, Eva, und ich stelle diese Frage nicht, weil ich pessimistisch bin oder Ihrem Vater etwas unterstellen möchte, sondern weil ich möchte, dass Sie unter ganz klaren Verhältnissen, ich meine aufgeklärt auch über Risiken ... zum Beispiel, dass dann alles schief läuft, dass Sie einfach wissen, was Sie tun. Darum die Frage: Woran würden Sie nach einer Sitzung zusammen mit Ihrem Vater oder aber auch, falls Sie das lieber möchten, nach einer Sitzung, wo er ... erst einmal ... alleine hier gewesen ist, woran würden Sie dann erkennen, dass das eine falsche Entscheidung war, dass Sie nie und nimmer hätten darauf einsteigen sollen, den Vater einzubeziehen ... Woran würden Sie das erkennen?

EVA: Sie meinen, wenn's ... wenn alles schlimmer wird nachher?

THERAPEUT: Ja genau. Woran würden Sie das erkennen, beispielsweise nach der Sitzung, wenn Sie dann vom Vater hören?

EVA (überlegt): Ja eben, das ist ja genau das, wovor ich auch Angst habe ... dass er sich noch mehr abwendet, dass er mich verachtet, weil ich mich schneide ... Weil das kann er überhaupt nicht eh ... Da sagt er immer ... er sagt, die heutige Jugend ... so Sprüche, die mich dann wütend machen, und ich gehe dann nach Hause, und ... [schweigt]

THERAPEUT: ... Und schneiden sich?

EVA (weint): ...Ja [lange Pause, Therapeut überreicht ein Taschentuch].

THERAPEUT: Hm ... Ja gut, vielleicht braucht Ihr Vater da einfach auch ein wenig Ihre Hilfe, ich meine, vielleicht könnten Sie ihm helfen, dass er eine Chance hat, besser zu verstehen, wie es wirklich ist ... Oder was meinen Sie?

EVA: Hm [lange Pause, stilles Weinen].

THERAPEUT: Schauen Sie, Eva, ich bin gerne bereit, alles in meiner Macht Stehende zu tun, um Ihren Vater, Sie, Ihre Familie so zu begleiten, dass solche Dinge sich verbessern, dass etwa Ihr Vater besser versteht, um was es da eigentlich geht, und ich meine, irgendwie hat er auch das Recht, die Hilfe seiner Tochter zu bekommen, wenn sie ihm da schon eine Nasenlänge voraus ist ... Aber, und das muss ich Ihnen halt auch zumuten ... Ich kann Ihnen keine hundertprozentige Garantie geben, dass das alles klappt. Auch Ihr Vater ist ein freier Mensch und muss das machen, was er für richtig hält ... Das heißt, es kann in der Tat irgendwie auch schief laufen, und wir sollten diesen Weg nur dann gehen, wenn Sie auch bereit sind, das zu akzeptieren, ich meine das Risiko, dass es dann halt schief läuft ...

EVA: Aber wenn man nichts macht, dann ... das ist auch nicht so gut, weil da geht's ja einfach weiter wie jetzt ... und das will ich auch nicht ...

THERAPEUT: Eben, genau das ist die Entscheidung ... die kann ich Ihnen nicht abnehmen.

EVA (nach langem Überlegen): Es kann eigentlich nur besser gehen, nur besser kommen. Ich kann mir nicht vorstellen, dass es noch schlimmer wird ...

THERAPEUT: Das weiß ich nicht, dass können nur Sie beurteilen ... für sich selbst.

EVA: Ich wäre aber froh, wenn Sie ihn einladen könnten, so wie Sie das gesagt haben. Ich glaube, es ist der richtige Weg, aber ich traue es mir nicht so recht zu, ihn zu fragen ...

THERAPEUT: Wie wär's, wenn ich das noch mit Ihrer Mutter besprechen würde, ich meine, irgendwie ist das ja auch eine elterliche Angelegenheit, irgendwie ist es doch üblich, dass Eltern solche Dinge gemeinsam beschließen, unabhängig davon, wie alt ihre Kinder sind ... sie sind ja wohl getrennt als Paar, und das ist ja eigentlich ihre Privatsache, während als Eltern hat sich dabei ja nichts verändert, sie sind ja nach wie vor Ihre Eltern. Was meinen Sie, wenn ich das mit Ihrer Mutter besprechen würde ... ich meine, dass dann eigentlich die Mutter die Verantwortung übernimmt, sodass Sie sich sicher sein können, dass die Eltern ... dass die Eltern es sind, die das wollen, sich in eine Therapie einlassen wollen, was meinen Sie?

EVA: Ja, das wäre vielleicht das Beste. Meine Mutter hat Vertrauen zu Ihnen. Das überlasse ich Ihnen, einfach ... ich bin froh, wenn nicht ich meinen Vater einladen muss ...

THERAPEUT: Okay, alles klar. So machen wir's.

Eine empirische Abfolge von Phasen

In dem Maße, wie Frau S. Einsicht in die Beziehungszusammenhänge in ihrer Familie gewann, übernahm sie die Verantwortung für den Einbezug des Vaters in die Gespräche.

Es erschien ein skeptischer Mittvierziger in sportlicher Erscheinung, der ohne Weiteres zugab, dass er von der Situation mit Eva überfordert war. Er wurde einerseits von Eva bewundert, weil er beruflich erfolgreich war, andererseits aber auch verachtet, weil er die Familie verlassen hatte. Vor dem Hintergrund dieser Ambivalenz hatte er einen schweren Stand in der Familie. Er beklagte sich bitter darüber, von seiner Tochter mit unberechenbarer und kalter Verachtung überschüttet zu werden, wobei er sie nur als Delegierte einer frustrierten und rachsüchtigen Mutter sah. Was Evas selbstverletzendes Verhalten betraf, äußerte er sich indes sehr besorgt. Hier gab es den (einzigen?) gemeinsamen Nenner zwischen den Eltern, indem beide rasch darin übereinkamen, den Primärfokus der Therapie »auf die Krankheit der Tochter« zu richten.

Wissenschaftliche Untersuchungen zeigen, dass die auf einer Zeitachse sich einstellenden psychischen Veränderungsprozesse aus der Sicht der Hilfesuchenden nicht beliebig sind, sondern dass sich ein (relativ) einheitliches Muster der Phasenabfolge ergibt (Howard et al. 1993; Lueger 1995; Bieri 1996). Wenn sich der Klient in der Beziehung zur Therapeutin geborgen und angenommen fühlt *(Phase der Remoralisierung)*, erwartet er spontan eine baldige Verbesserung seiner Situation. Doch die Befindlichkeitsbesserung alleine gibt keine Garantie dafür, dass auch das störende Symptom, sei es ein bulimisches Erbrechen, Selbstverletzungen, Impulsdurchbrüche oder notorisches Lügen, verschwindet. Die nachfolgende Phase der (störungs-)spezifischen Arbeit (»Durcharbeiten« bei Freud) ist unverzichtbar für ein nachhaltiges Ergebnis *(Phase der Remediation)*. Beispiele sind eine Expositionstherapie bei Ängsten und Zwängen, eine Pharmakotherapie oder ein Selbstinstruktionstraining bei Hyperaktivität, ein Selbstsicherheitstraining bei Depression, Konfrontationen mit Essen und Gewichtszunahme bei Ess-Störungen, oder ein stationärer Entzug bei einer stoffgebundenen Sucht. Ein Jüngling mit bereits jahrelanger Cannabisabhängigkeit meinte dazu: »Ich weiß, dass ich irgendwann einmal etwas dagegen (gegen die Sucht) unternehmen muss; ich weiß dass sich meine Eltern große Sorgen machen und ich merke auch, dass sie sich seit der Therapie große Mühe geben, mich zu unterstützen, statt wie früher Vorwürfe zu machen ... Ich sehe das alles ein, und trotzdem muss ich Ihnen sagen, zum jetzigen Zeitpunkt schaffe ich es nicht, davon loszukommen. Und eine Klinik kommt für mich unter keinen Umständen in Frage.« Der weitere Verlauf bei diesem jungen Mann war tragisch. Zusammen mit seiner Freundin auf dem Beifahrersitz fuhr er bei einer nächtlichen Spritzfahrt in bekifftem Zustand mit 80 Stundenkilometern in ein geparktes Auto – mit tödlichen Folgen.

Erst wenn die Symptomverbesserung erreicht ist, stellte sich in den empirischen Untersuchungen von Therapieabläufen auch eine Phase der allgemeinen Verbesserung der Alltagsbewältigung ein *(Phase der Rehabilitation)*.

Abbildung 1 zeigt in der linken Spalte die einzelnen Phasen des empirisch gut gesicherten Phasenmodells. Die mittlere Spalte ordnet diesen Phasen die therapeutischen Aufgaben und Maßnahmen zu (systemisches Lösungsprozessmodell). Die rechte Spalte wiederum zeigt, wie sich die sechs Schritte des im 5. Kapitel näher behandelten Verlaufsmodells des »konsultativen Einbezugs Jugendlicher« auf die Phasen verteilen, wobei die einzelnen sechs Schritte folgende Teilziele beinhalten:

1. die Klage (Perspektive) der Eltern akzeptieren
2. Neurahmung der elterlichen Perspektive
3. die Klage (Perspektive) der/des Jugendlichen akzeptieren
4. Neurahmung der jugendlichen Perspektive
5. Klärungsprozesse in Gang setzen (der/die Jugendliche = Experte seiner Situation)
6. Autonomieprozesse begleiten

	Phasenmodell der Psychotherapie (Howard et al. 1992; Lueger 1995)	Systemisches Therapiemodell	Zuordnung der 6 Schritte im KEJ-Modell
		Diagnostik	Diagnostik
Phase 1	**Remoralisierung:** Verbesserung des Wohlbefindens	Gestaltung eines therapeutischen Systems	Schritt 1 Schritt 2
Phase 2	**Remediation:** Besserung der Symptomatik	Störungsspezifische Hilfen	Schritt 3 Schritt 4 Schritt 5
Phase 3	**Rehabilitation:** Besserung in der psychosozialen Anpassung	Selbstmanagement und Autonomiestabilisierung	Schritt 6

Abb. 1: Modelle des Phasenverlaufs

2. Ein stilles Leiden

Der Therapieverlauf bei der Familie S. entsprach dem typischen Ablaufmuster. Obwohl (oder weil?) im Rahmen der Therapiesitzungen die Konfliktinhalte zunehmend pointierter zum Ausdruck kamen, stellte sich eine deutliche Remoralisierung ein. Dies stand im Einklang mit den Beobachtungen der feministischen Familientherapeutin Thelma Jean Goodrich et al. (1988, S. 59): »Wir waren mit der Therapeutin einer Meinung, dass offener gezeigte Konflikte und Frustrationen eine positive Entwicklung darstellten.« Auf der störungsspezifischen Ebene (Remediation) wurden zur medizinischen Überwachung der Schnittwunden regelmäßige, fachlich einwandfreie und wegen der Gefahr des Hospitalismus »nicht allzu fürsorglich ausgestaltete« hausärztliche Kontrollen eingeführt. Zudem schloss sich Eva einer Therapiegruppe in der nahe gelegenen Klinik an, die sich an der »dialektisch behavioralen Therapie« (DBT) orientierte, basierend auf den Prinzipien der Validation der Patientin (Bestätigung des Selbstgefühls und Stärkung eigener Sicherheit) sowie auf übenden Elementen (Module des Skilltrainings, soziale und emotionale Fertigkeiten, innere Achtsamkeit).

Eine in der Familientherapie seit ihren Anfängen viel und divergent geführte Diskussion betrifft die Frage nach der Funktion des Symptoms. Viele Jugendliche mit psychischen Störungen sind aufrichtig der Meinung, dass diese nichts mit ihren Eltern zu tun hätten, und sie können sich, falls entsprechende therapeutische Äußerungen fallen, als engagierte Anwälte ihrer Eltern zu erkennen geben. Neben der Verteidigung der Eltern wird mitunter auch die Abgrenzung zu ihnen ins Feld geführt, indem das Symptom vom jugendlichen Menschen engagiert als eigene Errungenschaft erlebt wird, die ihm allein gehört und ihm seine Identität stiftet. Im Stück »Ritzen« von Walter Kohl mit dem Untertitel »Ein Chat auf Messers Schneide« meint die 14-jährige Protagonistin Fritzi: »Du musst nur gucken: Wer hat bei der Hitze was mit langen Ärmeln an. Das sind die, die's machen ... Noch nie jemanden ritzen gesehen? ... Tut schon weh. Soll ja wehtun. Weißt erst, dass es dich gibt, wenn du spürst.«

THERAPEUT: Was müssten Ihre Eltern anders machen, damit das Schneiden weniger wird?
EVA: Ich glaube nicht, dass das Schneiden etwas mit meinen Eltern zu tun hat.
THERAPEUT: Das heißt, was immer Ihre Eltern tun oder eben anders tun, auf das Schneiden hätte das keinen Einfluss?

Eva: Also ... Ich schneide mich nicht wegen den Eltern, ich weiß auch nicht, wie es überhaupt dazu gekommen ist. Ich habe einfach mal herumprobiert, dann ist es immer mehr geworden, und heute kann ich es mir gar nicht mehr vorstellen, dass ich nicht schneiden würde. Und da haben auch meine Eltern keinen Einfluss.
Therapeut: Heißt das, es ist für Sie einerlei, ob sich Ihre Eltern Sorgen machen oder ob es ihnen einfach egal ist?
Eva: Wenn sie sich Sorgen machen ... also wenn Mami so mit dem Sorgenblick herumgeht, dann stresst mich das, und es wird eher noch schlimmer, das heißt, es wird dann wahrscheinlicher, dass ich schneide.
Therapeut: Aha. Dann gibt's aber doch irgendeinen Einfluss zwischen dem Verhalten Ihrer Mutter und der Wahrscheinlichkeit, dass Sie sich schneiden, sehe ich das richtig?
Eva: Ja, so schon, aber es ist nicht so, dass ich wegen meiner Eltern schneide.

Dass Symptome im jugendlichen Umfeld Funktionen innehaben, ist naheliegend, doch umso wichtiger gilt es, in jedem Einzelfall die individuellen Verhältnisse sorgfältig zu prüfen. Dabei ist zu beachten, dass Jugendzeit an sich bereits verschiedene Übergänge bedeutet (z. B. Ablösung von den Eltern, Schulabschluss, Liebeserfahrungen), die auch von gesunden Jugendlichen nicht spurlos verarbeitet werden. Doch diese »machen sich mit einem wohlfundierten autonomen Selbst, dem alle notwendigen Fähigkeiten und Funktionen zu Gebote stehen, an die Aufgaben dieser Jahre. Entsprechend erleben sie das Teenager-Alter trotz der großen Auseinandersetzungen und der vielfältigen Aufgaben sozialer und psychologischer Art mit einem Minimum an Wunden und Symptomen, rundum auf ihre weitere Entwicklung als junge Erwachsene vorbereitet« (Masterson 1993, S. 184). Die Annahme, dass Ablösung vom Elternhaus grundsätzlich tumultuös und mit Brüchen einhergehend geschieht, wird von der Bindungsforschung widerlegt: »Das Bild vom Lösen oder Brechen der Bindungen mit den Eltern im Jugendalter ist also falsch. Im Gegenteil, die Hälfte der von uns untersuchten Jugendlichen nutzten nach eigenen Angaben die Eltern noch immer als Sicherheitsbasis, wenn ihr Bindungssystem aktiv war und ihre selbstständigen Bewältigungsversuche unzureichend waren« (Grossmann u. Grossmann 2004, S. 477).

In eindrücklicher Weise hat mir eine alleinerziehende Mutter von drei heranwachsenden Töchtern anlässlich einer Erstsitzung den oft missverstandenen Zusammenhang vor Augen geführt: »Eigentlich haben wir es gut zusammen, wir vier, und auch mit dem Vater meiner Töchter haben wir klare Abmachungen getroffen, und ich weiß eigentlich selbst nicht recht, was ich Ihnen sagen soll. Aber eine befreundete Mutter aus dem Viertel hat mir gesagt, das sei nicht normal, wenn in dieser Phase alles so ruhig verlaufe, denn Jugendliche in diesem Alter sollten rebellieren, aufbegehren und den Eltern das Leben schwer machen. Da bei uns aber außer ein paar Diskussionen ab und zu nichts von dem vorfällt, könne irgendetwas nicht ganz stimmen, und sie riet mir, Hilfe zu suchen.« Nachdem ich die Situation näher exploriert und mich versichert hatte, dass weder eine tiefe Selbstunsicherheit noch irgendeine Internalisierungsstörung im Spiel waren, sagte ich ihr, ich sähe keinen Grund für eine weitere Beratung, und gratulierte ihr stattdessen zu ihrer Familiensituation. Darauf blickte sie mich ungläubig an, und ich musste betonen und beteuern, dass ich es ernst meinte. Ich bot ihr an, sie könne sich jederzeit bei mir melden, falls die Dinge tatsächlich schieflaufen sollten. Außer einer fröhlichen Grußkarte aus den Sommerferien zwei Jahre später habe ich nichts mehr von ihr gehört.

Eva mag recht haben, wenn sie behauptet, die Eltern seien nicht die Ursache oder der Grund für das selbstverletzende Verhalten. Aus wissenschaftlicher Perspektive besteht in der Tat ein Konsens darüber, dass die meisten psychischen Störungen klar multikausal verursacht sind, und dass zwischen *(kausal-)genetischen, auslösenden* und *aufrechterhaltenden* Faktoren unterschieden werden muss. Nichtsdestotrotz scheint Eva entdeckt zu haben oder zumindest zu ahnen, dass »Schneiden« nicht nur Gewebe zerstört, Schmerz erzeugt, Spannungen neutralisiert etc., sondern als eine »signifikante« Botschaft auch eine Kommunikation herstellt bzw. ein Problemsystem kreiert, das sich selbsterfüllend durch Zirkularität am Leben erhält.

Das Problemsystem

Säße Eva allein auf der sprichwörtlichen Insel, hörte kein Mensch davon, dass sie sich schneidet. Jetzt aber löst das in der Familie Besorgnis aus. Die unterschiedlichen und subjektiven Problembeschreibungen seitens der Eltern (bzw. von Eva selbst und von anderen Menschen), für die das Problem »der Rede wert« ist, konstituieren ein »problemdeterminiertes System« (ein Kommunikationssystem, das durch das Problem erzeugt wird, vgl. Anderson u. Goolishian 1990).

Das »Problemsystem« ist nicht dasselbe wie das »Familiensystem«. In den Anfängen der Familientherapie wurde der Patient im Beziehungsnetz seiner Familie gesehen, und daraus wurden die Konsequenzen für sein Verhalten abgeleitet. Nicht der »gestörte« einzelne Patient stand dabei im Blickfeld des Interesses, sondern seine Einbettung in »dysfunktionale« Beziehungsmuster und Prozesse des familiären Systemganzen. Die prägende Einheit war die Familie als ein gesellschaftlich organisiertes Ensemble der »stofflich« vorhandenen Familienmitglieder. Eine solcherart »physisch« orientierte, biopsychosoziale Konzeption des Familiensystems erlaubt es, das Verhalten eines Menschen in seinem Familienumfeld besser zu verstehen (familienspezifische Tabus, Mythen, Redensarten, Dauerwitze usf.). Bestehend aus den Subsystemen der Individuen und eingebettet in die Suprasysteme der Organisationen (= ein Spital, eine Bank, eine Gemeinde etc., vgl. Miller 1978) wurde die Familie als eine (biologisch, sozial, rechtlich etc.) definierte Organisationsstufe von Humansystemen auch zum »Patienten« erklärt. Daraus resultierte die (irrige) Meinung, es gebe einen kausalen Zusammenhang zwischen spezifischen Familienmustern einerseits und bestimmten psychischen Leiden anderseits. Diese (Spezifitäts-)Hypothese wurde unterdessen aber aufgegeben, da keine einzige wissenschaftliche Untersuchung der vergangenen Jahrzehnte überzeugende Beweise dafür beizubringen vermochte (Cierpka 2003).

Die Unzulänglichkeiten der Theorie, dass »menschliche Systeme ... durch gesellschaftliche Organisation (Rolle, Struktur) bestimmt« würden (Anderson u. Goolishian 1990, S. 212), zeigen sich besonders im Umgang mit schwierigen Konstellationen (chronisch Kranke, Menschen mit Missbrauchserfahrungen, mit schweren Suchtstörungen etc.), die nicht als Familieneinheiten in die Therapie kommen und auf übliche Behandlungsverfahren kaum ansprechen. Als viel hilfreicher erweist sich hier ein konzeptueller »Dreh«, der ursprünglich auf den US-amerikanischen Familientherapiepionier Harold A. Goolishian (1924–1991) zurückgeht: Nicht das gesellschaftlich definierte Familiensystem erzeugt ein Problem, sondern umgekehrt, das Problem generiert sozial-kommunikative Strukturen (sprachlicher Ausdruck, spezifische Bedeutungen, Beziehungen). Personell deckt sich das Problemsystem im einen Fall mit dem Familiensystem, im andern nur teilweise und im dritten überhaupt nicht. Kurt Ludewig (2000) nannte die Fokusverschiebung vom »stofflichen« zum »kommunikativen« System eine »revolutionäre Erneuerung« (S. 465). Menschliche Probleme entstehen in seiner Sicht »aus dem missglückten Versuch, eine alarmierende oder Leid auslösende Störung ... zu entschärfen. Die Störung wirkt sich als systemüberfordernd aus; das System kann sich weder entziehen noch adäquat reagieren, sondern kann bestenfalls die leidvolle Situation hinnehmen oder vermeiden. Es entsteht ein ›Problem‹, das je nach Wirkungsgrad ein subjektives Lebensproblem bleibt oder ein kommunikatives Problemsystem wird. Im Umkreis des Problems entstehen in der Folge Erwartungsstrukturen, die sich durch eine immer redundanter werdende Wiederholungsstruktur in Form von individuell oder gemeinsam getragenen Vermeidungsstrategien manifestieren. Dieser Wiederholungsstruktur unterstelle ich eine spezifische emotionale Logik. Dem Versuch, etwas zu ändern, steht die Ungewissheit gegenüber, dadurch noch Schlimmeres auszulösen« (Ludewig 2000, S. 464).

Erscheint der Fokuswechsel vom Familien- zum Problemsystem auf den ersten Blick als wenig spektakulär, so verändert er auf den zweiten Blick die psychotherapeutische Praxis erheblich. Bedeutet er doch in der Anwendung auf die Psychotherapie nicht weniger als eine radikale Abkehr von einem »diagnostizierenden« Expertenstatus. Stattdessen steht nunmehr die Schwierigkeit im Brennpunkt, Anschluss an das problemspezifische Kommunikationssystem zu erreichen, um im Dialog mit dem von einem Problem betroffenen Menschen herauszufinden, wie das System funktioniert und wie es aufgelöst bzw. in ein therapeutisches System transformiert werden könnte. In dieser Sicht sind die Klienten die wahren Experten, und es gilt, ihre Sichtweise zu respektieren (eine Jugendliche meinte empört: »Ich bin doch nicht gestört! Ich bin einfach nur gegen diesen bürgerlichen Scheiß!«). Nirgendwo wird für mich die Schwierigkeit, den Paradigmenwechsel in der Praxis zu bewerkstelligen, deutlicher als in der Supervision in psychiatrischen Einrichtungen; denn hier sind die Professionellen angehalten, die »richtigen« Diagnosen zu stellen.

Zur Diagnostik

Angesichts einer erschöpften, verzweifelten und besorgten Mutter, die vom selbstverletzenden Verhalten ihrer Tochter und von einem die elterliche Kooperation blockierenden Vater berichtet, steht die Frage der Diagnostik vielleicht nicht an erster Stelle. Zweifelsohne darf Diagnostik in der Psychotherapie und Beratung nicht vernachlässigt werden – insbesondere die Differenzialdiagnostik, die alternative (Erklärungs-)Möglichkeiten ins Spiel bringt. Möchte doch niemand vermeidbaren Schaden anrichten und ein mutistisches Syndrom bei einem Kind mit einer physisch bedingten Sinnesstörung verwechseln oder einen Vergiftungswahn oder einen Hypophysentumor bei einer Adoleszenten mit einer Anorexie. Andererseits kann Diagnostik auch schaden, sofern sie nur zum Selbstzweck geschieht, indem man beispielsweise eine Mutter korrekt darüber aufklärt, dass ihre Tochter an einer »automutilativen Verhaltensstörung« leide (wie ca. 1 % der Allgemeinbevölkerung, vgl. Scharfetter 1992), sie dann aber damit alleine lässt. Ohnehin ist mit der »Vergabe« von Diagnosen an Jugendliche Vorsicht geboten. In einem konkreten Fall wurde einem Jugendlichen die Zusatzversicherung verwehrt, weil die Kasse bei ihren Nachforschungen auf einen diagnostischen Bericht der Erziehungsberatung stieß.

Zwar hat die operationale Störungsdiagnostik gemäss ICD-10 (Dilling et al. 2005) die schulenspezifische Diagnostik (z. B. »Konversionsneurose«) weitgehend ersetzt, und gewisse Störungen mit ausgeprägter Eigendynamik (z. B. »Spinnenphobie«) sind so weit erforscht, dass für die Therapie auf international anerkannte Richtlinien und Therapiemanuale zurückgegriffen werden kann. Gleichzeitig entstehen dabei aber auch Missverständnisse – etwa, wenn vergessen geht, dass auch bei einer »gesicherten« Diagnose die Therapiemotivation nicht »mitverpackt« ist. ICD-10-Diagnostik macht zwar »gleiche« Diagnosen tatsächlich auch vergleichbar (was bei schulenorientierten Diagnosen nicht der Fall war), indessen bleibt sie hauptsächlich am Individuum und an Defiziten haften, wenn auch in der Kinder- und Jugendpsychiatrie mit der »Achse V« neben der Psychopathologie zusätzlich die Umwelteinflüsse mitberücksichtigt werden.

Eine ebenfalls auf empirischen Untersuchungen basierende Diagnostik hat sich in der Familientherapieforschung bewährt und bezieht sich auf das Konzept der »präsentierten Probleme«, das auf die frühe Familientherapieforschung verweist (Wynne 1988; Wiegand-Grefe 2002). Diese Art der Diagnostik ist nicht auf Symptome fokussiert, sondern orientiert sich an dem, was Hilfesuchende tatsächlich als »ihr Problem« betrachten (»Unser Problem ist unser Sohn, der in letzter Zeit bizarre Ideen äussert«; »Unser Problem ist unsere Ehe« etc.), und insoweit ist diese Art der Diagnostik auch kontextsensitiv. Sie berücksichtigt die subjektiven Perspektiven der Familie: »Das Konzept des präsentierten Problems geht weit über den Begriff des Symptoms oder der Erkrankungen im engeren Sinne hinaus. Es bezieht die verschiedenen Lebensprobleme und Beziehungskonflikte ein, auch Probleme und Schwierigkeiten, die nicht krankheitswertig sind« (Wiegand-Grefe 2002, S. 28).

Neben der klassischen Individualdiagnostik und der diagnostischen Klassifizierung nach dem »präsentierten Problem« in der Familientherapie – beide Diagnostiken basieren auf empirischen Verfahren – streicht das Konzept des Problemsystems den Prozess- und Dialogcharakter von Therapie am deutlichsten hervor – allerdings zu dem Preis, dass dessen empirische Erfassung umso schwieriger wird.

Probleme entwickeln sich

Vielleicht hat Eva im Umgang mit dem anderen Geschlecht frühes Leid erfahren, vielleicht hat ihr eine Freundin aus »unerklärlichen« Gründen einen Korb gegeben. Vielleicht bildet sie sich ein, weniger kompetent, wert oder schön zu sein als andere. Wir wissen es nicht, und vielleicht weiss selbst Eva es nicht, weshalb sie mit dem Schneiden begonnen hat. Wir wissen nur ganz allgemein, dass subjektiv erlebte Zurückweisung und Demütigung im Kindes- und Jugendalter häufige Quellen von Schmerz, Kummer und Leid sind. Normalerweise suchen junge Menschen dabei die Nähe der Eltern oder allenfalls eines älteren Geschwisters, die Trost und Unterstützung spenden können. Aus bindungstheoretischer Sicht fungieren »weisere und ältere« Menschen als »emotionale Basisstation«, die helfen können, schmerzliche, negative Gefühle, die aus eigener Kraft (noch) nicht verarbeitet werden können, zu bewältigen (Bowlby 2008). Extrem sensible Kinder lernen indes früh, dass auch die Vermeidung von Gefahren (bzw. die psychologische Dissonanzreduktion durch Vermeidung) eine »Lösung« sein kann. Zwar verpassen sie damit zu lernen, wie man sich mit der (zwischenmenschlichen) Welt »da draussen« auseinandersetzt, aber sie lernen zumindest, wie man die innere emotionale Balance aufrechterhält. »Sensation seeking« (= die Suche nach Erlebnissen, die hohe Spannungen erzeugen), extremes Hungern, das Sich-selbst-

Schmerz-Zufügen und ähnliche Verhaltensweisen werden zu »Ersatzerfahrungen«.

Wenn nun die Eltern auf der einen Seite das selbstverletzende Verhalten ihrer Tochter als »gestört« identifizieren (z.B. »Du musst aufhören damit, du machst dich damit kaputt«, oder »Ich halt' es nicht aus zu wissen, dass du deine Beine verstümmelst«), während dasselbe Verhalten für Eva auf der andern Seite als »Ersatzerfahrung« in den Dienst der Sicherung von Grundbedürfnissen gestellt ist (z. B. »Wenn ich mich schneide, dann fühle ich mich besser« oder »Wenn ich mit Schneiden aufhören würde, dann verlöre ich den Boden unter den Füssen«), dann verkrallen sich die gegensätzlich gerichteten Verhaltenssysteme der Autonomie-, Bindungs- und Fürsorgebedürfnisse zu einem Konfliktsystem, das sich aufgrund seiner Teufelskreisdynamik selbst erhält.

Aus entwicklungspsycho(patho-)logischer Perspektive wird die von Symptomen belastete Entwicklung bei einem Jugendlichen als eine Abweichung von einem normalen Entwicklungspfad betrachtet. Diese Sicht erlaubt es der Therapeutin, die Störung als eine Entwicklung zu beschreiben, bei der etwas »schiefgelaufen« ist. Obwohl »Schneiden« für Eva selbst wie mehrfach erwähnt einen Sinn ergibt und obwohl das komplementäre Fürsorgeverhalten der Mutter als durchaus adaptiv, normal und gesund gedeutet werden kann, wird das sich aus dem Zusammenspiel entwickelnde Problemsystem auf folgenden Pfad gedrängt (Marvin 2003):

1. Selbstverletzendes Verhalten aktiviert in der Familie Bindungs-Fürsorge-Prozesse, die aber
2. nicht mehr aufhören, weil das, was für Eva die Lösung ist, für die Mutter zum Problem wird. Daraus resultiert eine Teufelskreisdynamik, was zu
3. einer labilen Balance zwischen Autonomie und Verbundenheit sowie Musterbildungen führt, die einer spontanen Klärung praktisch unzugänglich sind (wenn die Mutter Eva auffordert, mit dem Schneiden aufzuhören, reagiert Eva mit »Schneiden« als autonomem Abgrenzungsversuch) und
4. Eva aufgrund ihrer »Schonungsbedürftigkeit« und damit zusammenhängender Konfliktvermeidung Privilegien eröffnet und sie von normativen Verantwortungen entbindet (sie wird als »krank« definiert), was zu

5. mütterlicher Hilflosigkeit und Ohnmacht und längerfristig
6. zu weiteren Konflikten und zur Abnahme der elterlichen Interaktion führt.

Der Ablösungskonflikt

Die teils bewussten, größtenteils aber unbewussten Ambivalenzen lassen auf diesem Pfad ein Minenfeld entstehen, und zunehmende Konflikte sind dadurch vorprogrammiert. Bei der Entwicklung möglicher Lösungen im Rahmen des therapeutischen Systems hat sich in der Familie von Eva folgendes Gespräch als eine Schlüsselsequenz herausgestellt.

EVA: Wenn dann meine Mutter in der Wohnung herumläuft und ich weiß, dass sie das wegen mir tut, so voller Sorgen, weil ich ... also, sie sagt dann nichts ... und das macht mich wütend, weil sie soll mich einfach in Ruhe [Pause, Eva dreht sich ab] ...
THERAPEUT: Dann?
EVA: Dann, ja dann ziehe ich mich eben zurück ...
THERAPEUT: Sie ziehen sich zurück? Okay, und mit welchen Gefühlen ziehen Sie sich zurück?
EVA: Eben, das macht mich wütend, aber ich weiß dann auch, dass ich meine Mutter nicht noch mehr belasten will, aber das ist dann so ... Ich weiß doch selbst nicht ...
THERAPEUT: Wütend? Noch was anderes, noch andere Gefühle?
EVA: Ich weiß es auch nicht ...
THERAPEUT: Auch Schuldgefühle?
EVA: Ja ...
THERAPEUT: Gut, okay [zur Mutter]. Und wie ist es für Sie, wenn sich Eva zurückzieht?
MUTTER: Das ist sehr schlimm, weil ich dann weiß, dass ich ihr nicht helfen kann, ja dass ich ... Ich bin doch die Mutter, und ich spüre, dass ich nicht helfen kann, das ist schlimm.
THERAPEUT (zum Vater): Können Sie das nachempfinden, was die Mutter sagt, dass sie sich dann ... [zur Mutter] wie haben Sie gesagt? Sich ohnmächtig ... Nein, Sie haben etwas anderes gesagt ...
MUTTER: Es sind schlimme Gefühle, ja auch Ohnmacht, aber noch schlimmer, ich fühle mich komplett unfähig als Mutter.
THERAPEUT (zum Vater): Können Sie dieses Gefühl, diese Gefühle der Ohnmacht und Unfähigkeit nachempfinden?

VATER: Jetzt kann ich es besser, ja. Ich erlebe ja etwas Ähnliches. Aber was kann man denn da noch tun? Eva ist ja praktisch erwachsen, und da muss man sie doch auch machen lassen ...
THERAPEUT: Okay, das ist dann eine andere Frage, was man damit macht, mit diesen Gefühlen; [zur Mutter] gesetzt den Fall, Ihre Tochter würde sich nicht zurückziehen, sondern würde mit Ihnen streiten, ich meine echt streiten im Sinn, dass sie Ihnen zum Beispiel sagt: Das ist meine eigene Verantwortung! Wenn ich schneide, dann muss ich das selbst verantworten! Wäre das was anderes für Sie?
MUTTER: Ich weiß nicht ... Einerseits habe ich das unterdessen ja schon kapiert, dass das vielleicht tatsächlich die Verantwortung von Eva ist, aber normal ist es ja doch nicht, wenn sie sich schneidet ... Ich träume auch von diesen Wunden, und dass sie sich infizieren, dass man dann [weint] ...
THERAPEUT: Hätte Eva denn eine Chance, Ihnen in diesem Moment zu helfen, ich meine, wenn sie beispielsweise, wenn sie, statt sich zurückziehen, dafür kämpfen würde, dafür, dass sie das selbst verantworten möchte, und dass sie in zehn Jahren immer noch der Meinung sein wird, dass das ihre eigene Verantwortung ist, so wie ... das ist jetzt ein unpassender Vergleich ... wie wenn ein Jugendlicher einen Beruf ergreift, der den Eltern nicht passt, für den er aber durch Feuer und Wasser geht?
MUTTER: Das kann ich mir nicht so recht vorstellen, das ist doch etwas anderes.
THERAPEUT: Okay, vergessen Sie den Vergleich, ich meine, was belastet Sie mehr, wenn sich Eva in diesem Moment zurückzieht und Schuldgefühle hat oder wenn sie kämpft, um ihre eigene Sache kämpft, unabhängig davon, dass es jetzt ums Schneiden geht?
MUTTER: Ja vielleicht, vielleicht würde das ... Ja, es ist schwieriger, wenn sie sich zurückzieht ... Das wäre vielleicht besser, dann hätte ich irgendetwas, mit dem ich zumindest etwas anfangen kann, es wäre dann ja ihre Verantwortung, ich könnte mir sagen, es ... Ich müsste es dann vielleicht einfach noch aushalten ...
THERAPEUT: Das berührt mich, wie Sie das sagen, ja, Sie haben Recht, so was muss man als Eltern wirklich aushalten, das gilt wohl für alles, was die Kinder machen, wo man es als Eltern ja besser weiß ... [zu Eva] Was glauben Sie, falls überhaupt die Haltung der Eltern einen Einfluss auf das Schneiden haben sollte, in welche Richtung ginge das bei Ihnen? Ich meine, wenn sie bereit sind auszuhalten, dass sie das Schneiden nicht verhindern können, dass sie es nicht ändern können ... Was wäre für Sie schlimmer, wenn sie es aushalten, akzeptieren, oder aber wenn sie sorgenvoll durch die Wohnung gehen?
EVA: Also ... irgendwie ... Schon besser, wenn sie es akzeptieren ... Aber ... Es wäre auch nicht gut, wenn es ihnen einfach egal wäre ...

2. Ein stilles Leiden

THERAPEUT: Aha? ... Hm? ... Das ist interessant. Ich glaube, jetzt habe ich es zumindest auf dem Papier verstanden. Sie meinen ... [Pause] Darf ich das so verstehen: Für Sie, Frau S., wäre es hilfreich, wenn Eva etwas aus dem Busch kommt und klar Position bezieht, für das, was sie als ihre eigene Verantwortung versteht, mit allem Drum und Dran, auch wenn's halt etwas laut zugeht ... Habe ich das so richtig verstanden? [Mutter bejaht] Und für Sie, Eva, wäre es hilfreich, wenn die Mutter Zeichen setzt, die beweisen, dass sie akzeptiert, dass es in der Verantwortung ihrer Tochter liegt ... Verstehe ich das so richtig?

EVA: Ja schon ... aber ich kann das nicht glauben, dass meine Mutter das akzeptieren kann.

THERAPEUT: Aha? Da haben Sie Zweifel?

EVA: Sehr, ja [die Mutter weint] ...

THERAPEUT (zu Eva): Woran würden Sie denn unmissverständlich erkennen, dass Ihre Mutter anerkennen will, dass es Sache der Tochter ist, ob sie sich schneidet oder nicht?

EVA (überlegt, zögerlich): Sie müsste sich ... also einfach besser wehren können ...

THERAPEUT (zur Mutter, ihr ein weiteres Taschentuch zusteckend): Was meinen Sie dazu, Frau S.?

MUTTER: Ja, das ist ein altes Thema ... Aber vielleicht ist es auch eine Chance, und ich will das lernen, ja ich will das.

THERAPEUT (zu Eva): Ist das für Sie Okay, wenn es die Mutter nicht schon morgen schafft, ich meine, wenn sie sich nicht schon morgen besser wehren kann, aber sich Mühe gibt, es immer besser zu machen, was meinen Sie dazu?

EVA (unsicher): Ja ... äh ... also sie muss es nicht wegen mir ...

MUTTER: ... Nein, wegen mir, das muss ich ja endlich auch lernen, das weiß ich ja, und ich brauche Unterstützung ...

THERAPEUT (zum Vater): Gut. Das ist mal klar. Und für Sie, wie wirkt dieser Deal auf Sie, falls sich Mutter und Tochter darin wirklich einig sind?

VATER: Es klingt irgendwie einfach ...

THERAPEUT: Sie meinen, ein kleiner Schritt in der Theorie, ein riesiger Schritt in der Praxis?

VATER: Ja, etwa so.

Die Mutter verlegte danach das Thema auf ihre Herkunft, wo sie eine Familienkultur mit einer konfliktfreudigen Mutter und einem Vater angetroffen hatte, der auf der ganzen Linie das Zepter seiner Frau übergeben habe. Sie selbst fühlte sich dem Vater sehr ähnlich. Mit Verweis darauf, dass offenbar auch das »mütterliche Element«

irgendwo schlummert und nun aktiviert werden könnte, endete die Sitzung versöhnlich.

Aufmerksame Therapeuten haben schon immer die Erfahrung gemacht, dass im Rahmen der Therapiegespräche die Symptome umso mehr an Bedeutung verlieren, je offener, direkter, authentischer, flüssiger und gefühlvoller die Kommunikation und die Beziehungen werden. Ist die stagnierende Entwicklung erneut wieder in Gang gesetzt, so werden Vermeidungsziele (Ablehnen, Kontaktabbruch, Verweigern) aufgegeben und stattdessen Annäherungsziele ins Zentrum gestellt. Annäherungsziele sind dadurch charakterisiert, dass sie positiv formuliert und auch erreicht werden können. Man kann messen, ob sie erreicht werden, und sie dadurch der eigenen Wirksamkeit unterstellen. Sie stellen das Ressourcenpotenzial in den Vordergrund, während ein Vermeidungsverhalten eher im Dienste der Risikominimierung steht. Das Erfahren eigener Wirksamkeit gehört zugleich zu den wichtigsten »Nährstoffen« eines sich stabilisierenden Ichs.

Mehrere Gespräche mit der Familie S. – teils alleine mit den einzelnen Familienmitgliedern, teils mit familiären Subsystemen, schließlich mehrmals auch mit der Kernfamilie gemeinsam – ermöglichten es, das Wirrwarr aus Angst, Wut, Frust, Befürchtungen, Enttäuschungen, Vorurteilen, Missverständnissen sowie Gefühlen der Schuld und Traurigkeit zumindest teilweise und Schritt für Schritt zu entwirren.

Heute, vier Jahre später, steht Eva in ihrem letzten Lehrjahr als Kauffrau, hat gute Noten und verbringt die Wochenenden bei ihrem Freund (sie hat die Phase der Rehabilitation erreicht). Im Rückblick sieht sie sich in der Zeit des Schneidens als »eine Seifenflocke in einer auslaufenden Badewanne«, die es nur noch abwärts zog, dem Strudel ohnmächtig ausgeliefert. Das Hauptmotiv für das selbstverletzende Verhalten sah sie in der Suche nach Erleichterung von einem quälenden seelischen Zustand. Damit teilte sie mit den Jugendlichen aus der zitierten Studie über selbstverletzendes Verhalten an englischen Schulen (Hawton et al. 2008, S. 52) das häufigste Motiv (72,8 % gaben diesen Grund an). Weitere Motive waren: »Ich wollte sterben« (52,8 %), »Ich wollte mich selbst bestrafen« (46,3 %), »Ich wollte zeigen, wie verzweifelt ich mich fühlte« (40,7 %), »Ich wollte herausfinden, ob jemand mich wirklich liebt« (31,3 %), »Ich wollte Aufmerksamkeit bekommen« (24,0 %), »Ich wollte jemandem Angst machen« (21,1 %) und »Ich wollte mich an jemandem rächen« (14,3 %).

2. Ein stilles Leiden

Unterdessen ist Eva ihrer leidvollen Situation entronnen und hat das Schneiden aufgegeben. Die Eltern sind geschieden, und auf der Seite des Vaters bekam sie kürzlich einen Halbbruder. Die Mutter steht in einer Ausbildung als Pflegehelferin beim Roten Kreuz. Was indes zurückbleibt, sind bleibende, hässliche, bräunliche Narben an den Vorderseiten von Evas Unterschenkeln, die sie mit Jeans, Leggins oder dunklen Strümpfen verdeckt. Und dennoch: Auch wenn sie von gemischten Gefühlen befallen wird, wenn sie andere Frauen in Badeanzügen oder Shorts sieht, hat sie begonnen, dem Sommer – trotz allem – Freude abzugewinnen.

Systemische Gesichtspunkte

Woran liegt es, dass diese Therapie einen hoffnungsvollen Ausgang hat? Ich meine, das Beispiel lässt einige Antworten erkennen:

- Der Therapeut geht davon aus, dass Motivation nicht nur persönlich, sondern in hohem Maß kontextuell bestimmt ist.
- Statt eines »Expertenmodells« mit absolutem Wahrheitsanspruch hat der Therapeut ein »Kundenmodell« vor Augen, das den Klienten die Rolle der Experten ihrer eigenen Situation zuweist und dem Therapeuten die Rolle eines feinfühligen Gestalters komplexitätsgerechter Kontexte als Voraussetzung für die Möglichkeit selbstorganisatorischer Prozesse (Schiepek 1999) und Ressourcenentfaltung. Der Therapeut leugnet nicht, dass er Macht hat (sie ist eine psychologische Universalie), indes vermeidet er soweit wie möglich alle Machtmittel, die zu einer vermehrten Abhängigkeit der Klientel oder zu einer Behinderung derer Ressourcen führen könnte (z. B. Macht durch Zwang, Expertenmacht).
- Der Therapeut versucht, das (auffällige) Verhalten der Jugendlichen nicht in erster Linie aus individuellen Eigenschaften zu erschließen, sondern darüber hinaus aus dem Beziehungskontext der Familie, und er leitet daraus therapeutische (und motivationale) Hilfestellungen ab.
- Der Therapeut nimmt Abstand davon, Klienten von einem professionellen Modell zu überzeugen (z. B. selbstverletzendes Verhalten als Krankheit) und bietet stattdessen einen Verände-

rungsfokus an, der Bisheriges in einem neuen (unerwarteten) Licht erscheinen lässt (Reframing, Neukonstruktion: selbstverletzendes Verhalten als »Ventil für die Affektregulierung«). Er interpretiert die unterschiedlichen Beiträge der Familienangehörigen als »jeweils positive, aus dem Guten heraus erbrachte Leistungen« zum Zweck der Ausbalancierung prekär gewordener (Familien-)Gleichgewichte und der Krisenprävention.

- Der Therapeut bedient sich der cartesianischen Methode, die aus einem unlösbaren Problem (sich selbst aufrechterhaltendes Problemsystem) mehrere Teilprobleme kreiert und isoliert (Problembeschreibungen im therapeutischen System, dessen Aufgabe es ist, sich selbst aufzu*lösen*).
- Der Therapeut arbeitet darauf hin, dass die von einem Problem betroffenen Menschen (Problemsystem) »live« in die Therapie einbezogen werden, sodass sie ihre Probleme verbindlich »erleben« können, statt sie aus unbeteiligter Entfernung in unverbindlicher Weise zu »überdenken«.
- Der Therapeut benutzt bestimmte Sprachformen wie beispielsweise Vorannahmen, unterschiedliche Fragetypen wie »eingebettete«, »tentative«, »zirkuläre« Fragen.
- Der Therapeut bietet der Mutter eine niederschwellige Hilfe an (er könnte ihr ja auch sagen: »Ihre Tochter braucht dringend therapeutische Hilfe!«).
- Der Therapeut zeigt sich flexibel in der Wahl des Settings (Einzel-, Mehrpersonensettings).
- Der Therapeut übernimmt eine aktive Rolle in der Beziehungsgestaltung und Prozesslenkung (Systemkompetenz).

Dabei sieht es so aus, als hätte sich der Therapeut (bzw. die Therapeutin) eine Menge Probleme aufgeladen. In Wahrheit aber überlässt er Entscheidungen über Inhalte und Werte ganz den Hilfesuchenden und nimmt vor allem Einfluss auf jene Prozesse, die die Rahmenbedingungen definieren. Alles in allem wird dabei eine Reihe von Merkmalen ersichtlich, die eine Therapie nach systemischen Gesichtspunkten auszeichnen.

3. Ein heikles Thema

»Der Leidensdruck ist für die Angehörigen manchmal höher als für die Betroffenen ... Unter Umständen macht es mehr Sinn, den Angehörigen Unterstützung und Therapie anzubieten.«

Reinecker u. Lakatos (2005, S. 138)

Therapiemotivation im Jugendalter – ein heikles Thema

Obwohl im klinischen Alltag Probleme mit der Therapiemotivation bzw. mit dem Widerstand von Jugendlichen gegenüber einer Therapie allgegenwärtig sind, wird kaum darüber gesprochen und in Berichten zur Psychotherapie wird ihnen meist nur wenig Platz eingeräumt. Wenn überhaupt, werden sie nur am Rande, zuweilen mit einem einzigen Satz erwähnt; und mitunter entsteht bei der Durchsicht anerkannter Therapieprogramme sogar der Eindruck, als wären Motivationsprobleme bzw. Widerstand einfach nur lästige Nebeneffekte, nicht aber ein dem Programm inhärentes Problem. Ein paar Blicke in die Literatur (und in unsere eigenen Therapiesitzungen) genügen, um sich von der Sperrigkeit des Themas zu überzeugen:

- »Die schwierigste Aufgabe bei adoleszenten Patienten ist die Erreichung einer Therapiemotivation« (Remschmidt 1992, S. 471).
- »Voraussetzung für die Behandlung ist eine Therapiemotivation, die wegen des fehlenden Störungsbewusstseins und Leidensdrucks oft nicht gegeben ist. Sie muss ggf. erst aufgebaut werden« (AWMF online 2007).
- »Die betroffenen Kinder oder Jugendlichen sind hingegen – aufgrund der fehlenden Problemwahrnehmung – wenig motiviert, an einer Behandlung teilzunehmen oder sie durchzuhalten. Sie kommen selten von sich aus zur Therapie [...] Wenn sie es doch tun, zweifeln sie an der Notwendigkeit, sich verändern zu müssen, oder können sich nicht vorstellen, dass Veränderungen von ihrer Therapiemotivation abhängen« (Petermann 2002, S. 86). »Zusammenfassend lässt sich feststellen, dass

ein wesentlicher Aspekt bei der Behandlung aggressiven Verhaltens (von Kindern und Jugendlichen, Anm. d. Autors) in der Beziehungsarbeit und Therapiemotivierung liegt (Petermann 2002, S. 208).
- »Ein weiterer charakteristischer Unterschied zwischen Kinder- und Erwachsenentherapie besteht in den besonderen Schwierigkeiten der *Gestaltung einer therapeutischen Beziehung*« (kursiv im Original, vgl. Steinhausen u. von Aster 1999, S. 2)
- »Ich kann es mir überhaupt nicht vorstellen ... ja, es ist ausgeschlossen, dass Miriam mit an eine Sitzung kommen wird, sie hat das bereits angekündigt, sie werde ganz bestimmt nicht mitkommen ... nie und nimmer, und Herr Doktor, ich glaube ihr, denn ich kenne meine Tochter« (Bericht einer alleinerziehenden Mutter einer 14-jährigen Tochter, die zu Hause streikt und ihre jungen Tage im »Autonomen Jugendzentrum« statt in der Schule verbringt).

Die Begriffe der »fehlenden Therapiemotivation« und des »Widerstandes« sind insoweit verwandt, als sie Prozesse beschreiben, die dasselbe Ergebnis haben, und daher verwende ich sie als gleichbedeutend. Wissenschaftlich gesehen befinden sich die Konzepte indessen auf unterschiedlichen Kontinenten.

Psychologische Reaktanz

In der Sozialpsychologie wird »Widerstand« unter dem Begriff der »psychologischen Reaktanz« (Brehm 1966) abgehandelt. »Reaktanz ist ein Sammelbegriff für alle Verhaltensweisen, mit denen sich ein Individuum bei unerwarteter Frustration gegen Einschränkungen zur Wehr setzt« (Flammer 1990, S. 127). Wenn sich ein Jugendlicher an bestimmte Moden gewöhnt (z.B. Hip-Hop-Kleidung, Freizeitgewohnheiten, Umgangston mit seinen Eltern) bzw. wenn die Eltern all dem nichts (mehr) entgegenzusetzen haben, dann empfindet er es als seine persönliche Freiheit, sich entsprechend zu verhalten. Ohnehin ist seine Persönlichkeit mit dem 10. Lebensjahr so weit gefestigt, dass er sich ohne dringliche Notwendigkeit kaum noch verändert und sich stattdessen die passende Umwelt aussucht oder assimiliert (Assimilation beschreibt nach Jean Piaget die »Eigentümlichkeit, dass das Subjekt die Einwirkung nicht passiv erleidet, sondern seinerseits die Umwelt verändert, indem es ihr eine ihm eigentümliche Struktur gibt«, vgl. Piaget 1984, S. 10). Werden nun beispielsweise im Rahmen eines Therapieprogramms diese Freiheiten eingeschränkt, reagiert der Jugendliche mit normaler Reaktanzmotivation (Trotz, Rebellion, Verweigerung, Widerstand).

Die Stärke der psychologischen Reaktanz ist durch 3 Komponenten bestimmt (Dickenberger et al. 1993):

1. der Umfang des (subjektiven) Freiheitsverlusts (Anzahl bedrohter Alternativen)
2. die Stärke der Einengung (je grösser die Bedrohung einer Freiheit, desto mehr Reaktanz)
3. die Wichtigkeit der eingeengten Freiheit (Funktion des instrumentellen Wertes)

Ist ein Jugendlicher reaktant motiviert, so sind je nach Umständen folgende Auswirkungen dieser Grundmotivation zu erwarten:

- Aggression gegenüber der Quelle der Bedrohung (Angriff ist die beste Verteidigung): Zum Beispiel zeigt sich eine Jugendliche aggressiv gegenüber ihrer Mutter, die sich neuerdings gegen die überbordenden Kleidermoden wehrt.
- Überredung anderer, sich für die bedrohte Freiheit zu engagieren (Koalitionsbildung, Dreiecksprozesse, Triangulation): Zum Beispiel hat der Vater einer Jugendlichen Verständnis für ihre »sehr sensible« Art, die gerade dann zum Ausdruck kommt, wenn sie von der Mutter zum Abwasch gerufen wird.
- Engagement für die bedrohte Freiheit (verbotene Früchte sind die besten): Zum Beispiel wünscht sich ein Jugendlicher umso vehementer Hip-Hop-baggy-Jeans, je mehr sich die Eltern darüber aufregen.
- Engagement für eine ähnliche Freiheit (stellvertretender Trotz): Zum Beispiel färbt sich der Jugendliche die Haare rot, nachdem ihm der Ausgang gestrichen worden ist.
- Manipulation der Bedeutung der bedrohten Freiheit (kognitive Umstrukturierung): Zum Beispiel erkennt eine bulimische Jugendliche die Notwendigkeit einer stationären Behandlung, weil sie begriffen hat, dass die Anfälle nicht abnehmen, solange sie diese verdrängt oder verharmlost.

Für das bessere Verständnis einer fehlenden Therapiemotivation bei Jugendlichen kann es hilfreich sein, den Zusammenhang zwischen Reaktanz und folgenden psychologischen Größen zu beachten:

- Selbstwert: Bei mehreren Misserfolgserlebnissen zeigten Personen mit hohem Selbstwert Reaktanz, Personen mit geringem Selbstwert dagegen Hilflosigkeit.
- Kontrollerwartung: Ist die Kontrollerwartung hoch, so führt ein unkontrollierbares Ereignis zu Aktivität, um die Kontrolle wiederherzustellen (Reaktanz). Nach wiederholter Erfahrung der Unkontrollierbarkeit ist die Erwartung von Kontrolle gering, es resultiert Hilflosigkeit.
- Glaubwürdigkeit der einengenden Instanz: Hat die einengende Instanz einen Glaubwürdigkeitskredit, so sinkt die Reaktanz (das ist einer der Gründe für die klinische Erfahrung, dass der – therapeutisch geschickte – Einbezug der Eltern bei den Jugendlichen entgegen der landläufigen Meinung die Reaktanz mindert).

In der systemischen Literatur scheint der Begriff des »Widerstandes« selbst Widerstand auszulösen. Das mag teils historisch-konzeptuell begründet sein (»da die Aufdeckung von Abgewehrtem und Verdrängtem kein typisches Ziel systemischer Therapie ist«, Schweitzer u. von Schlippe 2006, S. 32), und teils durch ein legitimes Abgrenzungsbedürfnis gegenüber anderen Schulen (Systemik orientiert sich an Beziehungsphänomenen und Kontexten, während sich der Widerstand im psychoanalytischen Sinn auf intrapersonelle Abwehrmechanismen gegenüber dem Therapiebündnis bezieht). Auch gibt es gute »lösungsfokussierte« Gründe, statt von »Widerstand« von einer »unpassenden Kooperationsofferte seitens der Therapeutin« zu sprechen; wird dadurch doch ein systemisch-relationaler, kontextueller Blick für symmetrische, komplementäre und reziproke Prozesse geschärft.

Andererseits kenne ich aus eigenem Erleben das Gefühl des Widerstands, und es hat für mich einen realen Charakter. Das Wahrnehmen der eigenen Widerstandsmotivation oder Reaktanz ist zugleich die Voraussetzung dafür, dass ich bei meinem Gegenüber denselben Zustand empathisch zu identifizieren vermag. Sitzt vis à vis eine Jugendliche in der Pose des verletzten Stolzes, oder mit einem Gesichtsausdruck der angeklagten Unschuld oder in der Attitüde der von den

Eltern Erpressten, so bringt es die Reziprozität der kommunikativen Situation mit sich, dass ich spontan darauf reagiere. Das Erkennen des Affekts des Gegenübers und der Perspektivenwechsel lösen in mir – wir sind ja beides Menschen mit homologen Gehirnen – einen Affekt aus, der mich je nachdem motiviert zu beschwichtigen, anzuerkennen, klarzustellen, zurechtzuweisen und so fort. Therapeuten sind Experten für dieses »Je nachdem«. Im Unterschied zu Laien haben sie sich eine Fähigkeit angeeignet, sich der Affekt- und Begleitzustände bewusst zu werden, statt spontan und »automatisch« – zustands- und prozessblind – darauf zu reagieren. Sie verfügen über ein verfeinertes Repertoire an Handlungsalternativen und die Freiheit, »je nachdem« zu reagieren. Ihr tatsächliches »therapeutisches« Verhalten berücksichtigt nunmehr allgemeine psychologische Gesetzmäßigkeiten, situative Gegebenheiten, Gesichtspunkte der impliziten und expliziten Aufträge sowie im Zuge der Berufserfahrung angeeignete Faustregeln und Handlungsroutinen. Das heißt aber auch, dass Therapeuten stets Informationen auswählen und dass damit ihr Handeln in dem Maß strategisch ist, wie sie es bewusst kontrollieren.

Idealszenario und Wirklichkeit

Das Idealszenario der Psychotherapie mit einem Jugendlichen stelle ich mir so vor: Angestoßen durch einen starken Leidensdruck, zeigt der Jugendliche intrinsische Veränderungsmotivation. Selbstregulierend erkennt er: »Ja, ja, da muss sich was ändern.« Bald hat er einen Ersttermin bei einer erfahrenen Psychotherapeutin mit gutem Namen, wo er sofort Vertrauen findet und das Gefühl hat, in einem sicheren Hafen zu sein. Er fühlt sich akzeptiert und in seinem Selbstwert gestärkt. Die Therapie dient ihm als »sichere Basis« zum Erkunden neuer Möglichkeiten. Um die Änderungen nicht nur im Kopf zu verankern, sondern auch »live« im Spiegel seiner realen (Bindungs-)Beziehungen, lädt er die Eltern ein, um in emotionalen aber konstruktiven Auseinandersetzungen die eigene Impulskontrolle, Affektintegration und sprachliche Differenzierung zu verbessern. Dies fördert die kritisch reflektierte Beziehung zu den Eltern sowie einen Ablösungsprozess, der sowohl von klaren Positionen wie auch von Empathie und Respekt geprägt ist. Die Beziehungserfahrung kann er im Peerkontext erfolgreich anwenden. Von der Therapeutin begleitet arbeitet das Ensemble an bedeutsamen Zielen, die perfekt in die unterschiedlichen Selbstsysteme passen. Allseits erzeugt das Ausprobieren neuer Wege Zuversicht und ein bislang unbekanntes Gefühl eigener Wirksamkeit. Es wird von mehr Gelassenheit und positiver Integration negativer Gefühle sowie einer wohltuenden Distanz zu den bisherigen Problemen berichtet. Zurückgekehrt in die Lehre als Polymechaniker schmiedet der Jugendliche verlässliche Freundschaften. Die früheren Probleme sind bewältigt und neben einem Gefühl allgemein verbesserter psychischer Sicherheit dominieren Gefühle der Freude, Heiterkeit und ein gestärktes Selbstwerterleben. Die Nachhaltigkeit des Erfolgs kann ein Jahr und drei Jahre später nachgewiesen werden.

Das Szenario spottet allerdings der Realität. Unabhängig vom Lebensalter ist Therapiemotivation (bzw. ihre Abwesenheit) mit dafür verantwortlich, dass 25 % der Menschen, die von einer Psychotherapie profitieren könnten, diese gar nicht erst aufsuchen (Grawe 2005). Während sich einerseits die Mehrheit der psychischen Störungen in der entscheidenden Entwicklungsphase von Kindheit und Jugend manifestiert, ist andererseits ausgerechnet bei Kindern und Jugendlichen Unterbehandlung besonders häufig (Wittchen u. Jacobi 2005). Darüber hinaus zeigen Metastudien Aussteigerraten (Drop-out-Raten) von 37 % (Grawe 2005) bzw. bis zu 50 % (Ogrodniczuk et al. 2005). Das heißt, die Hälfte der Menschen, die eine Therapie aufgesucht haben, steigt laut der Studie wieder aus, ehe die Betroffenen von der Hilfe profitieren können. Offenbar ist es in diesen Fällen nicht gelungen, eine anfänglich vorhandene Therapiemotivation aufrechtzuerhalten. Speziell bei aggressiven und dissozialen Jugendlichen geht man von einer hohen Verweigerungs- und Aussteigerrate aus, wobei in der Literatur Zahlen von 50 bis zu 75 % genannt werden (Kazdin 1990).

In Follow-up-Studien zur Magersucht, eine Entwicklungsstörung des Jugendalters, kommt der fehlenden oder ungenügenden Therapiemotivation die Bedeutung eines wichtigen Prädiktors für einen ungünstigen Verlauf zu. Inadäquate Therapiemotivation gehört bei dieser gefährlichen Entwicklungsentgleisung neben der Rückfallprophylaxe zu den aktuellen Hauptproblemen einer wirksamen Therapie (Kaplan 2002; Liechti 2008).

Abgesehen von der Therapiemotivation sind zweifelsohne weitere Faktoren an der eingeschränkten Wirksamkeit von Psychotherapie beteiligt, wobei sich die einzelnen Faktoren multiplizieren (und potenzieren), sodass es schwierig ist, sie auseinanderzuhalten. Es ist plausibel, dass Motivationsprobleme für den gesamten Therapieprozess eine entscheidende Größe darstellen, und möglicherweise haben sie auch ihren Anteil am ernüchternden Ergebnis, dass in bisher vorliegenden Studien auch unter bestmöglichen Therapiebedingungen eine Erfolgsquote von kaum mehr als 75 % erreicht wird. Diese Zahlen gelten zudem für gut definierbare Störungen, während bei schwer abzugrenzenden Diagnosen und in Fällen, wo zwei oder mehr Störungen zusammenfallen (Komorbidität) – beides Bedingungen, wie sie in der grundversorgenden Psychiatrie- und Psychotherapiepraxis häufig anzutreffen sind – die Erfolgsquote rasch unter 50 % fällt (Grawe 2005). Bei zusätzlicher Berücksichtigung des Rückfallrisikos sehen die Verhältnisse noch ungünstiger aus (Young et al. 2001). In 5 bis 10 % der Fälle bewirkt Psychotherapie sogar das Gegenteil vom dem, was sie eigentlich bezweckt: Sie scheint nicht zu heilen, sondern zu schaden (Lambert et al. 2005).

Hilflosigkeit fordert heraus

Was kann man tun, wenn man eigentlich nichts tun kann, weil der/die Jugendliche nichts tun will? Dies ist in der Therapie mit psychisch auffälligen Jugendlichen eine (mehr als) gelegentlich übergangene Frage. Die Schwierigkeit besteht darin, dass diese Jugendlichen nicht in das Schema passen, das die medizinischen und psychosozialen Versorgungssysteme vorsehen; denn es setzt voraus, dass mündige Bürgerinnen und Bürger sich aktiv um ihre Gesundheit kümmern. Jugendliche aber sind »etwas anders«, demnach holen sie sich keine Hilfe – ja, sie meiden professionelle Institutionen geradezu. Will man sie dennoch frühzeitig erreichen, muss man sich etwas einfallen lassen und auf sie zugehen.

> **Beispiel 1: Javier A.**
> Seit über zehn Jahren ist die Mutter des 15-jährigen Krauskopfs Javier alleinerziehend. In der Erstsitzung beschreibt sie seine »wahnsinnigen Wutausbrüche«, die seit ungefähr zwei Jahren zu Hause vorkommen. Daneben verhalte sich Javier oft in unberechenbarer Weise und es gebe keinen Tag, wo es nicht zu kleineren Gehässigkeiten zwischen Mutter und Sohn komme.

Mutter: Was ich nicht vertragen kann, ist, wenn er jetzt zu Hause noch kifft. Dann macht er erst recht nichts, er sitzt nur vor dem Computer, geht nicht einmal ans Telefon, auch wenn's für ihn ist, und wenn er etwas helfen soll, dann schreit er mich an. Und dann spricht er einen ganzen Tag nichts mehr. Wissen Sie, das ist nicht mehr zum Aushalten! Ich fühle mich gar nicht mehr zu Hause in meiner Wohnung. Und wenn ich ihm sage, er soll duschen oder wenigstens das Hemd wechseln, dann sagt er mir so Sachen ...
Therapeut: Was für Sachen?
Mutter: Ja eben ... So wie Jugendliche heute halt reden ... Und ich habe ihm also schon gesagt, das geht nicht, ich lass mir solche Dinge doch nicht sagen von meinem Sohn!
Therapeut: Es würde mich interessieren, ich würde gerne wissen, welche Art von Wörtern er gebraucht ...
Mutter: Also, das ist dann schon unterste Schublade ... Und ich weiß gar nicht ... Das hat sich so verschlimmert in letzter Zeit ... Und jetzt noch die Probleme in der Schule ...

In der Schule fällt Javier auf wegen Trödelns, passiven Widerstands, schmollender Zurückhaltung, einzelgängerischen Verhaltens und eines stetigen Leistungsabfalls im vergangenen Jahr. Er sondert sich von seinen Schulkameraden ab, steht in der Pause in einer Ecke und hört Musik oder bleibt am Pult sitzen, ohne irgendwie an den jugendlichen Geschäftigkeiten teilzuhaben oder überhaupt mit jemandem zu reden. Kürzlich wurde er im Klassenzimmer mit Cannabis ertappt, sodass der Jugendrichter und der Schulpsychologe eingeschaltet wurden.

Der argentinische Vater von Javier kam 1977 in die Schweiz. Als Anhänger der linken peronistischen Bewegung »Montonero«, die sich gegen den Diktator General Videla gestellt hatte, verbrachte er ein Jahr im Gefängnis, bis ihm die Flucht gelang und er schließlich in der Schweiz landete, wo er Javiers Mutter kennenlernte. Javier kann sich nur noch in Umrissen an seinen Vater erinnern, dessen Spuren sich nach der Rückkehr nach Argentinien verwischt haben. Mehrere Versuche der Mutter, ihn über das Rote Kreuz oder per Internet ausfindig zu machen, blieben erfolglos.

Sowohl der Schulpsychologe wie auch das Jugendgericht haben der Mutter nahegelegt, für Javier eine Therapie aufzusuchen. Dieser erachtete es allerdings nicht als nötig und weigerte sich, zur Erstsitzung mitzukommen. Die Mutter befürchtete, dass er

3. Ein heikles Thema

auch weiterhin nicht bereit ist zu kommen und dass ihr Drängen erneut heftige Wutausbrüche auslösen würde. Deshalb schlug ich ihr vor, diese Verantwortung dem Jugendrichter zu überlassen. Dieser ließ Javier umgehend wissen, dass er zwei Möglichkeiten hat: entweder zu einer Sitzung im Jugendgericht oder aber beim Psychiater zu erscheinen.

Der Jüngling erschien pünktlich und ließ sich, als ich ihn im Wartezimmer abholte, Zeit, bis er schließlich aufstand, sich die Kapuze nach hinten strich und mich ohne Blickkontakt oder Händedruck kaum begrüßte. Im Weiteren ließ er ohne viele Worte durchblicken, dass ihm diese Begegnung nicht passte.

Zugeknöpft und mit »vorbeischauendem« Blick folgt er meiner Einführung.

THERAPEUT: ...Und jetzt weiß ich natürlich, dass es Ihnen ... Übrigens, Javier, soll ich ... äh ... was wäre Ihnen lieber, dass ich sieze oder duze? ... Da bin ich etwas unsicher ...

JAVIER (platziert zuerst den Kaugummi an die richtige Stelle im Mund): Egal ...

THERAPEUT: Also ... dann siezen?

JAVIER (tonlos): Nein, duzen ... Bin ja erst fünfzehn ...

THERAPEUT: Also, okay, das ist in Ordnung, das ist mir so auch recht ... Übrigens, das muss ich gleich von Anfang an klarstellen, dass du überhaupt gekommen bist, das ist nicht selbstverständlich, und ich nehme an, du hättest Wichtigeres oder anderes zu tun, als hierherzukommen, nehme ich an ...

JAVIER (kauend): Sicher [Stille, Kaugummiduft erfüllt den Raum].

THERAPEUT (im 45-Grad Winkel zu Javier sitzend, dessen Haltung einnehmend): Ich muss sagen, dass es mich freut, dass du gekommen bist. Deine Mutter hat mich ja aufgesucht, und ich denke, sie hat da so einige Probleme, zumindest habe ich das so verstanden ... Und ich bin froh, mit dir darüber zu reden, vielleicht hast du einige Ideen, was man da machen könnte, ich meine, dass deine Mutter die Sache noch von der anderen Seite sehen könnte ...

JAVIER (bleibt zugeknöpft): Hm.

THERAPEUT: Doch unter keinen Umständen möchte ich dir jetzt Vorträge halten.

JAVIER (flüchtiges Grinsen): Hm.

THERAPEUT: Ich nehme an, die kennst du von irgendwoher zur Genüge?

JAVIER: Hm.

THERAPEUT: Na gut, andererseits möchte ich dich auch nicht ausfragen, obwohl ich irgendwie deine Hilfe brauche, ich meine, wegen deiner Mutter.

JAVIER: Hm-hm!

THERAPEUT: Aber eben, jetzt weiß ich nicht so richtig ... Soll ich einfach fragen? Oder soll ich zuerst sagen, was ich bei deiner Mutter nicht ganz verstanden habe? Bist du überhaupt bereit, mir zu helfen, die Dinge klarer zu sehen?

JAVIER (runzelt die Stirn): Hm ... Also ... Ja, wie meinen Sie das genau, klarer zu sehen?

THERAPEUT (sich zurücklehnend): Bei der Mutter ... [streicht sich das Kinn] ... Bei deiner Mutter, da bin ich mir ja nicht so ganz sicher. Macht sie sich Sorgen? Kann man ihr dabei irgendwie helfen? Was hat sie eigentlich für ein Problem? Wie sieht das ein Angehöriger aus ihrer nächsten Nähe? Sind die Sorgen für die Katz?

JAVIER (etwas deutlicher sprechend): Am ersten ... ähm ... also Sorgen für nichts [längere Pause] ... [flüssiger] Ich weiß nicht, was sie hat, aber sie nervt unglaublich mit ihrem ständigen Nörgeln und Nachfragen.

THERAPEUT: Du meinst, es würde ihr wesentlich besser gehen, wenn es gelingen würde, sie davon zu überzeugen, dass weniger Nachfragen mehr bringt?

JAVIER (entspannter): Aber sicher ... klar!

THERAPEUT (zögerlich): Verstehe ich das richtig, das Problem deiner Mutter wäre gelöst, wenn sie einen Weg finden könnte, auf das ständige Nörgeln und Nachfragen zu verzichten?

JAVIER: Ja, das ist das Hauptproblem.

THERAPEUT (vorsichtig): Das ist interessant, und einmal mehr kann man sehen, wie wichtig es ist, bei einer Problemlage auch andere Perspektiven zu beachten ... Aha, weniger Nachfragen ... Hm ... Darf ich dich fragen, wenn es also so eine Methode gäbe, die dazu führt, dass die Mutter sicherer ist, und das Ergebnis davon wäre, dass sie weniger nachfragt ... Verstehe ich dich richtig, das wäre dann also so eine wirkliche Verbesserung der Situation?

JAVIER (offener): Ja, weil es nervt schon sehr, wenn sie dauernd nachfragt ... Gerade gestern Abend hat sie mir wieder gesagt, ich solle dann die Sitzung bei Ihnen nicht vergessen ... Also ich meine, ich bin ja immerhin fünfzehn, aber sie behandelt mich noch wie im Kindergarten ...

THERAPEUT: Gesetzt den Fall, sie würde jetzt gleich hier neben uns sitzen, ich meine deine Mutter, sie würde gleich da sitzen, und ich würde sie fragen: »Was müsste geschehen, damit Sie Ihrem Sohn vertrauen können, damit Sie ihn eben als einen Erwachsenen behandeln können?«

JAVIER (runzelt Stirn): Da hab' ich keine Ahnung ... Das müssen Sie sie schon selbst fragen, auf jeden Fall habe ich keine Ahnung, weshalb sie immer so schlecht drauf ist. Und dann meint sie immer, es sei wegen meinem Vater ...

THERAPEUT: Deinem Vater?

JAVIER: Ja, sie liest da so irgendwelchen ... So Psychoscheiß eben ...

THERAPEUT: Und das ist nicht dein Problem?

JAVIER (sichtlich nervös): Ich hab' keine Probleme damit!

THERAPEUT: Ich verstehe, und du hast Gründe dafür, das so zu sehen.

JAVIER: Ja.

THERAPEUT: Okay, also ... Wenn ich deine Mutter einlade ... Also sie ist ja schon einmal da gewesen und wird vermutlich wiederkommen, und ich würde sie genau das fragen, nämlich, was können wir tun, jeder auf seine Art, die Mutter, Javier, ich als Therapeut, was können wir tun, damit die Dinge einfacher werden ... Wärst du denn bereit, Javier, mitzudenken?

JAVIER: Kommt drauf an ... Sicher.

THERAPEUT: Klar, das kommt ganz darauf an ... Ich meine nur ganz grundsätzlich.

JAVIER: Ja, gut. Klar.

THERAPEUT: Auch wenn's nicht gleich durch Butter geht und so in einem Tag dann einfacher ist?

JAVIER: Kein Problem.

THERAPEUT: Okay, das ist gut, ich bin dir dankbar, und eigentlich bin ich ganz guter Hoffnung ... Möchtest du bereits das nächste Mal mit der Mutter mitkommen?

JAVIER: Nein, sprechen Sie zuerst mit der Mutter, ich komme dann später.

THERAPEUT: Gut. Für mich ist das in Ordnung [nach einer längeren Pause] ... Wärst du heute noch bereit, mir etwas darüber zu erzählen, was du als »Nachfragen« und »Nörgeln« bezeichnest? Ich meine, ich will nicht deine Mutter kritisieren, sondern einfach mehr darüber erfahren.

JAVIER: Hm. Sicher. Fragen Sie einfach.

THERAPEUT: Okay, gut, also ich frage. Auf welche Art ist das für dich ein Problem?

In Anbetracht der Probleme, die Javiers junges Leben zunehmend belasten, hätte man ihm auch einfach die Eingangsfrage stellen können: »Wie siehst du denn dein Problem?« In diesem Fall wäre der

Therapeut davon ausgegangen, dass Javier in der Tat ein Problem »sieht«, das auch noch »seines« ist. Steigt man im Erstkontakt mit Jugendlichen mit einer solchen Frage ein, könnte man genauso gut würfeln; die Wahrscheinlichkeit, dass ein Rapport zustande kommt, ist etwa 1 zu 6.

Bereits die Kommunikationspsychologie hat darauf hingewiesen, dass die Bedeutung einer Botschaft eigentlich im Empfänger entsteht, nicht im Sender. Sie ist auch nicht in der Botschaft enthalten, sondern Bedeutung entsteht im Gehirn des Empfängers.

Wie Javier die Frage »Wie siehst du dein Problem?« interpretiert, hängt von seinen »Empfangsgewohnheiten« ab (Schulz von Thun 1984), ob er

1. den *Sachinhalt* (der Therapeut informiert mich, dass ich ein Problem habe),
2. die *Selbstoffenbarung* (der Therapeut meint es gut mit mir),
3. die *Beziehung* (der Therapeut bestimmt, wer hier Probleme hat) oder
4. den *Appell* (nimm Hilfe an!) in den Vordergrund stellt.

Falls Javier bereits auf der Sachebene widersprechen muss (weil für ihn das, was für die Mutter das Problem ist, ein Teil der »Lösung« ist, etwa das Rückzugsverhalten als Überforderungsvermeidung), so ist der Konflikt vorprogrammiert. Javier wird in diesem Fall die Botschaft des Therapeuten als »Bedrohung« erleben und bekämpfen.

Möglicherweise ist es positiv für Javier, zu Hause von seiner Mutter zu hören: »Du bist lieb.« Jugendliche reagieren allerdings hoch empfindlich auf solche Festlegungen, und noch schwieriger wird es, wenn die Mutter sagt: »Du bist frech.« Dann benutzt sie Worte, »um die Beziehung zu töten« (Boscolo et al. 1988, S. 61). Fixe Zuschreibungen (»Du bist so und nicht anders!«) implizieren eine Machtbeziehung, der sich Javier durch Rückzug, Reißaus oder »juvenile« Schwerhörigkeit entzieht, ungeachtet der Möglichkeit, dass die Mutter es vielleicht gut meint. Im Verlauf der Therapie wird die Mutter lernen, stattdessen relationale und »verflüssigende« Formulierungen zu benutzen (»Ich finde, dass wir es oft gut zusammen haben«, »Ich fühle mich von dir nicht anständig behandelt«). Weil Zuschreibungen einengen und im Gegenüber Reaktanz erzeugen, eröffnet der Therapeut stattdessen mit öffnenden Fragen und macht zudem von Anfang an klar, wer in Sachen »Problem« der Experte ist.

Das ist etwas anderes als ein »Trick«. Dahinter steht eine therapeutische Überzeugung. Eröffnet man Jugendlichen einen Kontext, der Optionen mehrt und *eigene* Entscheidungen möglich macht, dann beginnen sie, für sich zu sprechen.

Kontext, Kontext, Kontext

Man nimmt an, dass elterliches Erziehungsverhalten in Bezug auf die Entwicklung des Sozialverhaltens die wichtigste Einflussgröße darstellt und dass besonders negatives und inkonsistentes Elternverhalten als ein großes Risiko für die Entstehung und Perpetuierung aggressiven Verhaltens im Kinder- und Jugendalter gilt (Koglin u. Petermann 2008). Dabei sind es weniger spektakuläre Einzelereignisse, die die Entwicklung in eine negative Richtung lenken, sondern die »Häufung unscheinbarer ungünstiger Ereignisse (sog. »daily hassles«) sowie chronische Belastungen« (Flammer u. Alsaker 2002, S. 63). Nicht zu unterschätzen ist dabei der Beitrag der Jugendlichen selbst, die mit ihrem Temperament im Sinne eines wechselwirkenden Teufelskreises zur Negativspirale beitragen (Nevermann u. Reicher 2001).

Neben der Familie gilt die Schule als ein zentraler Sozialisierungsraum im Jugendalter. Im Zusammenhang mit Verhaltensstörungen setzt die Schulsozialarbeit auf eine aktivere Rolle von Sozialpädagogen, die sich um gefährdete Jugendliche kümmern (Baier 2007). Nach meiner Beobachtung ist dieses Vorgehen umso erfolgreicher, je kooperativer die Berufsleute die Beziehungen zwischen Jugendlichen, Schule, Eltern und anderen Instanzen zu gestalten wissen. Eine die Komplexität des Kontexts berücksichtigende *systemische Kompetenz* kommt ihnen dabei zupass. Diese bezieht sich in erster Linie auf einen geschickten und multilateral anschlussfähigen Umgang mit den Menschen, die in eine spezifische Situation miteinbezogen sind. Insoweit ist der Einbezug der Eltern tatsächlich von Bedeutung, als gefährdete Jugendliche familiäre Stressfaktoren zu den wichtigsten Problembereichen zählen.

Dass auch die Psychotherapie »kontextueller« werden muss, wird unterdessen auch in der Psychotherapieforschung angemahnt: »Die zentrale Anforderung an ein besseres Untersuchungsparadigma ist ›Kontext, Kontext, Kontext‹. Eine angemessene Theorie des ›Kontexts‹ wird es uns ermöglichen, die Art und Vielfalt an Variablen zu bestimmen, die in Forschungsstudien enthalten sein müssen, um die Wirksamkeit von Psychotherapie adäquater zu erfassen« (Orlinsky 2008, S. 345). Im klinischen Rahmen trägt die systemische Perspektive dieser Anforderung bereits in weiten Teilen Rechnung. Systemische Praxis trägt nachgewiesenermaßen zu einer wirksamen Sekundärprävention (= alle Maßnahmen, die – im Gegensatz zur Primärprävention – *nach* dem Eintreten einer Krankheit getroffen werden und rasche Erfassung und Frühbehandlung zum Ziel haben) in der Jugendpsychiatrie bei (von Sydow et al. 2007).

Anders als der Sozialpädagoge im Kontext der Schule habe ich es als systemischer Psychiater in der Regel nicht primär mit den Jugendlichen selbst zu tun, sondern typischerweise mit »besorgten anderen«, vorab mit Eltern, mit Hausärzten, Lehrern, Jugendgerichten und anderen. Sie leiden an der Situation »ihrer« Jugendlichen und suchen nach Wegen, diesen trotz einer Wand des Widerstandes beizustehen. Obwohl ich mich in meinen Ausführungen auf den psychotherapeutischen, freiberuflichen Kontext beziehe, wird indessen auch der Sozialpädagogin, die im Kontext der Schule (oder in irgendeinem anderen Helferkontext) arbeitet, vieles im Denken und Handeln vertraut vorkommen. Zumindest gewinne ich in den Therapiefällen, wo sich anlässlich gemeinsamer (Helfer-)Sitzungen unterschiedliche Kontexte »die Hand geben«, den Eindruck weitgehender Übereinstimmung in der Problemsicht.

Optionen erweitern

Erörtert man pubertär-adoleszentes Handeln auf einem hohen Abstraktionsgrad, so lässt sich einiges über Paradoxien und das Durcheinandergeraten unterschiedlicher logischer Ebenen sagen – etwa wenn ein Jugendlicher sagt: »Ich komm auf keinen Fall, und schon gar nicht, wenn ich muss!«, oder: »Ich geh' auf keinen Fall ins Spital, aber wenn ihr mich zwingt, dann muss ich ja wohl!« Das ist ein subtiles »Spiel« mit der Ambivalenz, und gleichzeitig ist es eine Einladung an die Psychotherapeutin, Anwältin dieser Zweideutigkeiten zu sein. Hier das Leid, die Not – da der Stolz, die noch jugendlich-fragile Identität, die es alles in allem verbieten, auch nur ein Jota zuzugeben (eine Magersüchtige sagte: »Ich will nicht sterben, aber wenn ich zunehmen würde, dann wäre alles für nichts gewesen, dann hätte ich wie alles verloren«).

Seit ihren Anfängen steht Psychotherapie für die Emanzipation des Einzelnen, indem sie – um es in den Worten des amerikanischen Psychiaters Erik H. Erikson (1981) zu sagen – Klienten dazu befähigt, eine (eigene) Entscheidung zu treffen. Sie orientiert sich am sogenannten »ethischen Imperativ«: »Handle stets so, dass die Anzahl der Wahlmöglichkeiten größer wird!« (von Foerster 1985, S. 41).

Es entspricht einer anthropologischen Gegebenheit, dass Menschen umso eher kooperieren, wenn sie Wahlmöglichkeiten haben, und umso trotziger und zurückweisender sind, je mehr ihr Spielraum eingeengt wird (psychologische Reaktanz).

In einer Sammlung der seit zweitausend Jahren überlieferten Redewendungen und Weisheiten aus dem alten China, bekannt als die »36 Strategeme« (von Senger 1988, S. 293), lautet das 16. Strategem: »Will man etwas fangen, muss man es zunächst loslassen«. Welche Mutter, die mit ihrer Tochter in eine Sackgasse geraten ist, horcht dabei nicht auf? Doch so erhellend und einleuchtend solcherart Zusammenhänge aus der reflexiven Distanz sind, so blind und unsensibel können Menschen dafür sein, sobald sie sich wechselseitig in Konfliktsysteme verkrallt haben. Frieden wollen dabei alle, doch am liebsten zu den eigenen Bedingungen.

Relativität der Perspektiven

Bei der Motivierung »nichtmotivierter« Jugendlicher orientiere ich mich an einem Konzept, das am ZSB Bern unter der Bezeichnung »konsultativer Einbezug Jugendlicher« läuft. Es gründet auf der Annahme, dass Therapiemotivation nicht nur von der jugendlichen Person bestimmt ist, sondern in hohem Maß vom Kontext, in welchem sie sich entwickelt. (Familien-)kontextuelle Faktoren können dazu beitragen, dass sich ein aggressives, depressives oder undurchsichtiges Verhalten perpetuiert (obwohl sie nicht die Ursache sind). Je auffälliger das jugendliche Verhalten, desto mehr gleichen sich die (Dreiecks-)Konstellationen zwischen Eltern und Jugendlichen, so als wären auch Beziehungen regrediert. Regression kann dabei als »weiser« Rückzug eines überforderten Systems gesehen werden, so wie das Bambusrohr, das sich der Kraft des Windes beugt. Dabei geht die Energie nicht verloren, im Gegenteil: Die Krümmung des Rohrs ist nur ein Maß für die Kraft, die dem System entlockt werden kann, sofern es der Kontext zulässt.

Beispiel 2: Fatlinda Z.
Intervisionstermin; es wird folgender Fall vorgestellt: Die 16-jährige Fatlinda, deren Familie vor zehn Jahren aus Albanien in die Schweiz eingewandert ist, zeigt zu Hause ein aufmüpfiges Verhalten, wie es die Eltern von ihrer Herkunft her nicht gewöhnt sind. Die Familie hat noch keine definitive Aufenthaltsbewilligung. Der Vater macht aushilfsweise Aufräumarbeiten bei der Gemeinde, möchte nach Albanien zurück, während die Mutter wegen der dort herrschenden hohen Jugendarbeitslosigkeit in der Schweiz bleiben will. Die Familie lebt von der Sozialhilfe. Alle Familienmitglieder sprechen gut Deutsch und sind intelligent. Fatlindas ältere Schwester ist verheiratet und lebt in Tirana. Nachdem der Vater Fatlinda geschlagen hat, weil sie erst spät in der Nacht nach Hause kam, geriet die Mutter in Panik und sucht Hilfe, weil sie befürchtet, die Familie könnte auseinanderbrechen. Der Sozialdienst hat sie zu uns überwiesen.

MUTTER: Ich mache mir große Sorgen wegen Fatlinda. Mein Mann hat kein Verständnis und glaubt, sie müsse sein, als wären wir in Albanien. Vor zwei Wochen riss Fatlinda wieder aus, sie ging zum Fenster hinaus. Der Vater weiß nichts davon, und das ist besser so. Wenn er zu viel Raki trinkt, kann er sehr wütend werden. Er hat Mühe, dass ich mehr so bin wie Frauen hier in der Schweiz, nicht sich unterordnen. Es muss wegen Fatlinda etwas geschehen, sie hat gesagt, sie gehe weg von zu Hause. Sie will auch nicht hier herkommen. Ich mache mir große Sorgen, weil sie lässt sich nichts mehr sagen, reagiert frech und lügt. Sie ist ähnlich wie mein Mann, auch so aggressiv, auch er will nicht herkommen, das brauche er nicht. Fatlinda sagt, sie hasse mich und sie habe keine Eltern mehr.

Fragen des Kollegen: Wie soll man vorgehen? Muss man eine Gefährdungsmeldung machen?
Wenn eine Mutter die Befürchtung äußert, ihre Tochter sei gefährdet (weil sie kifft, trinkt, ausreißt, frech, arrogant oder depressiv ist, lügt oder stiehlt), dann wird die Angst der Mutter selbsterfüllend umso schlimmer, je mehr sich die Tochter dagegen zur Wehr setzt und »mehr desselben« macht (würde sie aufhören zu kiffen, ausreißen etc., dann würde sie ja der Mutter Recht geben). Eine konstruktivistische Sicht geht davon aus, dass nicht Fatlindas (Risiko-)Verhalten »an sich« den Teufelskreis anheizt, sondern das, was das Muttergehirn daraus

3. Ein heikles Thema

»konstruiert«. Dasselbe gilt umgekehrt für das mütterliche Fürsorgeverhalten und Fatlindas Interpretation davon. Das mütterliche »Ich habe Angst, dass dir was passiert, wenn du nachts unterwegs bist« verstärkt Fatlindas »autonomiebezogenen« Ärger »Ich lass' mich von dir nicht mehr kontrollieren« und umgekehrt. Außenstehende würden vielleicht sagen: »Das ist doch eine den Verhältnissen entsprechende normale Ablösung, das wird sich legen, das ist die Pubertät«, oder: »Da muss man eingreifen, das kann schon am nächsten Tag in einer Katastrophe enden«, oder: »Fatlinda ist ja ganz vernünftig, sie ist eine Jugendliche, ziemlich normal«, oder: »Die Mutter muss lernen loszulassen, sie sieht alles zu negativ, sie hat vielleicht Angst, ihre Tochter zu verlieren und dann mit ihrem Raki trinkenden Mann allein da zu sein.«

Täglich wiederholt sich diese Geschichte in der einen oder anderen Version, und Familientherapeuten können ein Lied davon singen. Wo sich Normen aus welchen Gründen auch immer als Ordnungsprinzipien für die Regulierung von »Übergängen« auflockern, ohne dass Alternativen die Funktion übernehmen, kommen Strukturen ins Rutschen. Das löst starke Gefühle aus.

In der Intervisionsgruppe entspannte sich eine hitzige Diskussion über die Frage, ob »akute« Maßnahmen angesagt seien, welche Ansatzpunkte sich anböten, um den eskalierenden Prozess zu kontrollieren, und vor allem über die Rolle des Therapeuten als intervenierender und teilnehmender Beobachter. Folgende Fragen und Überlegungen halte ich fest:

- Es gibt immer viele Wege nach Rom (es gibt nicht den »einzig richtigen«, aber es gibt solche, die führen bestimmt nicht hin, das sind die »Fallen«; eine Falle wäre es, die Mutter »trösten« zu wollen, eine andere wäre es, unsensibel und ohne die Menschen anzuhören zu intervenieren).
- Der Therapeut sollte sich selbst ein Bild vom Gefährdungspotenzial bei Fatlinda machen (behördliche Intervention »von außen« als Ultima Ratio).
- Das ist gut und recht, doch wie kann man es anstellen, Fatlinda in die Sprechstunde zu kriegen? Eine Antwort wäre die Neurahmung der mütterlichen Perspektive (»Dass was passieren könnte« ist nur *ein* Problem, das andere ist die »nicht gelingende Kommunikation« mit der Tochter bzw. in der Kerntriade).

- Der Therapeut gibt der Mutter den Rat, die »Hilfe« der Tochter anzufordern (»konsultativer Einbezug«); Mutter zur Tochter: »Ob du gefährdet bist, weiß ich nicht, das weißt du selber am besten, ich weiß nur, dass ich deine Hilfe brauche, damit ich dich besser verstehen und dir vertrauen kann«).
- Wie soll man Fatlinda begegnen, sobald sie in der Sprechstunde erscheint (das wird früher oder später der Fall sein – je nachdem, wie rasch es der Mutter gelingt, den Perspektivenwechsel authentisch zu kommunizieren)?: Neurahmung der jugendlichen Perspektive: »Du bist die Expertin ›deiner‹ Situation, und ich als Helfer brauche deine Hilfe, um die Mutter/den Vater zu unterstützen«; »Woran würdest du erkennen, dass sich die Mutter/der Vater weniger Sorgen macht?«; »Wie müsstest du dich verhalten, damit deine Mutter/dein Vater erkennt, dass es Zeit ist, sich weniger Sorgen zu machen, dir zu vertrauen?«; »Woran würde deine Mutter/dein Vater erkennen, dass du kooperierst?«; »Zu welchen minimalen Zugeständnissen wärst du bereit, falls damit bei deinen Eltern ebenfalls Zugeständnisse ausgelöst würden?«; »Wie müsste ich der Mutter/dem Vater helfen zu verstehen, dass sie ihrer Tochter vertrauen können?«
- Ziel ist das Schaffen von Kommunikationsbedingungen für die Möglichkeit selbstorganisierter Prozesse (Schiepek 1999), in deren Rahmen ein »Kippen der Problemparadigmata« wahrscheinlicher wird.
- Therapeutische Haltung: »Anerkennung des Expertentums der KlientInnen für sich selber und der lernenden Haltung aller an den dialogischen Prozessen beteiligten Personen, insbesondere der Therapeuten [...] Erarbeiten von Bedeutungen und Entwicklung von Möglichkeiten im Miteinandersprechen und – verhandeln [...] Der Therapeut verzichtet auf einen Wahrheitsanspruch und sichere endgültige Aussagen unter Berufung auf den eigenen Expertenstatus« (Deissler 1996, S. 390).
- Je mehr Fatlinda dem Therapeuten vertraut, umso eher wird sie das Vertrauen kommunizieren, und je mehr sie kooperiert, umso eher wird die Mutter (Vater, Eltern) Vertrauen in den eingeschlagenen Weg finden (»Engelskreis«).
- Werden Ängste, Befürchtungen, Zwänge oder Kummer in der relevanten Gruppe verhandelbar, sind demokratische Wege

des Interessensausgleichs eröffnet (»Einigung von innen«, vgl. Stierlin 1989, S. 94).

Die Intervention des »konsultativen Einbezugs« geschieht in einzelnen Schritten (vgl. Kap. 5), und das Ziel bezieht sich auf die Unterbrechung Leid erzeugender Muster. Dabei steht weniger die Suche nach »Ursachen« und das »Warum« im Mittelpunkt (»Probleme mit dem Hirnstoffwechsel?«, »unbewusstes Trauma in der Vergangenheit?«, »Warum verhält sich Fatlinda so und nicht anders?«) als mehr das Erarbeiten anschlussfähiger Verstehensrahmen und passender Kommunikation. Hierzu sind Fragen nach der *Funktion* bzw. der *Bedeutung* des Verhaltens im Kontext dienlicher (»Was hat Fatlinda für Gründe, sich so oder anders zu verhalten? Was versucht sie damit zu erreichen?«).

Der Kollege hatte den Eindruck, dass sich Fatlindas Mutter in Anbetracht eines erheblichen Leidensdrucks rasch für einen Perspektivenwechsel nach dem Modell des »konsultativen Einbezugs« erwärmen ließe. Hingegen wünschte er, passende und weniger passende Varianten des Umgangs mit Fatlinda im Rollenspiel durchzuspielen; hier zwei Varianten:

Variante 1:
THERAPEUT: Ja, guten Tag, Fatlinda, was können wir denn da tun, wie kann ich Ihnen helfen, ich meine, Ihre Eltern schildern schwierige Zustände zu Hause ...
FATLINDA: Hm.
THERAPEUT: Was meinen Sie dazu? Wie sehen Sie das?
FATLINDA: Hm.
THERAPEUT: Haben Sie eine Meinung dazu?
FATLINDA: Hm.
THERAPEUT: Sehen Sie denn ein, dass Sie mit Ihrem Verhalten Ihr junges Leben gefährden?
FATLINDA: Nee.
[Lange Pause, Fatlinda hält den Kopf leicht schräg und poliert zwischen Zeigefinger und Daumen das Ohrpiercing ...]

Zugegebenermaßen ist das etwas übertrieben unsensibel (was auch beabsichtigt war, um zu schauen, wie Fatlinda darauf reagiert). Die Logik dieser Gesprächsführung geht von der impliziten Annahme aus, dass Fatlinda die Situation gleich oder ähnlich beurteilt wie die Eltern. Implizite Annahmen vermitteln sich selbstredend mehr in der (kommuni-

zierten) Haltung des Therapeuten als in den Worten, und Jugendliche können darauf mit aktiver oder passiver Ablehnung reagieren.
Sie beurteilen die Situation einfach »ganz« anders.

Variante 2:
THERAPEUT: Ich bin Ihnen sehr dankbar, dass Sie hergekommen sind. Ich glaube, Ihre Mutter braucht professionelle Hilfe, und ich denke, Sie könnten mir dabei helfen, das Richtige zu tun.
FATLINDA: Äh ... Wie? Ich? Warum ich?
THERAPEUT: Weil Sie Ihre Mutter kennen, wer kennt sie besser?
FATLINDA: Ich kann meiner Mutter nicht helfen ... und das ist sowieso alles wegen meinem Vater, ich hasse ihn ... ich will einfach nichts mehr damit zu tun haben.
THERAPEUT: Ja, das leuchtet ein, es kann nicht Ihre Aufgabe sein, die Eltern zu therapieren, und ich glaube, auch die Mutter hat das verstanden, deshalb hat sie mich ja auch aufgesucht. Um ihr besser zu helfen, wäre es für mich hilfreich, von Ihnen zu erfahren, wie Sie die Probleme der Mutter sehen. Wie sehen Sie aus der Perspektive der Tochter das Problem der Mutter?
FATLINDA: Ihr Problem?
THERAPEUT: Ja, das Problem der Mutter.
FATLINDA: Also bis jetzt hat's immer geheißen, *ich* hätte Probleme, es sei alles wegen mir! Auch der Vater hat es mir an den Kopf geschmissen, die Familie sei ... ich würde die Familie zugrunde richten.
THERAPEUT: Aha? Und wie sehen Sie es denn aus Ihrer eigenen Perspektive? Ich könnte mir vorstellen, Sie sehen das ganz anders.
FATLINDA: Wie meinen Sie?
THERAPEUT: Vielleicht sehen Sie es ja ganz anders als Ihre Mutter, was meinen Sie?
FATLINDA: Ja, ganz anders [lange Pause] ...
THERAPEUT: Erzählen Sie mir doch mehr davon.

Die sechs Schritte des »konsultativen Einbezugs« verwandeln den anfänglichen *Zustand* einer widersprüchlichen Auftragslage (Eltern suchen Hilfe, aber die Jugendlichen wollen nicht) in einen *Prozess des gemeinsamen Erarbeitens anschlussfähiger Verstehensrahmen*, wobei jede einzelne Phase die anschlussfähigen Voraussetzungen für die nächste Phase bildet (Kokonstruktion konsensueller Wirklichkeit). In meinem Alltag verstehe ich das Modell als eine Art »Protokoll«, das mich die verschiedenen Aufgaben erkennen lässt, es hat aber vor allem didaktischen Wert, indem es den Entwicklungsaspekt der Veränderungsmotivation betont.

Motivation ist mehr als die halbe Miete

Für mich ist Therapiemotivation so etwas wie der starke Atlas, der die Klärungs- und Bewältigungswelten auf den Schultern trägt. Weder problemklärende Gespräche noch problembewältigende Erfahrungen sind wirksam, wenn es an der Veränderungsmotivation fehlt. Sie ist die fundamentale Voraussetzung, die sich durch die ganze Therapie hindurchzieht, und sie ist ein Prozess, der wie ein Feuer am Leben erhalten werden muss.

Tatsächlich wurde über eine lange Zeit angenommen, dass Therapiemotivation Sache der Klientel ist, eine »Sache«, die sie mitbringt oder auch nicht. In dieser Logik muss man zuwarten, bis jemand kommt (bis er oder sie motiviert ist). Nicht wenige besorgte und Hilfe suchende Eltern bekamen dabei von fachlicher Seite zu hören: »Wenn ihr Sohn (oder ihre Tochter) nicht selber motiviert ist, mal vorbeizuschauen, dann können wir ihm (ihr) leider auch nicht helfen.« Öfters transportieren Eltern selbst diese resignierte Sicht (am Telefon): »Und jetzt frag' ich mich, ob es überhaupt einen Sinn hat, zu Ihnen zu kommen, weil Lisa mir gleich gesagt hat, sie werde auf keinen Fall mitkommen.«

Ungeachtet dessen hat sich in den vergangenen Jahren die Meinung durchgesetzt, dies sei nicht die ganze Wahrheit. Forschungsergebnisse sprechen vielmehr dafür, dass in der psychischen Gesundheitsvorsorge ein proaktives und interaktives Vorgehen sinnvoll ist. Man sagt, dass es hilfebedürftigen Menschen, die kein Interesse an einer Hilfe zeigen oder diese verweigern, möglicherweise an Motivation fehlt. Geht man aber aktiv auf sie zu, so finden sich erstaunlicherweise vergleichbare empirische Ergebnisse wie bei jenen, die von selber kommen (Prochaska 2001). Therapiemotivation ist offenbar kein »Ding«, das tief im Menschen schlummert, bis es ihm beliebt, seinen »Besitzer« in die Therapie zu bewegen, sondern eine kontextuelle Größe, die sich entwickelt und die sich auch von außen beeinflussen lässt.

Wie kann man als Therapeutin oder Therapeut direkt oder indirekt über die Angehörigen motivierenden Einfluss auf Jugendliche nehmen, die (erst einmal) gar nichts oder »eher nichts« von Therapie wissen wollen? Davon grenze ich die Arbeit mit Pflichtklientschaft bzw. im Zwangskontext ab, da hier der Auftragsrahmen zu einem wesentlichen Teil vorgegeben ist und daher andere Schwierigkeiten und Chancen impliziert (Conen u. Cecchin 2008). Demgegenüber haben »meine« jungen Patienten durchaus die Freiheit, »Nein« zu sagen und eine Therapie zu meiden – und hier berichte ich von jenen, die ausgiebig davon Gebrauch machen. Auf der anderen Seite verfüge auch ich als »Freischaffender« über einen auf weiten Strecken organisatorisch offenen Manövrierraum. Er belässt mir die Freiheit, in jedem Einzelfall einen spezifischen therapeutischen Arbeitskontext herzustellen, der es ermöglicht, das »Nein-Paradigma« eines reaktanten Jugendlichen zum Kippen zu bringen, sodass sich stattdessen (meist über Stadien der Ambivalenz) Kooperation entwickeln kann.

4. Jugendliche und Eltern

> »Trotz wachsender Selbstbestimmung, großer Selbstständigkeit in vielen Bereichen und weitgehender Unabhängigkeit von der elterlichen Fürsorge werden die Eltern im Vergleich zu Freunden von den meisten Jugendlichen noch immer als die wichtigste Quelle von Sicherheit gesehen.«
>
> Grossmann u. Grossmann (2004, S. 472)

Wenn die Eltern schwierig werden

Schreibt man über Therapiemotivation im Jugendalter, sind auch die Besonderheiten dieser Altersphase zu berücksichtigen; denn Jugendliche sind »etwas anders«, sie sind »eingeklemmt« zwischen Kindheit und Erwachsenendasein. Andererseits bezeichnete der Psychologe Kurt Lewin sie als »Marginalpersonen«. Familien mit Jugendlichen werden häufig als »Familien im Übergang« beschrieben (Hofer et al. 1992), und der Übergang dauert immer länger – zum einen, weil die biologische Pubertät von Generation zu Generation immer früher beginnt (sog. »säkulare Akzeleration«: Mädchen hatten die Menarche im Jahr 1840 im Alter von 17, im Jahr 1980 bereits mit 13, das Menarchealter verringert sich um ca. 4 bis 5 Monate pro Jahrzehnt, vgl. Tanner 1962). Zum andern werden Jugendliche immer später zu psychosozial Erwachsenen. Die Kluft zwischen biologischem und sozialem Erwachsensein wird größer.

Eingeläutet wird das Jugendalter durch die Pubertät (= Geschlechtsreife), eine Zeit zwischen Kind- und Erwachsensein, die von kolossalen Veränderungen im körperlichen und seelischen Bereich geprägt ist. Im Vordergrund stehen ein abrupter Wachstumsschub und beschleunigte Reifungsprozesse. Es ist die Zeit, wenn Kinder wachsen und die Eltern schwierig werden, wie es in einer Jugendzeitschrift heißt. Das Hirn schickt spezifische Botenstoffe in die Geschlechtsorgane aus, die die Produktion der typischen Geschlechtshormone anregen. Mädchen kriegen Brüste, breitere Hüften, Knaben größere Hoden und einen Stimmbruch. In allen Kulturen erhalten die Mädchen dieses Startsignal für die Geschlechtsreife etwas früher als Knaben. Bei

Knaben verdoppelt sich die Muskelmasse zwischen 10 und 17 Jahren. Mädchen verdoppeln innerhalb von drei bis vier Jahren ihr Körpergewicht; entsprechend ihrem andersartigen Körperbau haben sie im Alter von 16 Jahren doppelt so viel Fettgewebe wie Jungen. Bei beiden Geschlechtern ist eine homoerotische Durchgangsphase häufig.

Pubertät bringt auf psychischer Ebene eine Umorientierung von der Familie zur außerfamiliären Gemeinschaft mit sich, gekoppelt mit einem Aggressionsschub, der die Flegeljahre als Ausdruck einer explorativen Aggression einläutet. Intellektuell sind die Kinder nun in der Lage, alternative Theorien zu jenen der Eltern zu entwerfen, oft von gerechtigkeitsfanatischem Idealismus geprägt. »Wer in der Jugend nicht revolutionär, im Erwachsenenalter nicht evolutionär ist – der kann oder will nichts verbessern«, sagte Willy Brandt. Eltern pubertierender Kinder kennen deren Affektlabilität. Hochs und Tiefs wechseln sich ab, Empfindlichkeit wird von übertriebener Selbstkritik abgelöst, eine Neigung zu depressiver Verstimmung kommt sehr oft vor. Goethe schrieb bekanntlich: »Himmelhoch jauchzend – zu Tode betrübt – Glücklich allein die Seele, die liebt« (Käthchen in Faust I.). Zeigten sich die Kinder bislang »linientreu, dankbar und anständig«, so verhalten sie sich nun plötzlich bockiger, rücksichtsloser, grausamer, zerstörerischer, schmutziger, unmoralischer. Sie wollen zeigen, dass sie »etwas anders« sind.

Jugendliche sind »etwas anders«

Wie gleichermaßen grausam und liebenswert Jugendliche sein können, erlebte ich 1982 in der Zeit der »Zürcher Jugendunruhen«, die als sogenannte »Opernhauskrawalle« in die Geschichte eingingen. Selbst kaum der Jugendzeit entronnen, arbeitete ich damals in der Immunologie an der Universität Zürich. Unbeabsichtigt geriet ich einmal in ein Scharmützel zwischen Demonstranten und Polizeitross und flüchtete mich vor der Tränengaswolke in einen Hauseingang, wohin sich bereits eine kleine ältere Dame mit vor Schreck aufgerissenen Augen zurückgezogen hatte. Wir hofften wohl beide, hinter der Haustür unbeschadet davonzukommen, bis plötzlich die Tür aufgerissen wurde und zwei kaum der Schulpflicht entwachsene Jugendliche hereindrangen. Sie waren sehr aufgeregt, äugten lustvoll aggressiv und gestikulierend durch den Türspalt auf die Strasse, wo der ohnehin lärmige und zusätzlich durch Megaphone akustisch verstärkte Aufmarsch immer näher kam. Lauthals wetterten die beiden im Demonstrantenjargon über die Polizei, den Staat und Weiteres mehr. Dabei entging es beiden, dass der eine mit einer temperamentvollen Rückwärtsbewegung die Dame zu Fall brachte. Sie fiel unglücklich auf eine Schulter und schrie auf, sodass beide Jugendlichen sich kurz umsahen – allerdings, ohne die von mir erwarteten Konsequenzen zu ziehen und der Frau auf die Beine zu helfen oder sich zumindest bei ihr zu entschuldigen. Ich war in höchstem Maß empört und wollte den beiden die Meinung sagen, als sie aber bereits den Hauseingang wieder verließen, da sich der Krawall unterdessen in eine andere Gasse verlegt hatte. Nachdem ich mich versichert hatte, dass die Dame ihren Weg ohne Probleme fortsetzen konnte, machte auch ich mich auf den Weg nach Hause, erfüllt von einer Mischung aus Zorn, Sorge und Nervosität.

Am nächsten Tag saß ich zusammen mit einem Laborkollegen bei einem Bier in der wärmenden Märzsonne im Kunsthallenrestaurant. Plötzlich sprach mich ein Jugendlicher an, den ich erst nicht erkannte, bis er sich als einer der beiden jugendlichen Demonstranten vom Vorabend zu erkennen gab. Er erkundigte sich sehr freundlich nach der alten Dame und fragte nach ihrer Adresse (die ich leider nicht hatte), um sich bei ihr zu entschuldigen. Nachdem er sich zu uns gesetzt hatte, kamen wir ins Gespräch. Der Gymnasiast hatte im Sinn, später Jura zu studieren. Er erzählte, wie sich erst in der Nacht, als er nicht schlafen konnte, sein schlechtes Gewissen gemeldet hatte und dass er zunehmend befürchtet hatte, die Frau – wenn auch ungewollt – ernsthaft verletzt zu haben. Seine Befürchtungen schienen ehrlich gemeint zu sein, wie der Jugendliche überhaupt den Eindruck gesunder Normalität hinterließ. Es vergingen mehrere Jahre, und erst, als ich bereits längere Zeit mit Jugendlichen und ihren Eltern arbeitete, habe ich die Geschichte besser verstanden. Wenn ich sie Eltern erzähle, höre ich nicht selten: »Hoffentlich kommt auch bei uns bald die Märzsonne.«

Was für das Kind gilt, dass es »nicht als eine Miniatur eines Erwachsenen begriffen werden kann und dass sein Verstand nicht ein verkleinerter Verstand des Erwachsenen ist« (Wygotsky 1993, S. 18) trifft mit kleinen Einschränkungen, die einer dem Kind gegenüber fortgeschritteneren Entwicklung Rechnung tragen, auch für den jugendlichen Menschen zu. Auch sein Hirn ist dem Egozentrismus der kindlichen Sprache und des Denkens noch nicht entwachsen. Vielen erwachsenen Konzepten gegenüber, die beispielsweise kompetente Objektbeziehungen einschließlich des damit einhergehenden Perspektivenwechsels voraussetzen, sind Jugendliche noch »erfahrungsblind«. Wegen der noch hohen Anfälligkeit gegenüber Stress und der damit einhergehenden unberechenbaren Plastizität und Krisenhaftigkeit wurde die Entwicklungsphase der Jugend als eine »zweite Ausgabe der Kindheit« bezeichnet, da immer noch »ein relativ starkes Es einem relativ schwachen Ich gegenübersteht« (nach Anna Freud, in: Blos 1978, S. 24).

Von Pickeln und Timing

Im Kreuzfeuer zwischen inneren, entwicklungsphysiologisch bedingten Veränderungen (»Aufschalten« erwachsener Sexualität, Bedürfnis nach Verselbstständigung etc.) und äußeren Rahmenbedingungen, die sich als Schranken setzende Gesellschaft präsentieren, durchlaufen Jugendliche eine Lebensspanne, die in der psychoanalytischen Literatur als Phase der »Identitätsverwirrung« bezeichnet wird (Erikson 1981). Für die meisten Jugendlichen (Jugendalter = Pubertät und Adoleszenz) ist die Kernfamilie der »Erlebens- und Tatort«, wo sie mit dem »Schisma der Wertesysteme« (Egoismus versus Altruismus, Konkurrenz versus Solidarität etc., vgl. Claessens 1979) konfrontiert werden.

Erwähnenswert sind auch die Einflüsse, welche der sogenannten »individuellen Akzeleration und Retardierung« entspringen (Unterschiede im körperlichen Reifungsniveau). Nie mehr sonst im Leben unterscheiden sich Gleichaltrige in ihrer physischen Erscheinung so deutlich voneinander wie im Jugendalter. Obwohl sie zur gleichen Altersgruppe gehören, befinden sich Jugendliche in verschiedenen Phasen körperlicher Entwicklung: Entweder vor, während und nach der Geschlechtsreife (Jones 1957). Während der eine Jugendliche noch als Kind erscheint, drückt ein zweiter bereits die Pubertätspickel aus, während sich der dritte bereits auf dem Erwachsenenparkett präsentiert. Dabei mag der kognitive, emotionale und soziale Entwicklungsstand bei allen drei Reifegraden in gleicher oder aber in umgekehrter Reihenfolge liegen, sodass der am kindlichsten Aussehende gegebenenfalls sozial am weitesten entwickelt ist. Hinzu kommen die Wechselwirkungen mit der Umwelt. Postpubeszente werden eher wie

Erwachsene behandelt, und man gesteht ihnen mehr Unabhängigkeit, aber auch mehr Vernunft zu als Präpubeszenten gleichen Alters, ungeachtet der wahren Verhältnisse. Das kann sich auf die Person des Betroffenen im Sinne der Selbsterfüllungsspiralen entsprechend positiv oder negativ auswirken (Erwartungsdruck).

Wenn der Volksmund von »Spätzündern« oder von »früh gereift, früh verdorben« spricht, dann nimmt er offenbar die Risiken auf, die bei unterschiedlichen Ausprägungen der Reifungsverzögerung, das heißt bei Problemen mit dem »relativen Pubertätsstatus« oder »Timing« (Flammer u. Alsaker 2002, S. 80), entstehen können. Körperliche Frühreife verschafft einem pubertierenden Mädchen zwar einen Statusgewinn unter Peers, geht aber auch mit Risiken einher. Eine schwedische Studie konnte bei Mädchen nachweisen, dass Frühreife (Menarche vor dem 11. Lebensjahr) mit vermehrter Lebensbelastung korreliert (Stattin u. Magnusson 1990, in Fend 2003, S. 245): »Frühreife Mädchen erregten die größere Aufmerksamkeit beim anderen Geschlecht, insbesondere bei schon berufstätigen älteren Jugendlichen. Von diesen wurden sie umschwärmt, eingeladen und häufig zu Risikoverhalten (Rauchen und Alkohol) verführt. Im Gefolge dieser Beziehungen verloren die Mädchen das Interesse an der Schule und tendierten dazu, ihre Schullaufbahn früher abzubrechen, obwohl sie intelligenzmäßig und schulleistungsmäßig gleich gut waren wie ihre Mitschülerinnen. Sie wurden sexuell früher aktiv, bekamen früher Kinder und heirateten früher. Später wurden sie auch eher wieder verlassen oder brachen ihre Beziehungen ab. Sie waren dann häufiger alleinerziehende Mütter und lebten dabei nicht selten am Existenzminimum in ungelernten Tätigkeiten« (Fend 2003, S. 245).

Dass auch Jungen durch Timing-Probleme gefährdet sind, haben Untersuchungen vor mehr als fünfzig Jahren ergeben (Jones 1957), indem spätreife männliche Jugendliche als körperlich weniger attraktiv, weniger ausgeglichen, im Verhalten »unbescheidener« und verkrampfter bewertet wurden. Frühreife »Männer« wurden demgegenüber als reservierter, selbstsicherer und ausgeglichener beurteilt, sie zeigten angemesseneres Sozialverhalten und besaßen mehr Humor. Unterschiede zwischen »Akzelerierten« und »Retardierten« zeigten sich auch in Persönlichkeitstests (Mussen u. Jones 1957). »Spätzünder« hatten ein geringes Selbstwertgefühl, eher negative Vorstellungen von sich selbst, zugleich aber einen großen Drang nach Unabhängigkeit und Freiheit. Die Akzelerierten besaßen demgegenüber ein hohes Selbstbewusstsein und eine stärkere Ich-Identität.

Familie als »therapeutische Einrichtung«

Die Jugendzeit als eine für beide Geschlechter Weichen stellende Entwicklungsphase bringt ihre unausweichlichen Entwicklungsentscheidungen hinsichtlich Schule, Beruf, Freunden, Freizeit etc. mit sich. Sie findet einerseits unter psychologischen Bedingungen von Zukunftsängsten, Rivalitäten in der Peergruppe und neuen Erfahrungen mit dem anderen Geschlecht, andererseits in der Einbindung in die Primärgruppe statt. Dass der (Kern-)Familie als Basis für die Primärversorgung, Betreuung und frühe Kontakt mit dem kulturellen Leben der Kinder und Jugendlichen eine zentrale Bedeutung zukommt, ist weitgehend unbestritten. Doch der tiefgreifende Wandel in den gesellschaftlichen Rahmenbedingungen geht nicht spurlos an der Elternschaft vorbei, wobei dazu widersprüchliche Tendenzen berichtet werden. Zum einen gibt es die Beobachtung, dass Eltern ihre Erziehungsverantwortung immer frühzeitiger auf- und abgeben und dem Drang der Jugendlichen nach »Freiheit« und »Selbstbestimmung« nachgeben (Coleman 1994), zum anderen wird aber auch die entgegengesetzte Tendenz konstatiert, indem die Familie zum Ort der Intimität und Privatheit erkoren wird – so wird sie auch als »therapeutische Einrichtung« bezeichnet: »Hier hört man sich zu, redet miteinander, sucht seinen Lebenssinn« (Hofer et al. 1992, S. 1).

Familiensysteme sind für die meisten Menschen einflussreiche Systeme und zeichnen sich idealtypisch dadurch aus, dass ihre Mitglieder Verantwortung, Achtung und innere Verpflichtung zeigen, sich umeinander kümmern, fürsorglich und offen bzw. selbstoffen sind, sich sicher fühlen beim Geben und Empfangen von Feedback, beim Signalisieren von Verstehen, beim konstruktiven Gebrauch von Ärger, bei der Konfliktregulierung und beim gemeinsamen Zeitverbringen (Schneewind 1999).

Der Wunsch nach Geborgenheit und Bindung hat ein genauso zwingenden Charakter wie das Bedürfnis nach Nahrung, es ist eine biologisch-anthropologische Gegebenheit (Baumeister u. Leary 1995). Das Gefühl von Geborgenheit kann sich allerdings nur unter drei Bedingungen einstellen:

1. Die *Kontinuität der Beziehungen* ist gegeben (häufige, regelmäßige Kontakte mit immer denselben Menschen),
2. die Kontakte sind von *gegenseitiger Fürsorge* geprägt und
3. die Beziehungen sind *verlässlich und verbindlich* (Stabilität der Beziehungen).

Dies wusste auch der 76-jährige Exgefangene Marvin Stewart zu nutzen, als er an einem Montag in die Volksbank von Council Bluffs im US-Staat Iowa schritt und den Kassier mittels eines Zettels aufforderte, ihm »sogleich zwei 50-Dollar-Scheine auszuhändigen«. Die Bankangestellten taten wie ihnen geheißen. Dann setzte sich der Räuber vor der Bank ins Auto und wartete auf die Polizei. Dieser gegenüber erläuterte Stewart, er habe keine Familie und wolle zurück ins Gefängnis (Der Bund, 20.9.2000, S. 52).

Die Aussicht, außerhalb der Gefängnismauern und ohne familiäre Einbindung seiner möglicherweise letzten Lebensetappe entgegenzublicken, schien dem Exhäftling ein ausreichender Grund zu sein, zurück in die Beziehungswelt des Anstaltslebens zu streben. Kein Zweifel: Nicht nur für Marvin Stewart, sondern für die meisten Menschen nehmen Familie und familiäre Beziehungen in ihrem Leben einen zentralen Stellenwert ein. In seiner Juli-Ausgabe 2000 zitiert *Der Spiegel* die Resultate des Forschungsinstituts *Emnid*, das ein Jahr zuvor rund tausend junge Deutsche beiderlei Geschlechts fragte, was für sie das Wichtigste im Leben sei. 62 % antworteten: die »Familie«. Dann kamen Freundschaft, Gesundheit, Liebe, Karriere (Der Spiegel 3.7.2000, S. 145).

Was macht Familie aus?

Die allgemeinen Trends in Europa, die von steigender Scheidungsziffer, später Mutterschaft, mehr außerehelich geborenen Kindern, der Zunahme freiwilliger Kinderlosigkeit sowie vom weiteren Rückgang der Familiengröße geprägt sind (Lüscher 1995, S. 239), scheinen dem Glauben an die eigene Familie als zentrale Orientierungsinstanz wenig Abbruch zu tun. So kriegen Soziologen auf die Frage, wie es der Familie geht, die typische Antwort: »Der Familie geht es schlecht, aber meiner Familie geht es gut« (Segalen 1990, S. 2).

Aber was genau ist es denn, das einem die Familie bedeutender als der Skatclub erscheinen lässt? Weshalb ist unser Glaube an die Familie tiefer eingeprägt als jener an den Verein der Vogelfreunde? Erst einmal fällt auf, dass sich in markantem Unterschied zu allen anderen menschlichen Organisationen ein Familiensystem nur durch Geburt, Adoption oder Heirat erweitern lässt; und Mitglieder verliert es nur durch Tod – »wenn überhaupt« (Carter a. McGoldrick 1989, S. 5).

Anders als in jedem anderen Unternehmen, kann in der Familie niemand entlassen oder gefeuert werden. Außer allenfalls über Heirat oder freiwillige Adoption gibt es kaum eine freie Wahl dazuzugehören. In eine Familie wird man hineingeboren oder von ihr adoptiert. Es sei auch erwähnt, dass es abgesehen von Tyranneien kaum ein Humansystem gibt, wo die eine Generation der anderen in so hohem Maß ausgeliefert ist. Ungeachtet, ob gut oder schlecht, sollte berücksichtigt werden, »unter welcher Gewalt, mit welchem Überdruck, welcher Übermacht die Sozialisierungstendenzen der Eltern auf das Kind zukommen, unter welchem Druck kulturell geformt wird, ohne dass die Eltern von diesem Missverhältnis zwischen ihrer Sicht und der des Kindes Kenntnis zu nehmen brauchen oder zu nehmen imstande sind« (Claessens 1979, S. 73).

5. Der systemische Therapieprozess und der konsultative Einbezug Jugendlicher

> »Wenn wir die Menschen als innerhalb ihrer jeweiligen Umweltsysteme stehend betrachten und begreifen, dann können wir auch jedes Mitglied eines Systems als verantwortlich für das Zustandekommen und Fortbestehen des psychosomatischen Symptoms ansehen. Ebenso kann dann jeder Teil des Systems uns den Weg zu Heilung, Wiederherstellung und Veränderung weisen.«
>
> Minuchin et al. (1981, S. 371)

Therapiemotivation – Entwicklung im Kontext

Das Modell des »konsultativen Einbezugs Jugendlicher« bringt fehlende Veränderungs- oder Therapiemotivation bei Jugendlichen in einen Zusammenhang mit den Wechselwirkungen im Familienkontext, der weit über die Kindheit hinaus auch für Jugendliche wie für deren Eltern noch verpflichtend wirkt. Das Modell zielt nicht darauf ab, beim Jugendlichen direkt oder kausal eine Verhaltens- oder Erlebenskorrektur zu erwirken, sondern auf die Gestaltung eines kooperativen Kommunikationsrahmens als Voraussetzung für die Entwicklung von Therapiemotivation und Selbstheilung.

In einem Interview äußerten sich bereits vor zwanzig Jahren die bekannten Familientherapeuten Lynn Hoffman und Luigi Boscolo dazu wie folgt (Boscolo et al. 1988, S. 302):

> »HOFFMAN: Wie ist es, wenn ihr den Eindruck habt, die Familie möchte nicht kommen, weil ihr nicht gefällt, was ihr macht?
> BOSCOLO: Eine mögliche Intervention wäre es, die einzuladen, die bereit sind, zu kommen und uns dabei helfen zu verstehen, warum die Familie uns diese Botschaft gibt. Wenn man nur einen Teil der Familie sieht, kann man Informationen darüber erhalten, warum die Familie als Ganze nur widerwillig kommt. Wenn sie alle zusammen da sind, ist es ihnen vielleicht nicht möglich, das preiszugeben.
> HOFFMAN: Aber was, wenn die Eltern anrufen und sagen, die Kinder hätten zu tun oder der Vater könnte sich bei der Arbeit nicht freinehmen? Wenn es, anders gesagt, klar zu sein scheint, dass sie Verzögerungstaktiken anwenden.

BOSCOLO: Eine Möglichkeit, damit umzugehen, ist die, die Forderung zu akzeptieren und zu sagen: ›In Ordnung, heute sehen wir dann nur Sie und Ihren ältesten Sohn; nächstes Mal werden wir dann Ihren Mann und Ihren jüngsten Sohn sehen.‹ Man übernimmt die Verantwortung für den Prozess, und dann kann man es zulassen.«

Diese Autoren hatten bereits erkannt, dass Familien grundsätzlich selbstregulierend sind und dass sie ihre eigenen Entscheidungen fällen. Will man deren Kooperation stärken, so müssen ihre Entscheidungen nicht nur akzeptiert, sondern respektiert und gewürdigt werden. Es sind Entscheidungen »aus der inneren Stärke« des Systems heraus. Von außen betrachtet sieht es nur deshalb wie »Widerstand« aus, weil den Therapeuten die relevanten »Insiderinformationen« fehlen. Damals war diese Sichtweise neu, denn zuvor herrschte vielmehr die Meinung vor, Therapeuten müssten den »Kampf um die Struktur« gewinnen und Bedingungen für das Setting stellen.

In Anwendung des »Jiu-Jitsu-Prinzips« geht man heute eleganter vor, indem die Eigendynamik des Systems genutzt wird, um Veränderung herbeizuführen.

Im Rahmen eines öffentlichen Vortrags zum Thema »Auswege aus der Hilflosigkeit bei Ess-Störungen« an der Universität Zürich hatte ich die Ehre, den Einführungsvortrag zu halten. Ich betonte dabei, dass Eltern und Familien für die an Magersucht Erkrankten »die wichtigsten Ressourcen« sind und nicht »Störfaktoren«. Im Weiteren führte ich die klinische Erfahrung aus, dass es sich nicht nur für die Betroffenen, sondern besonders für die Eltern und Geschwister lohnt, an eine positive Entwicklung trotz Rückschlägen zu glauben (Remoralisierung statt Demoralisierung). In der anschließenden Diskussion kamen die meisten Voten von »hilflosen« Eltern. In ihrem Kern wiederholten sich die Fragen: Was kann man als Eltern tun, wenn die magersüchtige Tochter jede Hilfe ablehnt? Die Eltern begründeten ihre Frage mit »Man ist so hilflos«, »Wir fühlen uns sehr hilflos« und eine alleinerziehende Mutter sagte mir im Anschluss an den Vortrag: »Im psychiatrischen Dienst meines Wohnortes sagte man mir: ›Lassen sie doch ihre Tochter einfach in Ruhe, das wird sich schon richten.‹«

Meine Erfahrung dazu ist folgende: Verspüren Eltern »Hilflosigkeit«, dann ist das ein Zeichen ihres Engagements oder besser gesagt, es ist der Ausdruck eines blockierten Engagements. Es ist die »Krümmung des Bambusrohrs, das sich dem Wind beugt«, und therapeutisch geht es darum, die darin gespeicherte Energie positiv zu nutzen. In dieser Hinsicht ist »elterliche Hilflosigkeit« etwas Positives, und man benötigt einen »Katalysator«, um die Kräfte in die richtige Richtung zu lenken.

Elterliche Hilflosigkeit

Der zentrale Stellenwert der elterlichen Verantwortlichkeit und der elterlichen Kompetenz in Bezug auf eine gesunde Entwicklung von Kindern und Jugendlichen sowie auf den Therapieerfolg in der Kinder- und Jugendpsychiatrie und -psychotherapie wird heute von Fachleuten innerhalb und außerhalb des systemischen Berufsfeldes kaum bezweifelt (Rotthaus 2005). Eltern haben eine fundamentale Bedeutung, wenn es um das Vermitteln eines Urvertrauens und um die Einführung des triebgesteuerten Kindes in die Gesellschaft geht, die von ihm zunehmend psychische Sicherheit und eine angemessene Triebkontrolle verlangt. Der kindliche Erwerb von Fähigkeiten, wie etwa Lust- bzw. Belohnungserleben aufzuschieben und Unlust- bzw. Frustrationserleben auszuhalten, gehört »von Natur aus« in den elterlichen Zuständigkeitsbereich. Insofern wird die Kernfamilie auch als ein »sozialer Uterus« bezeichnet (Claessens 1979).

Daraus erwachsen auch Missverständnisse. Die offensichtliche Koppelung von familiären Beziehungen einerseits und entwicklungspsycho(patho-)logischen Gegebenheiten andererseits scheint sich für die simplifizierende (Falsch-)Annahme einer linearen Kausalkette von Ursachen (= Eltern) und Wirkungen (= Verhaltensstörungen des Jugendlichen) anzubieten. Als angebliche Quellen pathogener Einflüsse dienen vorzugsweise die »fehlende Mutterliebe« und das »unzulängliche elterliche Erziehungsverhalten«. Der Globalvorwurf läuft meist darauf hinaus, dass Mütter oder Eltern unfähig seien, ihr Kind zu führen, ihm genügend Liebe zu gewähren, es ruhig wachsen und sich entwickeln zu lassen, und sie behinderten es stattdessen in seinem Gedeihen (Jores 1981).

Da Störungen im Jugendalter zeitgleich und oft verkettet mit Ablösungskonflikten auftreten, ist für familiären Stress gesorgt, und Schuldzuweisungen sind rasch zur Hand, sofern man bereit ist, Ursachen und Wirkungen entsprechend zu verbiegen. Eltern selbst tun sich dabei mithin am schwersten, die Lage nüchtern zu betrachten und den Irrglauben ihrer Schuld von sich zu weisen.

Daraus kann man schließen, dass »Zusammenarbeit mit den Eltern«, wie es in vielen Prospekten helfender Institutionen im Jugendbereich so schön heißt, Komplikationen erwarten lässt. Eltern kommen mit Erwartungen, Befürchtungen und Überzeugungen in die Beratung, die man als eine »Ko-Haltung« zum Verhalten des auffälligen Jugendlichen sehen kann. Ein »naiver« Zugang zu Eltern, der ihre Klagen, Nöte und Perspektiven zu wenig berücksichtigt, kann eine Interaktion mit unbefriedigendem Ergebnis in Gang setzen (»Diese Eltern sind einfach nicht kooperativ«, »Diese Mutter ist völlig überfordert, man muss die Jugendliche erst einmal schützen«, ein Vater meinte: »Die Leute in der Klinik haben uns immer gesagt, sie möchten mit uns zusammenarbeiten, ja sie suchten die Zusammenarbeit mit den Eltern, aber als wir uns dann meldeten und fragten, ob wir wissen dürfen, wie es jetzt um unseren Sohn steht, hat man abgewinkt und gesagt, der Sohn wünsche keinen Kontakt mit uns und die Klinik sei deshalb an das Berufsgeheimnis gebunden«).

Für die therapeutische und pädagogische Arbeit mit Kindern wurde ein systemisches Konstrukt unter dem Begriff der »parentalen Hilflosigkeit« eingeführt (Pleyer 2003), das einen »systemischen Perspektivenwechsel« nutzt und kontrastierend zur abgrenzenden Berufung auf ein Berufsgeheimnis oder auf die Abstinenzregel stattdessen den systemischen Einbezug der Eltern und die Stärkung der elterlichen Kompetenzen in den Vordergrund stellt. Der Perspektivenwechsel bezieht sich auf den Sachverhalt, dass sich Eltern angesichts eines seelisch kranken Kindes nicht passiv verhalten, sondern auf die eine oder andere Weise aktiv versuchen, die Situation ins Lot zu bringen. Je mehr sie dabei scheitern, umso mehr Hilflosigkeit breitet sich aus. »So entstand mit der Zeit das Bild von einem vielfältigen wechselseitigen Beziehungsgeflecht zwischen der identifizierten Symptomatik der Kinder auf der einen und der oft sehr hilflos anmutenden Lösungsversuche und Bewältigungsstrategien der Eltern auf der anderen Seite« (Pleyer 2003, S. 468).

Damit Eltern zu ihren eigenen Kompetenzquellen finden können, ist es nötig, unter Berücksichtigung ihrer Selbst- und Problembeschreibungen einen »kommunikativ anschlussfähigen Verstehensrahmen« (Neurahmung, Reframing) zu kreieren. Die Notwendigkeit, die elterliche Perspektive spezifisch zu berücksichtigen, ergibt sich aus den folgenden klinischen Begleitumständen (Pleyer 2003):

- Die Identifizierung des Therapeuten mit dem Kind als Opfer und die damit verbundene Schuldzuweisung der Eltern als Täter erschwert oder verhindert eine gute Kooperation mit den Eltern.
- Wenn Eltern mit ihrem »Problemkind« in Therapie kommen, erleben sie sich als gescheitert. Das heißt, die Motivation zur Therapie liegt in dem Befindlichkeitserleben der Eltern.
- Eltern, die in einer Therapie Hilfe suchen, sind hochgradig ambivalent. Zum einen plagt sie das Gefühl des Versagens, zum anderen sind sie davon überzeugt, alles für ihr Kind getan zu haben.
- Was sich im Verhalten der Eltern als problemerzeugend darstellt, kann man durchaus als Lösungsversuche, als Akt der elterlichen Verantwortlichkeit deuten.
- Um die Eltern für eine gute Kooperation zu gewinnen, müssen akzeptable Erklärungen für ihr Scheitern und eine Entlastung bezüglich ihrer Schuldgefühle angeboten werden.
- Eltern suchen in der Therapie die Auflösung des Rätsels, das ihnen ihr Kind mit seinem Symptomverhalten aufzugeben scheint. Sie haben das starke Bedürfnis, ihr beschädigtes Selbstbewusstsein als Eltern wiederherzustellen.

Zwar beziehen sich diese Aussagen auf Eltern von jüngeren Kindern, doch in ganz ähnlicher Weise finden sie sich auch bei Eltern mit verhaltensauffälligen Jugendlichen. In der Therapie mit Jugendlichen kommen allerdings folgende weitere Gesichtspunkte dazu:

- Die fortgeschrittene (körperliche und Hirn-)Entwicklung beim jugendlichen Menschen gegenüber dem Kind erlaubt ein autonomeres Denken und Handeln und erschwert es den Eltern, sich mit (verbalen oder physischen) Machtmitteln die Kontrolle zu sichern.
- Die gesellschaftlich tolerierten Nischen einer Jugendkultur erlauben ein (zu?) frühes Austreten aus der Primärgruppe, ohne dass hier die Probleme zwingend gelöst werden müssen.

Konsultativer Einbezug Jugendlicher

Dem Konstrukt des »konsultativen Einbezugs Jugendlicher«[3] kommt eine präskriptive und Komplexität ordnende Funktion zu. Es nutzt das systemische Paradigma von der wechselseitigen Verknüpftheit der Systeme und basiert auf der familiensystemischen Sicht des Problemsystems, der Relativität der Perspektiven und der familiären Loyalität. Weder hat das Konzept einen wissenschaftlichen Anspruch, noch bildet es einen Therapiebereich lückenlos ab; vielmehr handelt es sich um ein Verlaufsmodell therapeutischer Schritte zur Motivierung Jugendlicher in Therapie und Beratung.

Es geht von folgenden Prämissen aus:

- Im Jugendalter spielen familienkontextuelle Faktoren eine zentrale Rolle für die Therapiemotivation;
- Eltern und Jugendliche sind *aktive* Teilnehmer an einer sozialen Entwicklung im Rahmen intimer Familiensysteme;
- Eltern sind nicht »kalt, beschädigend oder gleichgültig«, sondern je nachdem überfordert, hilflos, verzweifelt, und investieren »von Natur aus« in ihre Kinder, sie sind für ihre Kinder die wichtigsten Ressourcen bei Kummer und Schmerz, stehen zu ihnen aber in einem Annäherungs-Vermeidungs-Konflikt: Einerseits erleben sie die innere und äußere Verpflichtung, Jugendlichen fürsorglich zur Seite zu stehen, andererseits erleben sie Jugendliche, die gerade diese Leistungen ablehnen, obwohl sie aus der Sicht der Eltern geboten wären.
- Jugendliche sind ihren Eltern gegenüber loyal, können es aber nicht zeigen, da sie zu ihnen in einem komplementären Annäherungs-Vermeidungs-Konflikt stehen.
- Je mehr die »Verhaltensstörung« für die Jugendlichen eine Stabilisatorfunktion übernimmt (etwa Schneiden als Affektregulator), desto wahrscheinlicher wird es, dass sich der »Ablösungskonflikt« zum nicht mehr enden wollenden Teufelskreis mutiert.
- Im Zentrum der Therapie stehen kognitive und affektive Rahmungsprozesse aufseiten der Eltern (zur Stärkung der »elterlichen Allianz«) und Jugendlichen (zur Stärkung der jugendlichen Selbstverantwortung).

3 In der klinischen Anwendung stammt es ursprünglich von Dr. med. Martin Zbinden.

- Der Jugendliche ist Experte seiner Situation und wird als expliziter Auftraggeber definiert. Im Zentrum der Aufmerksamkeit steht seine Stimme und nicht jene der Störung.
- Der Therapeut lenkt in der Rolle als »Tutor« die Prozesse in Richtung anschlussfähiger Verstehenskontexte (therapeutisches System als Probleme organisierendes und auflösendes Kommunikationssystem).
- Die Therapie geschieht im Mehrpersonensetting (»offenes Setting«, je nachdem mit Eltern, Jugendlichen, Familien, anderen signifikanten Personen).

Häufige Einstiegskonstellationen sind:

1) Eine alleinerziehende Mutter (ein Vater, Eltern) ruft an oder kommt in die Sprechstunde und erzählt, dass eine Tochter (ein Sohn) offensichtlich ein besorgniserregendes Verhalten an den Tag legt, sich aber weigert, therapeutische Hilfe anzunehmen,
2) es erscheint eine alleinerziehende Mutter (ein Vater, Eltern), die es geschafft hat, die Tochter (den Sohn) in die Sprechstunde »zu schleppen«, und erwartet nun, dass der Therapeut »den Fall« übernimmt, oder
3) es erscheinen die Jugendlichen selbst, von Eltern (oder Hausärztin, Jugendgericht etc.) in die Therapie »geschickt«.

Das Modell umfasst sechs Schritte, die im Folgenden näher expliziert werden.

1. die Klage (Perspektive) der Eltern akzeptieren
2. Neurahmung der elterlichen Perspektive
3. Die Klage (Perspektive) des Jugendlichen akzeptieren
4. Neurahmung der jugendlichen Perspektive
5. Klärungsprozesse in Gang setzen (der Jugendliche = Experte seiner Situation)
6. Autonomieprozesse begleiten

Am häufigsten beginnt eine Therapie damit, dass mich »hilflose« Eltern aufsuchen, die sich entweder direkt durch das jugendliche Problemverhalten unter Druck gesetzt fühlen oder indirekt, weil ihnen die Schule, ein Lehrlingsbeauftragter oder das Jugendgericht den Besuch »nahegelegt« haben.

1. Schritt: Die Klage (Perspektive) der Eltern akzeptieren

Es ist ein Aspekt der familientherapeutischen Kompetenz, mitunter hohe interpersonelle Konfliktspannung auszuhalten und auch in kritischen Momenten die Kommunikation planvoll zu moderieren, ohne den Rapport zu den Menschen zu verlieren oder Partei für die eine oder andere Lösungsvorstellung zu ergreifen.

> **Beispiel 3: Leonardo U.**
> Die Eltern des 19-jährigen Leonardo leben seit zwei Jahren in getrennten Haushalten und stehen in einem Scheidungsstreit. Der 49-jährige Vater, Herr U., ein erfolgreicher Besitzer einer Autowerkstatt und Immobilienhändler, wirft seiner Frau vor, dass sie Leonardo und dessen ältere Schwester, die 21-jährige Federica gegen ihn aufhetzt und ihn mit erlogenen Geschichten auch bei den beiden Herkunftsfamilien in Misskredit bringt. Bei der ursprünglich aus Italien stammenden 52-jährigen Mutter, Frau U., wurde vor einem Jahr anlässlich einer gynäkologischen Routineuntersuchung zufälligerweise bei der Blutuntersuchung die Diagnose einer ernsthaften Blutkrankheit gestellt (chronisch lymphatische Leukämie).
> Während Federica, sie arbeitet als gelernte Röntgenassistentin im Krankenhaus, zu einem fünfzehn Jahre älteren Mann gezogen ist, wohnt Leonardo mit der Mutter im elterlichen Haus. Er weigert sich, auch nur die kleinsten Hilfsdienste zu verrichten, und statt dass er die von den Eltern teuer bezahlte Privatschule besucht, treibt er sich mit »Freunden« herum, die die Eltern nie zu Gesicht bekommen. Zwischen ihm und der Mutter gibt es Auseinandersetzungen, die auch mal mit Herumschubsen einhergehen, und die sich praktisch immer um Geld drehen. Leonardo schreckt auch nicht davor zurück, seine teuren Abendausgänge aus der Haushaltskasse der Mutter zu finanzieren. Der Anwalt der Mutter hat ihr geraten, wegen Leonardo psychiatrische Hilfe aufzusuchen, da dessen Entwicklung Anlass zur Sorge gebe. Bereits zwei Anläufe bei unterschiedlichen Jugendfachleuten, die die Mutter aufgesucht hatte, sind gescheitert, weil Leonardo sich weigerte mitzugehen. Er sei nicht krank und nicht er benötige einen Psychiater, sondern wenn schon: die Eltern.
> Die Eltern kommen zur Erstsitzung, nachdem der Vater von einer befreundeten Familie vom Therapiemodell am ZSB Bern

gehört hat, das eine Teilnahme des Jugendlichen nicht voraussetzt, sondern zunächst einmal die Eltern unterstützt.

Nach Eintritt in den Therapieraum rücken die Eltern als erstes ihre Stühle weit auseinander, sodass die dazwischenliegende Distanz eine Metapher für ihre Herzensdistanz ist. Die kleingewachsene Mutter macht einen verhärmten Eindruck, während der adipöse Vater mit großen Gesten spricht. Das Gespräch dreht sich sofort um das Scheidungsthema, um verleumderische Stellungnahmen seitens der Anwälte sowie um Beschuldigungen in Bezug auf finanzielle Transaktionen und Machenschaften. Der Therapeut lässt den symmetrischen Konfliktprozess einfach laufen (»Let the river flow«), ohne einzugreifen, bis sich die Mutter an ihn richtet.

MUTTER (zum Therapeuten): Sehen Sie, mein Mann versteht überhaupt nicht, was da läuft, und auch wegen Leonardo hat er keine Ahnung. Wo soll Leonardo denn Geld hernehmen, wenn ihm der Vater den Hahn zudreht ... Er ist doch verpflichtet, ihm das Minimum zu geben!

VATER (gehässig): Ich drehe ihm nicht den Hahn zu, aber es muss doch klar sein, dass ich dem »Herrn« nicht noch Geld in den Arsch stopfe, wenn er alles in Saus und Braus verprasst, statt in die Schule zu gehen ... Und du bist einfach damit überfordert, und ... Übrigens ist das überhaupt nicht ein Minimum. [Zum Therapeuten] Ich gebe ihm soviel Geld, wie ich in diesem Alter nie gesehen habe [zur Mutter] ... und wenn ich dann am Telefon meinen Herrn Sohn reden höre, dann höre ich doch seine Mutter, es sind genau dieselben Lügen ... und dasselbe mit deinen Eltern ... Komm' mir doch nicht damit [macht eine abweisende Geste] ...

(Beide Eltern verstummen zum ersten Mal.)

THERAPEUT: Okay, ich sehe, da gibt es einige schwerwiegende Probleme. Verstehe ich das richtig, es gibt einige Probleme, die kann man als schwerwiegend definieren?

(Beide Eltern bestätigen.)

THERAPEUT: Ich sehe auch, dass gelitten wird. Ich sehe auch, dass Ihnen beiden Leonardo ein Anliegen ist, dass er Ihnen beiden nicht egal ist, sondern dass es einfach unterschiedliche Meinungen gibt ... Und dass diese unterschiedlichen Meinungen sehr engagiert vertreten werden ... Sehe ich das richtig, wenn ich den Eindruck habe, dass es auch um Leonardo geht?

(Beide Eltern bestätigen.)

THERAPEUT: Jetzt müssen wir vielleicht auch noch ein wenig Ordnung in die Sache bringen. Es gibt also einerseits das Problem der Scheidung, und das ist irgendwie im Gang, und deswegen, so habe ich Sie verstanden, kommen Sie nicht hierher, verstehe ich das richtig?
(Beide Eltern bestätigen.)
THERAPEUT: Und es gibt andererseits ... Ich meine, wie immer es geartet ist, es gibt andererseits ein Problem namens Leonardo, verstehe ich das richtig?
(Beide Eltern bestätigen.)
THERAPEUT: Und das am dringlichsten anstehende Problem könnte man so formulieren ... Man könnte sagen, es geht um die Frage, was gibt es für Möglichkeiten, um Ihren gemeinsamen Sohn Leonardo zu motivieren, dass er sich Hilfe holt. Verstehe ich das so richtig?
MUTTER: Ja, das ist ein großes Problem. Er weigert sich einfach. Er sagt, er sei nicht krank. Und irgendwie hat er ja recht. Er steht doch ... zwischen seinem Vater und ... zwischen den Eltern, und er leidet sehr darunter ...
VATER: Aber wenn ich ihm dann sage, dass es nicht infrage kommt ... dass es einfach nicht geht, wenn er seine Mutter angreift, ihr Geld stiehlt und ihr die schlimmsten Wörter sagt, dann verteidigst du ihn ... Das ist doch klar, dass er dann ... dass er macht, was er will ... Ich bin halt der Meinung, dass er krank ist und einen Psychiater braucht ...
MUTTER (zum Therapeuten): Mein Mann hat nie mit Leonardo gesprochen, wissen Sie, so wie normalerweise Väter mit ihren Söhnen sprechen, der Vater ist für Leonardo nie da gewesen, und deshalb musste ja ich umso mehr ...
THERAPEUT (unterbrechend): ... Hm, gut. Okay, auch da gibt es offenbar unterschiedliche Perspektiven, und ich nehme das einfach mal so zur Kenntnis ... Und ich denke, Sie erwarten nicht von mir, dass ich jetzt den Richter spiele, oder den Zauberstab schwinge? Verstehe ich das richtig? Sie möchten mich nicht in der Rolle des Richters, sondern wenn möglich in jener des Psychiaters Ihres Sohnes, verstehe ich das richtig?
(Beide Eltern bestätigen.)

2. Schritt: Neurahmung der elterlichen Perspektive

Die Möglichkeit, im geschützten Rahmen zu streiten, ohne (ab)gewertet zu werden und vor allem ohne die Hoffnung ganz aufgeben zu müssen, dass es »im tiefsten Inneren« eben doch um eine gemeinsame Sache, nämlich den seelisch erkrankten Sohn geht, schien den

Eltern wichtig genug zu sein, dass sie zu zwei weiteren Sitzungen herkamen. Das allparteiliche Beziehungsangebot des Therapeuten vertiefte zudem die Vertrautheit des Settings, sodass die Eltern zunehmend auch neue Sichtweisen ausprobierten (Neurahmungen) und an einer »elterlichen Allianz« arbeiteten.

Therapeut: Für mich ist es jetzt wichtig zu wissen, ob mein Auftrag, allenfalls Ihrem Sohn Leonardo zu helfen, ob dieser Auftrag nun definitiv ist … Dazu muss ich Ihnen sagen, ich trage ja auch eine Verantwortung, wenn ich weiß, dass es Leonardo schlecht geht, ohne Hilfe zu haben …
Vater: Das ist für mich klar, wir müssen jetzt schauen, dass Leonardo herkommt.
Therapeut (zur Mutter): Wie ist das für Sie?
Mutter (zögerlich): Ja, das ist auch für mich so. Nur, ich habe ihm gesagt, er müsse einmal mitkommen, und da hat er sehr aggressiv reagiert …
Vater (ärgerlich): Wir haben doch gesagt, dass wir noch warten, bis das hier doch abgesprochen ist.
Therapeut: Gut, ich verstehe Sie als Eltern so, dass es jetzt um die Frage geht, wie Sie Leonardo motivieren können, ist das richtig?
(Beide bestätigen.)
Therapeut: Haben Sie Ideen, wie das vonstattengehen könnte?
Vater: Ja, der muss einfach herkommen, das gibt es doch nichts zu diskutieren, ob er nun 19 ist oder nicht, das ist mir egal, er muss einfach kommen.
Mutter: Er wird nicht kommen, wenn du so … Auf Druck wird er nicht kommen, das habe ich mehrmals gesehen, da ist er einfach zu sensibel, das kann er nicht vertragen …
Vater: Der ist so sensibel, weil du ihn immer verteidigst und verhätschelst, darum …
Therapeut: Gut, da gibt es einfach unterschiedliche Ideen, unterschiedliche Perspektiven … Darf ich Sie fragen, nehmen wir doch einmal an … Und das klingt jetzt vielleicht irgendwie verkehrt, ja fast ein wenig verrückt, aber ich frage trotzdem, nehmen wir einmal an, aus der Sicht Ihres Sohnes ist es tatsächlich so, wie Sie gesagt haben, dass er sich nicht krank fühlt, dass er keine Hilfe braucht, und dass die Eltern Hilfe brauchen … Nehmen wir an, das könnte man eigentlich auch mal so sehen, ja, die Eltern brauchen Hilfe, sie kommen ja auch zu mir, weil sie Hilfe suchen, und Sie würden einfach nur das bestätigen, was ja bereits der Fall ist, dass Sie Hilfe brauchen und deshalb den Psychiater aufsuchen …
Vater: Also eigentlich sind wir ja schon wegen Leonardo hier, nicht wegen der Scheidung …

THERAPEUT: Klar, das ist Ihre Perspektive, das habe ich verstanden, ich suche einfach nach einer Möglichkeit, um es Leonardo überhaupt möglich zu machen, herzukommen ... Ich weiß natürlich ... Oder ich muss so fragen, falls Sie, Herr U., tatsächlich den Mut haben sollten, Ihrem Sohn zu zeigen, dass Sie flexibel genug sind, dass Sie bereit sind, auch einmal Leonardos Perspektive einzunehmen ... Und dann würden Sie sagen, okay, wir brauchen ... Wir Eltern brauchen Hilfe, und der Therapeut hat gefragt, ob du bereit bist, mal hinzugehen, um über das Problem der Eltern zu diskutieren ... Denken Sie, das würde die Wahrscheinlichkeit, dass er kommt, eher verbessern oder eher verschlechtern?

MUTTER: Klar, das würde die Sache um vieles ... Dann würde er kommen, glaube ich.

VATER (skeptisch): Aber der merkt doch, dass es ein Trick ist ...

THERAPEUT: Woran würde es denn Leonardo ablesen können, dass Sie es sehr ernst meinen, ich meine, dass Sie als besorgte Eltern tatsächlich Hilfe brauchen?

Es gibt Eltern, die rasch verstehen, auf was es ankommt, und sie versuchen, sich mit der neuen Perspektive vertraut zu machen. Die Tatsache, dass sie »alleine«, das heißt ohne ihren Sohn oder ihre Tochter, in der Sprechstunde sitzen, können sie schwer leugnen, und diese »sinnliche« Erfahrung erleichtert es ihnen zu akzeptieren, dass das »Problem Leonardo« mindestens zwei verschiedene Seiten hat. Die eine Seite betrifft ihre Klage über das gestörte und zur Sorgen Anlass gebende Verhalten und die Fragen danach, wie man damit als Eltern umgeht, was die Ursachen sind und ob es geeignete Therapien gibt.

Die andere Seite indessen bezieht sich auf das Problem, wie man Jugendliche zur Kooperation gewinnt.

Andere Eltern (leider mitunter auch Fachleute) tun sich schwer damit, diese an sich naheliegende Unterscheidung zu treffen, und sie sind von der Perspektive des Jugendlichen als Problem voreingenommen. Die meisten allerdings sehen erstaunlich rasch ein, dass die Kooperation eine Voraussetzung für die Problemlösung darstellt und dass es darum geht, dem Jugendlichen einen anerkennenden Kontext anzubieten, der es ihm erlaubt, ohne Gesichtsverlust in die Zusammenarbeit einzusteigen. Diesen Kontext nennen wir den »konsultativen Einbezug«.

Mutter: Bringt es denn etwas, wenn Leonardo herkommt, nur weil er meint, er habe keine Probleme und nur die Eltern seien das Problem? Das ist doch eigentlich gar nicht die Wahrheit?
Vater: Ja genau, dann triumphiert er doch wieder, weil er Recht bekommt, weil er sagte ja immer, er habe kein Problem, nur wir Eltern hätten Probleme. Das gibt ihm doch einfach nur Auftrieb?
Therapeut: Okay, das ist ein Risiko. Das stimmt. Nun muss ich Sie aber fragen, wirklich, Hand aufs Herz: Leiden Sie an der Situation oder nicht?
Mutter: Ja, ich leide sehr.
Therapeut (zum Vater): Und Sie, leiden Sie? Ich meine, ganz ehrlich, im tiefsten Herzen, leiden Sie an der Situation Ihres Sohnes?
Vater: Ja klar, das ist unerträglich zu sehen, dass der Sohn zugrunde geht.
Therapeut: Unerträglich? Ich meine, Herr U., was löst das in Ihnen aus, wenn Sie es als unerträglich erleben? Ist das eher Wut? Eher Mitleid ... Angst?
Vater: Also irgendwie alles ein wenig.
Therapeut: Erleben Sie das als leidvoll, oder ist das eher einfach unangenehm?
Vater: Also irgendwie beides.
Therapeut: Also ist es für Sie auch ein Leid?
Vater: Ja, schon.
Therapeut: Auf einer Skala von 1 bis 10 – 10 heißt enormes Leid?
Vater: Ja, klar, das ist ein 10er.
Therapeut: Sehen Sie, darauf kommt es an. Glauben Sie denn wirklich, dass Ihr Sohn fähig ist zu triumphieren, wenn er erkennt, wenn er wirklich, in seinem Herzen erkennt, dass seine Eltern leiden, aus welchen Gründen auch immer?
Mutter: Aber dann hat er doch Schuldgefühle? Ist das denn gut?
Therapeut: Ist es denn schlecht, ist es denn ungesund, wenn ein Sohn Schuldgefühle hat, angesichts der Tatsache, dass er seine Verantwortungen nicht wahrnimmt, Hilfe zu holen, und andere deswegen leiden?
Mutter: Nein, eigentlich nicht. Langsam beginne ich zu verstehen, was Sie meinen.
Vater: Heißt das, dass ... ist er denn gar nicht krank?
Therapeut: Ich denke, so wie Sie und andere sein Verhalten beschreiben, ja, da muss ich sagen, das ist schon ein krankhaftes Verhalten. Aber letztlich kann ich es nur beurteilen, wenn ich Leonardo selbst kennenlerne.
Mutter: Das leuchtet ein, ja. Was sollen wir denn jetzt tun?
Therapeut: Es wäre wohl nicht so gut, wenn ich Ihnen sage, was Sie zu tun haben und was nicht. Das wäre ja auch nicht echt. Leonardo hätte

keine Chance zu erkennen, was sein Verhalten im Umfeld auslöst – zum Beispiel, dass die Eltern leiden. Wenn er es aber erkennt, weil die Eltern es ihm glaubhaft machen können, ohne Vorwürfe, ohne Du-Botschaften und stattdessen einfach zugeben, dass sie leiden ... Es verlangt ja niemand, dass Leonardo sich schuldig fühlt ... vielmehr geht es ja darum, dass er die Verantwortung für sein Verhalten übernimmt und herkommt – letztlich, um mitzuhelfen, Lösungen zu finden. Schuldgefühle spielen dabei höchstens die Rolle eines Motors für die Übernahme von Selbstverantwortung. Es geht um Verantwortung, nicht um Schuld. Wenn es Ihr elterliches Anliegen ist, Leonardo zur Zusammenarbeit zu gewinnen, dann fällt ihm ein erster Schritt möglicherweise leichter, wenn er spürt, dass die Eltern ihn brauchen und dass sie für sich sprechen, nicht für den Therapeuten. Dann kann er auch als ein Sohn herkommen, der eine Einsicht in die Notwendigkeit der Übernahme von Selbstverantwortung hat ... Man nennt das ja auch Verpflichtung, er fühlt sich dann vielleicht verpflichtet. Und eine Verpflichtung ist etwas anderes als ein Zwang. Was meinen Sie?

Es gibt Eltern, die es nicht schaffen, den Fokus zu verändern, und stattdessen in einem symmetrischen Paarkonflikt (»Rosenkrieg«) steckenbleiben. In diesem Fall kann die Methode des *»Ritualisierten Klagens«* (vgl. Kapitel 7) eingesetzt werden. Andere Eltern stilisieren die Therapeutin zur Expertin hoch und verlangen, dass sie nun in dieser Rolle »endlich irgendetwas tut« und den »gestörten Jugendlichen« in die Klinik bringt, oder dass sie wenigstens ein Wunder vollbringt, auf jeden Fall die Probleme löst und zwar lieber gestern als heute. Mehrmals habe ich in diesen Fällen die Methode der *»Anmeldung des elterlichen Notstandes«* angewendet (vgl. Kapitel 7).
Die Neurahmung der elterlichen Perspektive und die Stärkung der »elterlichen Allianz« unter der Bedingung, dass die Jugendlichen die therapeutische Haltung nicht als »verlängerten Arm der Eltern« missverstehen, sondern als Hilfeleistung unterstützen, verlangt der Therapeutin ein breites familientherapeutisches, rhetorisches und emotionelles Repertoire ab. Zur Illustration der Vielfältigkeit dieser Aufgabe ein weiteres Beispiel:

Beispiel 4: Yannik V. – »Gemeinsam im Boot der Ratlosigkeit«
Yannik, 19-jährig, ist Einzelkind und lebt zusammen mit seinen Eltern in einer 3-Zimmer-Wohnung. Die 49-jährige Mutter (halb Französin, halb Schweizerin) verfügt über keine abgeschlossene

Ausbildung und hat in verschiedenen Hilfsjobs gearbeitet. Sie leidet seit ihrer Jugend an epileptischen Anfällen, die medikamentös unter Kontrolle sind. Der 58-jährige Vater ist wegen Burnout vorzeitig pensioniert. Er hat zwanzig Jahre beim Weltpostverein gearbeitet, wo er vor allem für die Organisation von Kongressen und Meetings zuständig war. Seit seiner Frühpensionierung geht es ihm viel besser. Seither spielt er leidenschaftlich Schach und verbringt die meiste Zeit im Schachklub.

Zur Erstsitzung erschienen die Eltern alleine, weil es Yannik nicht für nötig hielt, ein weiteres Mal eine Fachperson aufzusuchen. Sie beklagten sich über die schwierige Situation mit ihrem Sohn, der einerseits nicht zur Arbeit geht und das Haus nicht verlässt, nachts am Computer sitzt und tagsüber bis in den Nachmittag hinein schläft. Auch zur zweiten und dritten Sitzung erschien er nicht. Hier ein Ausschnitt aus der dritten Sitzung zusammen mit den Eltern:

THERAPEUT: Wie ist es denn jetzt für Sie … Wie ist der Stand der Dinge, nachdem Ihr Sohn die Klinik eigentlich gegen den Rat der Fachleute wieder verlassen hat?

MUTTER (blickt zuerst den Vater an, spricht dann nach einigem Zögern): Ja eben, es geht überhaupt nicht, und er wäscht sich auch nicht und steht nicht auf, obwohl ich ihm mehrmals sage, dass es Zeit ist, und dass er etwas helfen muss. Auch macht er die Aufgaben nicht, die wir das letzte Mal besprochen haben, und wo Sie gesagt haben, das sei für ihn zumutbar … also zum Beispiel seine Wäsche versorgen, die liegt noch immer herum … das heißt, er macht sie schon, auf jeden Fall sagt er, dass er sie macht, aber wenn man nachschauen will, dann ist … Dann tut er so, als wäre ich Luft … Und gestern Nacht ist er dafür wieder stundenlang am Computer gesessen, obwohl wir abgemacht haben, dass er nur eine Stunde darf.

THERAPEUT (zum Vater): Und Sie, wie sehen Sie es?

VATER: Ja, es ist schwierig und ich weiß auch nicht … und niemand kann helfen … Also, meiner Meinung nach ist das Hauptproblem dass er immer noch so depressiv ist …

MUTTER (dem Vater ins Wort fallend): Nein, das sehe ich nicht so, er ist einfach saufrech, und du bist ja dann auch nicht da, und ich muss es ausbaden … Das Problem ist der Computer, und ich sage schon lange, man muss den abstellen … Was mich betrifft, wäre der gar nicht mehr im Haus, aber …

VATER (ins Wort fallend): Nein, das ist doch nicht ... das ist nicht der Computer, nicht der Computer ... der Computer ist die ... ja der ist doch sinnvoller, als wenn er wieder diese Selbstmordgedanken hat, weil dann sitzt er im Zimmer wie früher, wo wir nicht wussten, wie mit ihm umgehen ... Jetzt aber macht er immerhin etwas, das ist doch besser so als ...

MUTTER: Das sehe ich nicht so. Das Problem ist der Computer ... Und [zum Therapeuten gewandt und zum Vater zeigend] er sieht das einfach nicht ein, weil er ... [Vater wirkt verspannt, blickt weg].

THERAPEUT: Gut. Okay, das gibt es unterschiedliche Meinungen ... Verstehe ich das richtig? Da gibt es unterschiedliche Einschätzungen, ich meine, was die Gründe, also was die Hauptgründe betrifft, ob so oder so, da gibt es ganz ... oder sagen wir einfach unterschiedliche Einschätzungen, verschiedene Perspektiven, verstehe ich das richtig?

MUTTER: Ja, das ist so.

THERAPEUT (zum Vater, der beleidigt wirkt): Verstehe ich das richtig, Herr V., da gibt es verschiedene Standpunkte?

VATER: Ich sehe da so ... Das Hauptproblem ist die Depression, er nimmt ja nicht einmal die Medikamente richtig ein ...

THERAPEUT: Okay, da gibt es noch andere Themen, aber jetzt hier, Herr V., verstehe ich das richtig, es gibt zwischen Ihnen und Ihrer Frau, zwischen Ihnen als Eltern unterschiedliche Standpunkte, was so die Hauptgründe betrifft? Ist das so richtig? Unterschiedliche Perspektiven?

VATER: Ja, schon, aber ...

THERAPEUT: Wir kommen gleich zu anderen Fragen, ich möchte einfach sicher sein, ist es wirklich so, dass zwischen Ihnen unterschiedliche Standpunkte Platz haben, ich meine, dass es nicht nur ein einziges Thema gibt, gewissermaßen die Diktatur einer einzigen Meinung, sondern dass es Platz hat, verschiedener Meinung zu sein, verstehe ich das richtig?

VATER: Ja, meine Frau und ich sehen das nicht gleich, überhaupt nicht ...

THERAPEUT (abwechselnd zur Mutter und zum Vater gerichtet): Okay, ich verstehe das richtig, in diesem Punkt gibt es unterschiedliche Einschätzungen? Unterschiedliche Perspektiven?

MUTTER (nickt): Ja, das ist so.

VATER (zögerlich zustimmend): Das stimmt, ja.

THERAPEUT: Ist ja auch nicht selbstverständlich, ich meine, dass das Platz hat, unterschiedliche Standpunkte, und dass man das auch aussprechen darf, dass man streiten darf, dass man es sich zugesteht,

unterschiedliche Meinungen zu äußern. Ich finde das besser, als wenn die eine oder die andere Meinung einfach nicht ausgesprochen werden darf. Und da gibt es in Ihrer Familie die Möglichkeit, es auszusprechen, auch wenn's dann Konflikte gibt. In Ihrer Familie hat das offenbar Platz. Sehe ich das so richtig?
(Beide Eltern schauen sich kurz an und nicken, Pause.)
THERAPEUT: Toll. Gut. Darf ich noch fragen, sind wir uns einig, dass ... unabhängig davon, wie es jetzt bei Yannik aussieht, ob er nun ein Problem damit hat oder nicht, ganz unabhängig davon ... Sind wir uns einig, dass heutzutage der Computer auch eine Gefahr für einen jungen Menschen sein kann?
MUTTER: Ja, das sage ich schon lange ...
VATER (ins Wort fallend): Aber nicht ... das ist nicht das Hauptproblem bei Yannik ... Wenn man schaut, wie es vorher ausgesehen hat, wo er nur Löcher ...
THERAPEUT: Ganz unabhängig von Yannik ... Ganz abgesehen davon, mehr grundsätzlich ... sind wir uns einig, dass da auch Gefahren lauern, echte Gefahren für einen jungen Menschen?
VATER: Ja, sicher, das schon ...
MUTTER: Sehr, eine große Gefahr ...
THERAPEUT: Aha, da sind wir uns einig, das ist der Punkt, wo wir Einigkeit haben, sehe ich das richtig? Da sind wir uns echt einig, im Grundsätzlichen!
MUTTER: Ja. Sicher.
VATER: Ja, das ist so.
THERAPEUT: Sind wir uns einig, dass es sehr schwierig ist zu entscheiden, was nun zuerst ist, ich rede jetzt nicht von Yannik, sondern grundsätzlich ... Dass es sehr schwierig ist zu entscheiden, ist nun zuerst die Depression und dann der Rückzug an den Computer, oder ist zuerst der Rückzug ... Das heißt ja auch das Vermeiden von Kontakten nach außen ... Und dann die Depression, das Deprimiertsein über das eigene Leben im Schatten seiner eigenen Fähigkeiten und so weiter ... Sind wir uns einig, dass das eine Katze ist, die sich in den Schwanz beißt, ich meine, ob zuerst die Depression oder der Rückzug, oder ob sich das umgekehrt verhält ... Sind wir uns da einig, das ist irgendwie schwer zu sagen, was zuerst kommt?
VATER: Ja, das kann man dann nicht entscheiden, wenn das so ist.
THERAPEUT: Ich meine auch, dass es nichts bringt, darum zu streiten, und dass die Wissenschaft einfach festhält, dass weder das eine noch das andere für Yannik gut ist, und dass er ja auch darunter leidet, sehr leidet, und dass wir alles andere möchten, als dass es immer schlimmer würde ... Gibt es da unter uns eine Einigkeit?

MUTTER: Das sehe ich auch so. Auch wenn ich es manchmal fast nicht mehr aushalte ... Und ihn am liebsten schütteln würde, wenn er so saufrech ist, mir Dinge an den Kopf wirft ... aber ich sehe das auch, natürlich, ich sehe das, dass es ihm nicht gut geht.

VATER: Ja, da muss sich was ändern. Aber wir wissen einfach nicht, was wir noch tun können. Das Spital hat ja auch nichts gebracht. Auch ist es schlimm, wenn er die Medikamente nicht schlucken will ...

THERAPEUT: Okay, das wichtigste ist vorerst, dass wir da einen gemeinsamen Nenner haben: Yannik geht es schlecht, es ist schwierig zu entscheiden, was schlimmer ist, der Computer oder die Depression, und wir alle wünschen ihm, dass er kooperiert, dass er sein junges Leben packt, seine positiven Seiten nutzt ... Übrigens, darf ich noch fragen, woran erkennen Sie [zur Mutter] die gesunden Seiten bei Yannik?

MUTTER: Ja, die hat er schon, er kann sehr lieb sein, und wenn er überfordert ist, dann weint er ... so wie ein kleines ... so wie ein Baby ... [Mutter hat Tränen in den Augen] ... das halte ich dann nicht aus, das tut weh, dann tut er mir so leid, dann sage ich ihm, komm doch jetzt einfach mit in die Sitzung ... Aber dann regt er sich gleich auf und läuft weg ... und schmeißt die Türe zu.

THERAPEUT (zum Vater): Wo sehen Sie die gesunden Seiten bei Yannik?

VATER: Er ist ein Grübler, er kann philosophieren, ich staune manchmal, was er sich für Gedanken macht, dann hinterfragt er alles, und er ist nicht dumm, ich meine, gar nicht dumm. Also, das kann er, er war in der Schule immer gut, er hat es mit den Zahlen, da ist er wie ich, dann wird er auch ... [verstummt] ... dann wird er fast normal.

THERAPEUT: Sind wir uns einig, es geht darum, Yannik zu helfen, dass die gesunden Seiten, von denen Sie jetzt ein paar wenige aufgezählt haben, dass die stärker werden? Sehen Sie das auch so?

(Beide Eltern bejahen.)

THERAPEUT: Okay, wir haben da zum Glück einen gemeinsamen Nenner. Es geht Yannik schlecht, er leidet, es ist schwierig zu entscheiden, was schlimmer ist, der Computer oder die Depression, für die Depression kann er nichts und wir wünschen ihm, dass die positiven Seiten, über die er reichlich verfügt, gestärkt werden, und unsere Aufgabe kann es sein, ihm dabei zu helfen ... Habe ich das so richtig verstanden?

(Beide Eltern bejahen und eine gewisse Entspannung macht sich bemerkbar.)

THERAPEUT: Und die Frage ist, wie wir Yannik helfen könnten, die gesunden Seiten zu stärken und die kranken unter Kontrolle zu bringen, ich meine ... ich meine, jetzt ist es ja irgendwie umgekehrt? Oder

nicht? Er wird von der kranken Seite beherrscht, und da kann er ja auch nichts dafür, so wenig wie die Eltern ...
(Beide Eltern bestätigen.)
VATER: Die Frage ist nur, was wir Eltern da tun könnten. Da bin ich ratlos. Und ich habe auch ein wenig ... das ist ja nicht gegen Sie, weil hier können wir ja reden, aber ich habe doch ein wenig mehr von den Therapien im Spital erwartet. Weil wir sind ja nicht Fachleute ...
THERAPEUT: Sie meinen, da sitzen wir, wir die Fachleute und Sie, Sie als Eltern, da sitzen wir alle im selben Boot ... irgendwie so in einem Boot der Ratlosigkeit?
VATER: Ja, wir sind total ratlos. Und wenn er sich nicht helfen lassen will – gibt es denn keine Möglichkeit ...
THERAPEUT: Kann man das so bezeichnen, gemeinsam im Boot der Ratlosigkeit?
VATER: Ja, das ist ein guter Ausdruck.
MUTTER: Das ist unser Problem, was können wir denn tun, dass er überhaupt mitkommt? Er weigert sich mitzukommen. Er sagt: Mir kann niemand mehr helfen. Ich hab' die Nase voll, ich will nicht mehr. Das sagt er, und wenn ich ihm sage, dass wir hingehen, dann sagt er, das sei ihm doch egal, und wir sollen doch hingehen, wo wir wollen und so ... Er wird dann auch gleich aggressiv.
VATER: Wir können ja nicht Gewalt anwenden ...
MUTTER: Das wäre auch nicht gut, weil wenn er jähzornig wird, dann kriegt er so einen Blick und hat Kräfte, die man sich gar nicht vorstellen ... die man ihm gar nicht geben würde ... Er hat auch schon einmal, in einem solchen Zustand, da hat er einen schweren Gartentisch umgeworfen.
THERAPEUT: Sie haben beide recht, ich bin ganz Ihrer Meinung, Gewalt ist keine Lösung ... Es braucht einfach einen Kapitän auf dem Boot ... Wissen Sie, so auf diesem Boot der Ratlosigkeit ... Sonst irrt das Boot herum und so ... so richtungslos. Darf ich Sie fragen, wer kommt da am ehesten infrage ... Ich meine als Kapitän?
VATER: Auf dem Boot? Wie meinen Sie das?
THERAPEUT: Ja, ich meine, irgendjemand muss ja das Steuer übernehmen, Sie als Eltern und wir als Fachleute sind offenbar machtlos. Wissen Sie, wir Fachleute können schon helfen, wenn Menschen Hilfe suchen, aber hier besteht ja das Problem gerade darin, dass Yannik keine Hilfe will, obwohl wir alle der Meinung sind, dass er sie eigentlich braucht.
MUTTER: Aber man kann doch nicht einfach nichts machen ... Was kann man denn da machen?

THERAPEUT: Gesetzt den Fall, Yannik würde jetzt hier sitzen, neben uns, und ich würde ihn fragen, Yannik, was könnten die Eltern beitragen, um Sie zu motivieren, an Bord zu kommen, das heißt hierher zu kommen?
MUTTER: Er würde sagen, wir sollen ihn einfach in Ruhe lassen.
VATER: Ja, das glaube ich auch, das würde er sagen ... aber das ist ja paradox, weil wenn wir mal am Wochenende weggehen, dann macht er uns Vorwürfe, aber mitkommen will er auch nicht.
THERAPEUT: Aha, in Ruhe lassen? Sie glauben, er würde sagen, dass er motivierter wäre, wenn Sie ihn in Ruhe lassen [beide Eltern blicken sich an und reagieren etwas ungläubig] ... woran würde er denn erkennen, dass Sie ihn in Ruhe lassen?
VATER: Meine Frau kann es halt nicht lassen, ihn herumzukommandieren. Das habe ich auch nicht gern.
MUTTER: Das ist typisch, da ist dann mein Mann wieder fein raus! So ist das. Und ich bin schuld am Ganzen!
THERAPEUT: Schuld?
MUTTER: Ja, also mein Mann sagt es nicht so direkt, aber er sagt, ich würde zu viel herumnörgeln.
THERAPEUT: Aha?
MUTTER: Ja, sie sagen, ich nörgle dauernd ...
THERAPEUT: Sie? Wer sie?
VATER: Ja meine Frau hat so einen Hang ... das heißt, sie besorgt den Haushalt wirklich sehr gut. Sie meint immer, ich würde sie beschuldigen. Aber das meine ich nicht so, sondern ich meine, es wäre vielleicht besser, wenn wir Yannik ein wenig mehr Spielraum geben würden, denn es hat sich in letzter Zeit alles so ergeben, und es mag nichts mehr vertragen, sofort ist Feuer im Dach.
MUTTER (nachdenklich): Ja, ich bin auch am Ende mit meinen Nerven ... kann sein, dass ich nichts mehr ertrage, dass mir alles zu viel geworden ist.
THERAPEUT: Nehmen wir an, Yannik wäre immer noch hier dabei, hier neben uns würde er sitzen, was würde er dazu sagen ... hätte er Verständnis für die Mutter?
VATER: Ich glaube schon. Ich glaube auch, dass er darunter leidet, dass es ihr oft schlecht geht.
MUTTER: Ja, er macht mir Vorwürfe, wenn ... wenn ich was sage, so wegen Kopfweh und so, das kann er gar nicht ertragen.
THERAPEUT: Das wäre eine weitere gesunde ... so eine positive Seite, ich meine sehr positive Seite von Yannik, dass er rücksichtsvoll ist, dass er sich in die Mutter hineinversetzen kann und dass er eine innere Stimme hat, die ihm sagt, der Mutter geht's nicht gut.

MUTTER: Ja, ich glaube, dass er sehr darunter leidet, wenn, dass wir, mein Mann und ich, dass wir uns streiten wegen ihm, und dass ich dann vielleicht nörgle – ja, das stimmt vielleicht.
THERAPEUT: Gesetzt den Fall, Sie würden ihm heute Abend sagen, Sie beide, das heißt, Sie würden ihm sagen: »Wir Eltern möchten mit der Situation besser umgehen können und der Therapeut möchte gerne mit dir darüber reden, wegen uns Eltern, nicht wegen dir ...« Denken Sie, das würde die Chance, dass er herkommt, eher vergrößern oder verkleinern?
VATER: Wahrscheinlich vergrößern
THERAPEUT (zur Mutter): Was denken Sie?
MUTTER: Ja, wahrscheinlich vergrößern.
THERAPEUT: Sie meinen, das würde die Chance ... äh ... ich meine, das würde uns alle ein bisschen weniger ratlos machen?
(Beide stimmen zu.)

Diese Eltern scheinen sich uneinig darüber zu sein, wie der Zustand ihres Sohnes zu beurteilen ist. Doch das ist nicht das Wesentliche an ihrer Situation; der zentrale Aspekt einer erfolgreichen »elterlichen Allianz« ist nicht allein die Frage der elterlichen Einigkeit. Zwar ist es zweifelsohne einfacher und wirksamer, wenn Eltern ihre Ansprüche beim Jugendlichen unter der Bedingung der Einigkeit anmelden. Jugendliche können es aber auch als diktatorische Haltung erleben, wo sich Eltern stets »en bloc« durchsetzen, und sie entwickeln reaktantes Verhalten oder bleiben oft über viele Jahre auf einer »passiven« Reaktanz sitzen. Eine Mutter sagte dazu: »Meine Eltern waren scheinbar immer gleicher Meinung. In Wahrheit hat sich meine Mutter meinem tyrannischen Vater untergeordnet. Das habe ich ihr nie verziehen. Und jetzt reagiere ich einfach allergisch, wenn mein Mann laut wird.« Wichtiger als die Einigkeit ist die Sicherheit in den eigenen Überzeugungen. Ob sich Eltern in ihren Positionen einig oder sicher sind, ist nicht dasselbe. Sicherheit kann nicht wie Einigkeit deklariert, sondern muss über den elterlichen Dialog *erarbeitet* werden. Hierzu wird der kleinste gemeinsame Nenner als Ausgangspunkt für eigene Positionen ausgehandelt (von »Das eine oder das andere gilt: entweder – oder« zu »Beides gilt: sowohl – als auch«). Sind sich Eltern in ihren Haltungen sicherer, so respektieren Jugendliche auch zugestandene Uneinigkeit bezüglich eines relevanten Sachverhalts. Sie verfügen über feine Antennen, die ihnen darüber Auskunft erteilen, ob Eltern sich wechselseitig respektieren, gerade wenn sie sich uneinig sind.

3. Schritt: Die Klage (Perspektive) des Jugendlichen akzeptieren

Jugendliche klagen nicht so leicht wie ihre Eltern, allenfalls klagen sie an, verdrehen die Augen, versinken oder laufen davon.

Um Jugendliche bei einem »Minimalkonsens« abzuholen, benutzt Siegfried Mrochen (Holtz u. Mrochen 2005) neben anderen Hypnotechniken die sogenannten »Yes-Set-Sequenzen«, indem er neutrale Tatsachen erwähnt, die scheinbar bedeutungslos aber gleichzeitig unleugbar sind: »Okay, Yannik (der zum Fenster hinausschaut), Sie schauen jetzt gerade zum Fenster hinaus (Yannik packt sich einen Kaugummi aus) und Sie packen gerade einen Kaugummi aus und schauen sich jetzt um, wohin Sie die zerknitterte Hülle fliegen lassen könnten ...«; ob bewusst oder nicht, Yannik »muss dreimal innerlich Ja sagen. Für einen Augenblick kann der vorherige, abweisende Zustand nicht aufrechterhalten bleiben. Das Ergebnis dieser kleinen kommunikativen Manipulation darf genutzt werden, um Zugang zum Jugendlichen zu bekommen« (ebd., S. 71).

Je nachdem kann man im Verlauf des Gesprächs, sofern der Jugendliche nicht eigene Ideen dazu beisteuern will (kann), ein Wunschszenario entwerfen: »Gesetzt den Fall, Ihre Mutter könnte danach viel deutlicher Respekt Ihrem Sohn gegenüber ausdrücken, wäre das für Sie eher eine Belastung oder eher eine Entlastung?« Wenn darauf der Jugendliche »souverän« antwortet: »Ist mir egal!« oder »Ich brauch' ihren Respekt nicht!«, dann bezieht er immerhin Position zu einer Frage, die sich an das wichtigste Thema der Jugendzeit anlehnt, die Suche nach der eigenen Identität: »Wer bin ich?«, »Wie stehe ich zu anderen?«, »Finde ich in mir eine Einheit zu mir selbst?«, »Bin ich zu anderen unverwechselbar?«

Bei einem Jugendlichen, der unverkennbar »gegen das System« lebt, null Bock für die Therapie zeigt und beispielsweise vom Jugendgericht die Auflage erhalten hat, einen Psychiater aufzusuchen, kann die positive Entwicklung einer »Zusammenführung« mit den Eltern antizipiert werden: »Gesetzt den Fall, Sie würden gute Gründe dafür haben ... Sie würden auf einmal erkennen, dass Sie ein Recht haben, Ihre Mutter, Ihren Vater oder beide dabeizuhaben, was denken Sie, woran würden Sie hinterher erkennen, dass das für alle echt positiv war?« Klar, das Null-Bock-Etikett verlangt es vorerst, dass der Jugendliche das obligate »Keine Ahnung!«, »Ist mir doch egal!«, »Wie, was heißt da, dabei haben?« oder einfach ein kryptisches »Hm« loswerden muss. Das betrifft aber die Ebene der Inhalte. Viel wichtiger ist, dass er (ohne es zu merken) auf der Prozess- oder Beziehungsebene »eingestiegen« ist. Das heißt, er ist bereits auf »Anschluss« gestimmt (das heißt nicht, dass er begeistert sein muss, es ist schon viel erreicht, wenn er nicht die Flucht ergreift).

Dass Jugendliche, besonders gefährdete Jugendliche, »Botschaften aus der Erwachsenenwelt« schlecht goutieren, ist hinlänglich bekannt. Eher schon lässt sich deren Neugier fragend wecken, indem eine Dialektik des »naiven Fragens« authentisches Interesse an deren Weltbild anmeldet: »Entschuldigung, Yannik, ich habe das nicht ganz verstanden, klingt aber spannend, können Sie mir noch etwas mehr darüber erzählen?« Bei sehr sperrigen und reaktanten Jugendlichen ist es unrealistisch, in einer Erstsitzung eine Bereitschaft zur Selbstöffnung zu erwarten; denn die (psychologische) Funktion ihrer »Störung« besteht gerade darin, dies zu vermeiden. Hingegen kann es das Ziel sein, ihnen eine von behutsamem Interesse und grundsätzlicher Bejahung geprägte Begegnung zu erlauben. Die Aufgabe, dem Jugendlichen eine verlässliche Basis und eine auf seine Identitäts- und Beziehungsproblematik passgenaue Kooperation anzubieten, stützt sich unter anderem auf Konzepte aus Psychoanalyse und Bindungsforschung ab. So betonte der englische Kinderarzt und Psychoanalytiker Donald W. Winnicott (1992) die schützende und stützende »Holding«-Funktion einer »good enough«-Umwelt, während der britische Psychoanalytiker John Bowlby (2008), der Begründer der Bindungstheorie, die Funktion des Therapeuten mit der eine sichere Basis spendenden Mutter verglich. Bowlby gliederte die stützende Funktion des Therapeuten in fünf Hauptaufgaben, die wie folgt zusammengefasst werden können (Bowlby 2008):

1. *Therapeutin als sichere und verlässliche Basis:* Verständnis ausdrücken, ermutigen und gelegentlich auch führen. Auf den Umgang mit Jugendlichen umgemünzt heißt das auch, sich nicht provozieren zu lassen, in Familiensitzungen mit Triangulationen kompetent umzugehen, aggressives Verhalten nicht persönlich zu nehmen und »über die Bande zu spielen«, um dem Jugendlichen sein eigenes Leiderleben zu entlocken (»Lobbying für erfahrenes Leid«).
2. *Den Jugendlichen anregen, über seine Beziehungen zu den wichtigsten Bezugspersonen (Eltern, Freunde) nachzudenken:* Welche Rolle nimmt er in seinen aktuellen und signifikanten Bezie-

hungen ein? Was sind seine Erwartungen an sie? Was sind die möglichen Gründe für gescheiterte Beziehungen? Sind wirklich immer nur »die anderen schuld«? Welche Gefühlserwartungen und Vorurteile sind auf beiden Seiten im Spiel und wie sehen die eigenen Beiträge aus?

3. *Den Jugendlichen ermutigen, die therapeutische Beziehung zu reflektieren und zu prüfen – in der Annahme, dass sich in diesem Verhältnis viele seiner bisherigen Erfahrungen widerspiegeln:* Aus bindungstheoretischer Sicht ist das Verhalten des Jugendlichen in der therapeutischen Beziehung die Folge real gemachter Erfahrungen, die sich in Form eines »internalen Arbeitsmodells« oder mentaler Repräsentationen niedergeschlagen haben (und nicht, wie in psychoanalytischer Sicht, das Ergebnis unbewusster Phantasien). »Die Bindungstheorie ist ein umfassendes Konzept für die Persönlichkeitsentwicklung des Menschen als Folge seiner sozialen Erfahrungen« (Grossmann u. Grossmann 2004, S. 65).

4. *Den Jugendlichen behutsam auffordern, über seine aktuelle Sicht der Welt nachzudenken:* Wahrnehmungen, Erwartungen, Gefühle und Verhaltensweisen resultieren nicht allein aus aktuellen Bezügen (»Warum soll ich eine Lehre machen, wo ja die Welt ohnehin vor die Hunde geht?«), sondern sind auch das Ergebnis wiederholter früher Erfahrungen. Diese Erkenntnis kann sehr schmerzhaft sein und den Jugendlichen motivieren, die Therapie zu sabotieren (»Diese Therapie da bringt mir echt nichts, da wird ja nur gequatscht«).

5. *Dem Jugendlichen zu der Einsicht verhelfen, dass sein Arbeitsmodell, das er seiner Weltsicht zugrunde legt, möglicherweise nicht mehr angemessen ist und an die aktuelle Situation angepasst werden muss:* Es geht um die Neurahmung der Selbst- und Objektbilder, die den Jugendlichen veranlassen, seine egozentrische Perspektive aufzugeben und eine »Dezentrierung« aushalten zu lernen.

Die »feinfühlige« Therapeutin ist bemüht, die Verhaltensweisen des Jugendlichen wahrzunehmen und aus dessen Perspektive »richtig« zu interpretieren und darauf rasch und angemessen zu reagieren, sodass der Jugendliche sowohl positive Bindungserfahrungen macht (bei Kummer, Sorge) wie aber auch eine passgenaue Unterstützung in Bezug auf seine Explorationswünsche erhält. In bindungsbasierter Hinsicht wird die Kooperation mit dem jugendlichen Menschen als eine »zielkorrigierte Partnerschaft« gesehen: »In einer sicheren Partnerschaft bezieht jeder die Absicht und die Gefühle des anderen in seine Pläne wohlwollend mit ein und nimmt Rücksicht auf sie, damit etwas Gemeinsames entstehen kann« (Grossmann u. Grossmann 2004, S. 236). Das therapeutische Gespräch wird dabei verstanden als eine »Fortsetzung der Feinfühligkeit mit sprachlichen Mitteln« (ebd., S. 420).

4. Schritt: Neurahmung der jugendlichen Perspektive

»Feinfühlige« Kompetenz im Umgang mit reaktanten Jugendlichen erwirbt man sich durch Erfahrung (wie ein Chirurg, der in dem Maß erfolgreich ist, je häufiger er eine bestimmte Operation durchgeführt hat). Mag sein, dass man gerade mit dissozialen Jugendlichen viel Geduld (und Frustrationstoleranz) investiert. In den 1990er Jahren habe wir am ZSB Bern in Zusammenarbeit mit den Jugendgerichten Bern-Oberaargau und Bern-Oberland etwa fünfzig Familien von delinquenten Jugendlichen begleitet. Auf den ersten Blick erscheint der Erfolg (gemessen daran, ob die Familie die Therapie als einen wichtigen Beitrag einschätzte) von 20 %, das heißt von einem auf fünf Fällen, eher ernüchternd. Wo es aber gelang, einen verbindlichen Rapport herzustellen, war es zugleich der Anfang eines langen Prozesses, dessen Endstrecke eine wesentlich gebesserte Identitätsentwicklung bedeutete.

Ein für die Therapie nützliches Identitätskonzept, das vier Phasen der Identitätsentwicklung postuliert, stammt vom Jugend- und Entwicklungspsychologen James Marcia (1980). Sein Modell der Stufenabfolge von vier Identitätszuständen gründet einerseits auf der Ericksonschen psychosozialen Entwicklungstheorie (Erickson 1981), anderseits geht es zumindest wissenschaftlich insoweit darüber hinaus, als es verschiedenen empirischen Untersuchungen unterzogen und in vieler Hinsicht bestätigt wurde.

Das Modell basiert auf folgender Idee: Das Kind übernimmt die Einstellungen und die Orientierung der Eltern und fühlt sich diesen bei Eintritt in die Pubertät in hohem oder niedrigem Ausmaß verpflichtet. Gleichzeitig exploriert der Jugendliche in hohem oder niedrigem Ausmaß seine Umwelt. Aufgrund dieser Überlegungen wurden junge Menschen mithilfe eines »Identity-Status-Interviews«

nach dem Ausmaß ihrer Verpflichtung (»commitment«) in Bezug auf bestimmte Lebensthemen (wie Beruf, Religion, Politik) gefragt, und die Antworten wurden mit der Dimension ihrer Experimentierfreudigkeit (Exploration, Suchen) in Zusammenhang gebracht. Daraus ergaben sich – je nachdem, ob das Ausmaß der Verpflichtung bzw. Exploration hoch oder niedrig ausfiel – vier Formen des Identitätsstatus (vgl. Abb. 2).

		Ausmaß der Exploration	
		hoch	niedrig
Ausmaß der Verpflichtung	hoch	erarbeitete Identität	übernommene Identität
	niedrig	kritische Identität	diffuse Identität

Abb. 2: *Die vier Formen des Identitätsstatus nach James Marcia*

Während die Idee, dass die Identitätsentwicklung in einer zeitlichen Stufenabfolge geschieht, nicht eindeutig bewiesen werden konnte (es ergeben sich unterschiedliche Verläufe), wird den vier »Stufen« im Sinne von »Typen« eine gewisse Gültigkeit zugesprochen. Demzufolge konnten in psychologischen Untersuchungen folgende Ergebnisse den einzelnen Identitätstypen zugeordnet werden:

- *Erarbeitete Identität* (Verpflichtung hoch, Exploration hoch): Dieser Zustand wird über eine Identitätskrise (Erickson 1981) mit kritischer Reflexion des elterlichen und sozialen Einflusses hart erarbeitet. Jugendliche zeigen einen festen Standpunkt, Zielstrebigkeit und soziale Teilnahme ohne Selbstsucht. Der Zustand korreliert mit hohem Selbstwert, Stressresistenz, Ausdauer, tiefen Autoritarismus- und Verletzbarkeitswerten. Jugendliche sind wenig selbstbesorgt und sind resistent gegenüber sozialer Beeinflussung (Verführung).
- *Übernommene Identität* (Verpflichtung hoch, Exploration niedrig): Jugendliche in diesem Zustand sind stark familiären Werten verpflichtet und identifizieren sich mit ihren Eltern und

Autoritäten. Sie zeigen keine Explorationsphase und dafür hohe Autoritarismuswerte (Befürwortung von Autorität und Gehorsam). Der Selbstwert ist hoch, aber bei persönlichen Angriffen rasch verletzbar. Jugendliche sind wenig ängstlich, aber stressanfälliger als in der erarbeiteten Identität. Sie sind weniger offen für Experimente und orientieren sich an vorgegebenen Werten (z. B. der Jugendliche, der wie der Vater Klempner ist, Fussball spielt und dessen Geschäft übernimmt).

- *Kritische (Moratoriums-)Identität* (Verpflichtung niedrig, Exploration hoch): Jugendliche in diesem Zustand sind keinen klaren Werten verpflichtet und befinden sich in aktiver Krise. Sie zeigen großes affektives Engagement und Ambivalenz in nahen Beziehungen. Die Autoritarismuswerte sind besonders niedrig, Ängstlichkeitswerte aber hoch. Die Jugendlichen sind auf der Suche und offen für Experimente.
- *Diffuse Identität* (Verpflichtung niedrig, Exploration niedrig): Jugendliche in diesem Identitätszustand zeigen tiefere kognitive Werte als erarbeitete Identität. Sie sind nicht zufrieden mit ihren Eltern, ziehen sich aus sozialen Kontexten zurück und projizieren aggressive Gefühle auf andere. Sie drücken Unentschiedenheit und Desinteresse aus und zeigen mehr Hoffnungslosigkeit als andere.

Obwohl wissenschaftliche Ergebnisse nicht direkt auf die klinische Einzelsituation übertragen werden können, dienen die vier Identitätstypen in der Praxis als eine Orientierungshilfe. Sie lassen es beispielsweise als plausibel erscheinen, dass es nicht das Ziel sein kann, einem »explorierenden« (trotzenden, reaktanten) Jugendlichen alle Probleme aus dem Weg zu räumen. Im Gegenteil: Gelingt es, seine Neugierde wach zu halten (hohe Exploration), so soll ihn die Auseinandersetzung im (therapeutischen) Familienkontext auch »etwas kosten« – in dem Sinne, dass Eltern nicht immer gleich nachgeben. Allerdings setzt das voraus, dass Letztere lernen, der jugendlichen »Exploration« eine klare Haltung entgegenzusetzen. Insofern dienen die Ergebnisse der Identitätsforschung auch zur Psychoedukation von Eltern und als Anhaltspunkte dafür, wie der Grad der Differenzierung und Integration der Persönlichkeit eines Jugendlichen zu beurteilen ist.

THERAPEUT: Vielen Dank, Yannik, dass Sie hergekommen sind.
YANNIK: Ich bin nicht freiwillig hier. Die Eltern haben mich dazu gezwungen.
THERAPEUT: Sie wissen besser als ich, dass Ihre Eltern Sie nicht zwingen können, dass Sie, Yannik, letztlich am längeren Hebel sitzen, oder nicht? Stellen Sie sich vor, Sie liegen einfach im Bett und krallen sich fest! Die Eltern können Sie doch nicht mit dem Kran herbringen. Sie sind auf Ihren eigenen Füßen hergekommen, oder nicht?
YANNIK: Ja, klar.
THERAPEUT: Okay, das verdient Respekt. Sind wir uns einig, Sie sind hier, weil Sie irgendwie Rücksicht auf die Eltern nehmen, weil Sie sozusagen dem Kaiser geben, was ihm gehört?
YANNIK: Ja, gut, man kann es so sehen.
THERAPEUT: Gut. Ihre Eltern sind ja bereits drei Mal da gewesen und ich möchte sie, ihre Ängste und Sorgen gerne besser verstehen, würden Sie mir dabei behilflich sein?
YANNIK: Sie machen sich für nichts Sorgen.
THERAPEUT: Für nichts? Wie meinen Sie?
YANNIK: Also ich hab' halt schon diese Depressionen, aber Medikamente brauch' ich nicht.
THERAPEUT: Da haben Sie bestimmt gute Gründe dafür, wenn Sie die Medikamente nicht nehmen wollen, weil Medikamente können ja auch helfen, viele Menschen mit Depressionen profitieren von den Medikamenten.
YANNIK: Ja schon, aber sie machen mich müde.
THERAPEUT: Ja, das ist eine lästige Nebenwirkung.
YANNIK: Und ich würde sie schon nehmen, aber ich möchte nicht, dass meine Mutter sie mir gibt.
THERAPEUT: Okay, Sie möchten Ihre Mutter von dieser Verantwortung entlasten. Finde ich gut. Sollen wir mit ihr darüber reden?
YANNIK: Ja.

5. Schritt: Klärungsprozesse in Gang setzen

Sind Jugendliche und Eltern so weit, dass sie einen eigenen Wunsch für eine gemeinsame Sitzung äußern, ist es Zeit für folgende Frage:

Wie weit ist dieser Wunsch das Ergebnis einer »Theorie-Gegenübertragung«?

Damit ist gemeint, dass Klienten sich mit dem Therapeuten und seiner Therapietheorie identifizieren (vgl. Hubble et al. 2001). Unter dieser Perspektive sitzt dann die Familie erwartungsvoll dem Therapeuten gegenüber und harrt der Dinge, die da (nicht) kommen werden.

5. Der systemische Therapieprozess und der konsultative Einbezug Jugendlicher

Um diese Gegenübertragungsproblematik auszuräumen, stelle ich je den Eltern bzw. den Jugendlichen entsprechende Verbesserungs- und Verschlimmerungsfragen, wie folgt (hier mit Leonardo, der zu einer Sitzung erschien, nachdem ihm beide Eltern gemeinsam den Notstand eröffnet hatten: »Du kannst nicht von uns Eltern erwarten, dass wir dich einfach im Stich lassen ... gleichzeitig anerkennen wir als Eltern, dass du nicht bereit bist mitzuhelfen, einen Weg zu finden ... nach unserer elterlichen Beurteilung geht es aber uns und auch dir schlecht und wir finden, du gefährdest dein Leben ... die einzige Chance, die uns unter diesen Voraussetzungen bleibt, ist, den Notstand anzumelden und die Verantwortung an eine ›höhere Macht‹ abzugeben, die vielleicht noch andere Mittel hat, als sie uns Eltern zur Verfügung stehen, um abzuklären, was der beste Weg ist ... wir geben dir deshalb eine Woche Zeit, um zu entscheiden, ob du mithelfen willst, eine gemeinsame Lösung zu suchen, oder ob du wünschst, dass wir Eltern, so schwer uns das fällt, die Verantwortung an eine höhere Macht abgeben.«). Meine Erfahrung ist die, dass Jugendliche in der überwiegenden Mehrheit der Fälle die Zusammenarbeit mit den Eltern wünschen. Die Stellungnahme der Eltern, die einer Art »ebenso mutigen wie kraftvollen Hilflosigkeitserklärung« entspricht, erlaubt es ihnen, ohne Gesichtsverlust »in die Arena« zu treten; denn unter diesen Voraussetzungen sind sie ja auch gefragt. Hier ein Ausschnitt aus der zweiten Einzelsitzung mit Leonardo:

LEONARDO: Nein, das ist jetzt schon anders, weil bisher hat es immer geheißen, ich sei das Problem ... Aber meine Eltern haben die größeren Probleme ... Und überhaupt will ich ja ausziehen von zu Hause.
THERAPEUT: Sie suchen mehr Unabhängigkeit?
LEONARDO: Ja, ich wäre schon lange ausgezogen, aber mein Vater wollte das nicht bezahlen ... Und meine Mutter, sie nervt mich, immer leiert sie und nörgelt herum. Ist eigentlich nicht mein Problem.
THERAPEUT: Und Sie finden, es ist jetzt Zeit, das den Eltern gegenüber klarzustellen?
LEONARDO: Ja, vielleicht. Vielleicht ist es gut, wenn wir mal ... ja, Scheiße, eigentlich wollte ich das ja immer nicht, genau das wollte ich nicht, da so mit den Eltern, aber ... vielleicht ist es gut, wenn wir mal darüber reden.
THERAPEUT: Sie meinen, wir sollten mal eine gemeinsame Sitzung machen?
LEONARDO: Ja doch, warum nicht.
THERAPEUT: Okay, das finde ich irgendwie einleuchtend ... auch mutig.

LEONARDO (guckt ungläubig): ... Wie meinen Sie, mutig?
THERAPEUT: Kann ja einiges schiefgehen dabei.
LEONARDO: Was denn?
THERAPEUT: Das frag' ich Sie! Gesetzt den Fall, nach der Sitzung finden Sie: ... ja, Scheiße, ich hätte nie darauf eingehen sollen ... was denken Sie, was wäre zuvor in der Sitzung gelaufen?
LEONARDO: Sie meinen, was schlecht laufen könnte an der Sitzung?
THERAPEUT: Ja, genau. Was müsste in der Sitzung schieflaufen, damit Sie hinterher bereuen, überhaupt je Ihre Bereitschaft zur Kooperation zugesagt zu haben?
LEONARDO: Was schieflaufen müsste?
THERAPEUT: Genau.
LEONARDO (nach einer Pause des Nachdenkens): Am meisten würde mich nerven, wenn die Eltern wieder streiten würden ... meine Mutter weint dann immer gleich, und der Vater schreit herum ... und dann gibt er mir wieder die Schuld ... Also, das brauch ich nicht mehr.
THERAPEUT: Was könnten Sie an der Sitzung tun, falls es doch eintreten sollte? Ich meine, Sie sind dem ja nicht ausgeliefert wie einem Platzregen.
LEONARDO: Wenn ich das herausgefunden hätte ...?
THERAPEUT: Sie meinen, für Sie ist es eben doch so etwas wie ein Platzregen?
LEONARDO: Offenbar.
THERAPEUT: Ja gut, Sie könnten mir ja den Auftrag geben, so etwas wie ein Regenschirm zu sein.
LEONARDO (nach einer Pause): Das ist mir etwas zu ... Ich kann mir nicht genau vorstellen, was Sie damit meinen.
THERAPEUT: Sie könnten mir den Auftrag geben, in diesem Moment einzugreifen ... Oder noch besser, dass ich einfach *Sie* unterstütze, sobald Sie gleich selbst für sich Position ergreifen, was meinen Sie?
LEONARDO: Aber mein Vater kann sehr laut sein und dann ist er so wie eine Dampfwalze.
THERAPEUT: Aha. Ja, da nutzt dann natürlich auch ein Regenschirm nicht viel [Leonardo muss lachen].
LEONARDO: Ja, so bin ich mir ein wenig vorgekommen, bisher ... allerdings noch schlimmer ist es für meine Mutter.
THERAPEUT: Wollen Sie damit sagen, sie ist *Ihr* Regenschirm?
LEONARDO: Nein, nein, so nicht, also ... Auf jeden Fall ist sie zu schwach für meinen Vater. Sie kann ihm nicht die Stange halten.
THERAPEUT: Das betrachten Sie schon eher als Ihren Job? Verstehe ich das richtig?
LEONARDO: Wie meinen Sie das?
THERAPEUT (freundlich aber bestimmt): Sie sind es, Sie sind der Regenschirm Ihrer Mutter?!

LEONARDO (lange Pause, Leonardo hat Tränen in den Augen, leise): Also, ich ... Scheiße, Scheiße [putzt sich flüchtig die Tränen von der Wange] ... Scheiße!
THERAPEUT: Wissen Sie Leonardo, ich weiß nicht, ob Sie das auch so erleben, wenn es aber so ist, dann verdient Ihre Haltung jede Anerkennung, weil das heißt ja, dass Sie sich um Ihre Eltern kümmern, dass Sie es nicht aushalten, deren Überforderung mit anzuschauen ... [Therapeut reicht Leonardo ein Taschentuch] Das ist stark, dass Sie zu Ihren Tränen stehen können, das ist echt stark.
LEONARDO (zögerlich): Ja ... Das stimmt irgendwie schon, ich meine, das mit den Eltern.

Zusammen mit den Jugendlichen können Szenarien davon entwickelt werden, wie man beispielsweise einer »fahrenden Dampfwalze« begegnet (»Die Dampfwalze ist ja nicht Ihr Vater, es ist ja nicht so, dass Ihr Vater eine Dampfwalze ist, vielmehr sitzt er ziemlich hilflos in deren Führungskabine, und Sie müssen ihm sagen, was die Dampfwalze bei Ihnen anrichtet, falls er nicht das Steuer übernimmt«), wie man sich gegenüber elterlichen Ehekämpfen abgrenzt (»Das ist *euer* Streit, nicht meiner, und ich möchte jetzt, dass *meine* Angelegenheit diskutiert wird, das war die Abmachung«), wie man für sich einsteht, statt die Flucht zu ergreifen und so fort. Eine gute Methode, solche Szenarien zu entwickeln, sind die Veränderungsfragen:

- Woran würden Sie hinterher erkennen, dass es sich gelohnt hat, eine gemeinsame Sitzung zu wagen? Gleich nach der Sitzung? Eine Woche später?
- Was hätte Ihre Mutter in diesem Fall anders gemacht als bisher?
- Was hätten Sie für Möglichkeiten der Einflussnahme in diese Richtung, ohne den Therapeuten der Eltern zu spielen?
- Wie müssten Sie sich verhalten, dass der Vater das Steuer der Dampfwalze besser in den Griff kriegt?
- Woran würde Ihre Schwester Federica erkennen, dass sich etwas verändert? Usw.

Die Familiensitzungen in der Klärungsphase strukturiere ich nach demselben Schema:

1. Kurzer Vorspann mit dem Jugendlichen (im Wartzimmer frage ich die Familie: »Ist es okay, Leonardo, wenn wir zuerst kurz unter vier Augen sprechen? Ist es in Ordnung, wenn ich dann

auch kurz noch mit den Eltern spreche, ehe wir alle zusammensitzen?«): Es geht um ein *Priming* bezüglich eines kooperativen Ausgangs der Sitzung und die Frage nach einem speziellen Thema. Meist haben Jugendliche kein Thema (»äh ... ich weiß gerade nicht ... also ... es kommt mir gerade nichts in den Sinn«), und sie überlassen das den Eltern. Umso wichtiger ist es, dem Jugendlichen klarzumachen, dass er damit eine Verantwortung übernimmt (»Verstehe ich das richtig, du gibst deinen Eltern den Vortritt? Sie sollen als erste die Karten ausspielen?«). Es hilft auch, sich des Auftrags seitens des Jugendlichen immer wieder zu versichern (»Du möchtest also, dass ich deine Eltern darin unterstütze, klare Positionen zu ergreifen? Du erlebst das nicht als »Verrat«, wenn ich dem Vater wo nötig beistehe, die Dampfwalze richtig zu steuern?«). Es kann auch einmal vorkommen, dass eine Jugendliche in diesem Moment sagt: »Nein, eigentlich möchte ich das gar nicht!« Dann sage ich: »Okay, gut, das ist eine klare Stellungnahme. Ich schlage vor, dass Sie das nun den Eltern gegenüber vertreten. Sie können dann auch gehen, wenn Sie wollen, Sie sind mündig, Ihre Entscheidungen sind dann richtig, wenn es die *Ihren* sind und wenn Sie sie auch *verantworten* können. Falls Ihre Eltern damit Mühe bekunden sollten, werde ich ihnen beistehen, damit sie es besser verstehen können. Wäre das in Ihrem Sinn?«
2. Kurzer Vorspann mit den Eltern: Auch hier geht es um die Einstimmung auf eine kooperative Voraussetzung (»Wie gedenken Sie vorzugehen, wenn Leonardo Sie provoziert? Was müssten Sie tun, damit hier in der Sitzung dasselbe (bzw. nicht dasselbe) geschieht wie zu Hause? Woran würde Leonardo erkennen, dass es eben gerade nicht wie zu Hause läuft ... dass es das Recht von Eltern ist, miteinander zu streiten? Was müssten Sie tun, damit er sich nicht verleiten lässt, den Familientherapeuten zu spielen?«).
3. In der Regel bleibt dann ungefähr noch eine halbe Stunde Zeit für die eigentliche Klärungssitzung, dessen vordringlichstes Ziel es ist, den Menschen neue sinnliche Erfahrungen gemeinsamer Kooperation zu ermöglichen.

Es ist im Konzept des »konsultativen Einbezugs« vorgesehen, dass sich die ersten Familiensitzungen in weiten Teilen nach einem »*gemeinsam* erarbeiteten Drehbuch« entwickeln. Dabei spielt die Therapeutin die Rolle der Fragestellerin und der Prozessmanagerin. Dies impliziert ohne Zweifel auch eine Lenkungsdimension. Wichtig ist mir dabei die Betonung auf »gemeinsam«. Die strukturierenden Vorleistungen sind Leistungen der Klientel, nicht des Therapeuten. Letzterer leitet zum Nachdenken an, indem er geschickte, durchaus auch »freche« Fragen stellt, um damit festgefahrene Denkroutinen, Alltagsfundamentalismen, regressives Abhängigkeitsdenken oder jugendliche Großspurigkeit »zu verstören«. Dahinter steckt die Überzeugung, dass die Ressourcen im individuellen Einzelfall nicht bei den Therapeuten liegen, sondern bei den Familien. Eine Familie ohne jegliche Vorbereitung in einen Klärungsprozess zu schicken, geht entweder davon aus, dass sie nun »wie durch ein Wunder« im Kontext des Therapiestudios neue Wege der Kommunikation findet, oder aber dass der Therapeutin schier unmenschliche Fähigkeiten unterstellt werden (Heldenrolle).

Genau genommen impliziert dieser fünfte Schritt ebenso viel Bewältigungs- wie Klärungsarbeit, indem im Rahmen der Auseinandersetzungen sowohl die Eltern wie die Jugendlichen neue sinnlich-emotionale Erfahrungen machen. Das Konflikterleben auszuhalten, eine eigene Meinung zu haben und diese in einer kommunikativ relevanten Weise zu vertreten, in konstruktiver Weise Ärger zu zeigen, achtsam zuzuhören, über wichtige Entscheidungen zu schlafen, unterschiedlichsten Gefühlen Ausdruck zu verleihen usf. – all das ist Bewältigungsarbeit und zielt auf eine »erarbeitete Identität« ab. Dabei übernimmt der Therapeut eine Katalysatorfunktion: »Erst wenn die therapeutische Allianz zustande gekommen ist, wird der Patient bereit sein, sich aus seiner lebenslangen Abhängigkeit von den Machenschaften des falschen Selbst zu lösen, die ihm emotionale Sicherheit bescherte« (Masterson 1993, S. 165).

Nach dem USA Sozial- und Erziehungspsychologen Morton Deutsch (1976) existiert ein Konflikt in oder zwischen Menschen dann, »wenn nicht zu vereinbarende Handlungstendenzen aufeinanderstoßen« (S. 18), und er geht von der Annahme aus, dass sich Konfliktprozesse zwar destruktiv entwickeln können, dass ihnen dessen ungeachtet eine grundsätzlich positive Funktion zukommt; denn Konflikte weisen auf Problem hin, führen zum Erfinden von (neuen) Lösungen, verhindern Stagnation, regen Neugierde an, führen zu Selbsterkenntnis, grenzen Gruppen voneinander ab und sind ein Motor für die Veränderung.

»Du choc des opinions jaillit la vérité« (»Aus dem Zusammenprall von Meinungen entspringt die Wahrheit«) schrieb der französische Dichter Colardeau (1732–1776, zit. aus: Stroebe 1996, S. 529).

6. Schritt: Autonomieprozesse begleiten

Das Modell des »konsultativen Einbezugs Jugendlicher« eignet sich für schwierige Familienkonstellationen, wo sich durch eine emotionale Störung eines jugendlichen Menschen der Ablösungsprozess durch Teufelskreisdynamiken erschwert und verheddert hat. Das Ziel ist es, das Ich aller Familienmitglieder zu stärken als »Organ der Anpassung und Organisation« (Hartmann 1965, in: Stierlin 1980, S. 71). Um »das Drama der Ablösung von Eltern und Kindern« mit seinen zentripetalen und zentrifugalen Kräften zu konzeptualisieren, hat Helm Stierlin (1980) drei Beziehungsmodi eingeführt, die zu einer erschwerten Ablösung führen können:

- *Bindungsmodus:* Es herrschen die zentripetalen Kräfte der Bindung vor, sodass sich Jugendliche von Gleichaltrigen fernhalten, sei es, dass sie angeblich kein Interesse an ihnen haben, sei es aus Angst vor ihnen oder sei es, weil ihnen einfach die Fähigkeit abgeht, unter Peers zu bestehen; gefördert wird dieser Modus durch Krankheit, Verwöhnung, Angst- oder Schuldinduktion; dieser Modus unterdrückt eigene Initiativen.
- *Delegationsmodus:* Ablösung kann dadurch erschwert sein, dass Eltern ihre Söhne oder Töchter nur vermeintlich loslassen und sie stattdessen über »Aufträge« an sich binden bzw. dass letztere außerstande sind, sich »loszulösen«; indem Eltern ihr Kind »zum Delegierten machen, *schicken sie es fort,* d. h. ermutigen sie es, den Kreis der Familie zu verlassen ... Indem sie es fortschicken, *halten sie es* aber auch *fest*« (Stierlin 1980, S. 66); so treten Söhne in die Fussstapfen ihrer Väter und übernehmen scheinbar die Firma, in Wahrheit bleiben sie Delegierte der Väter.
- *Ausstoßungsmodus:* Eltern drängen ihre Kinder zu einem frühen und definitiven Verlassen des Elternhauses oft unter einer missverstandenen Autonomieförderung oder aber auch einfach deshalb, weil sie überfordert sind.

Im Zug des »konsultativen Einbezugs« finden Eltern die Gelegenheit, ihren Beziehungsmodus zu ihren gefährdeten Söhnen und Töchtern zu überdenken, Missverständnisse zu klären und Hilflosigkeit zu überwinden. Jugendliche geben (im besten Fall) die vielfältigen Spielarten der Realitätsverleugnung und -vermeidung auf und erarbeiten stattdessen die kognitiv-affektiven und die Verhaltensvoraussetzungen für eine gesündere (Identitäts-)Entwicklung.

Beispiel 5: Alex D. – Beispiel für einen »Ausstoßungsmodus« der erschwerten Ablösung

Nach Stierlin (1980) rekrutieren sich aus diesem Muster die verwahrlosten Ausreißer mit wenig gesicherter Identität. Sie können ihre Eltern mit einer zynisch anmutenden Nonchalance demontieren, die mitunter an Waghalsigkeit grenzt, so als hätten sie nichts mehr zu verlieren. Der 18-jährige Alex, der wegen Disziplinlosigkeit, Respektlosigkeit dem Lehrpersonal gegenüber und wegen wiederholtem Cannabiskonsum auf dem Pausenplatz trotz genügender Schulleistungen vom Gymnasium gewiesen wurde, kam »gelegentlich mal vorbei«. Sein Vater hat vor sechs Jahren die Familie verlassen und ist wegen eines ehrgeizigen Karrierejobs zusammen mit seiner jungen Freundin nach Irland umgezogen.

THERAPEUT: Könnten Sie mir etwas über Ihren Vater berichten?
ALEX: Mein Vater? ... [lange Pause] ... Mein Vater ... das ist ein Arschloch!
THERAPEUT (etwas überrascht): Wie meinen Sie das?
ALEX: Ja, genau so!
THERAPEUT (zögerlich): Könnten Sie mir das noch etwas konkreter schildern?
ALEX: Nein, für mich ist damit eigentlich alles gesagt.

Wehe, wenn der Therapeut dabei die Ambivalenz im Urteil überhört! Früher und gelegentlich auch heute noch wird Therapie mit Jugendlichen in die Richtung (miss-)verstanden, es sei Aufgabe der Professionals, sich mit ihnen gegen die Eltern zu verbünden (Therapeut als Komplize des Jugendlichen: »Das muss sehr schwierig sein für Sie, Alex, mit einem Vater zurechtzukommen, der seiner Verantwortung nicht gewachsen ist«). Ungeachtet dessen, dass dem Therapeuten nachzufühlen ist, wenn er den »verlassenen« Jugendlichen »bemuttern« will, bedeutet die jugendliche Abqualifikation des Vaters keine Einladung an den Therapeuten, in die

(Ab-)Wertung einzustimmen. Im Gegenteil, es ist vielmehr ein Test; denn kein junger Mensch kann einem Therapeuten vertrauen, der gerade beweist, dass er die Ambivalenz der Aussage nicht verstanden hat. Ein vertrauenswürdiger Therapeut würde vielleicht sagen:

THERAPEUT: Ich gehe davon aus, dass Sie Ihre Gründe haben, Ihren Vater so zu sehen.
ALEX: Ja, die habe ich.
THERAPEUT: Für mich wäre es hilfreich, mehr über diese Gründe zu erfahren ...

Wenn Jugendliche in der Therapiestunde über ihre Eltern schimpfen, dann kann darin auch eine Testdimension erblickt werden. Gemäß der Hypothese von Engel und Ferguson (1990) versucht »ein Patient mithilfe des Übertragungstests eine Antwort auf die folgenden drei Fragen zu bekommen:

1. Wird mich der Therapeut auf dieselbe Weise psychisch schädigen, wie dies meine Eltern getan hatten, oder werde ich mit ihm neue, positivere Erfahrungen machen?
2. Bin ich wirklich eine so schlechte Person, die es nicht verdient, gut behandelt zu werden?
3. Sind wirklich alle Erwachsenen kritisierend, kontrollierend, missbrauchend etc., wie meine Eltern es waren?«

Familientherapeuten würden vor einem bindungstheoretischen Hintergrund vielleicht noch eine vierte Frage ins Spiel bringen: Sind meine Eltern wirklich so? Könnte es sein, dass ich mich irre, wenn ich mich von ihnen unverstanden fühle? Könnte es sein, dass sie mich in Wahrheit lieb haben und dass sie nur Schwierigkeiten haben, es mir zu zeigen?

Es kann kaum überbetont werden, wie wichtig es ist, Jugendliche nicht falsch zu verstehen, wenn sie ihre Eltern negativ bewerten. Vielleicht haben sie in der Tat schlechte Erfahrungen mit ihnen gemacht, andererseits haben sie keine anderen Eltern, und die Hoffnung, doch noch auf ihr Verständnis zu stoßen, stirbt zuletzt. Zahlreiche Erfahrungen mit Jugendlichentherapien haben mich gelehrt, von der Hypothese auszugehen, dass Eltern nicht schlecht, nicht ausstoßend oder egoistisch sind, sondern hilflos, überfordert oder irgendwie in Bedrängnis geraten sind. Unzählige Male habe ich folgendes Reframing angewandt, und die Antwort ließ kaum je zu wünschen übrig:

THERAPEUT (zu Alex): Gibt es jemanden in der Familie, der oder die Ihren Vater verurteilt? Ich meine, die oder der im Vater einen schlechten Menschen sieht?
ALEX: Ja, die Familie meiner Mutter. Deshalb hat meine Mutter auch den Kontakt zu ihr, das heißt vor allem zu den Großeltern abgebrochen ... Eine Zeit lang bin auch ich nicht mehr hingegangen, aber meine Mutter hat ihnen dann gesagt ... also sie hat ihnen verboten, schlecht über meinen Vater zu reden. Jetzt hat sie wieder ein wenig mehr Kontakt, aber es ist für sie sehr schwierig ...
THERAPEUT: Gesetzt den Fall, Ihre Mutter würde jetzt auch hier sitzen und ich würde sie fragen, ist der Vater von Alex eigentlich eher ein schlechter oder eher ein hilfloser Mensch? Was würde sie dazu sagen?
ALEX: Hm. Das ist unterschiedlich, also sie hat auch schon schlimme Dinge gesagt ... Also so, so Scheißwörter ... Aber dann hat sie auch immer wieder gesagt, das bleibe ja mein Vater ... und jetzt, wo er in Dublin lebt, hat sich die Situation auch ein wenig verbessert.
THERAPEUT: Wie sind Ihre Kontakte zu ihm?
ALEX: Ja, wir telefonieren ab und zu, aber ich sage es meiner Mutter nicht immer.
THERAPEUT: Heißt das, Alex, Sie sind drauf und dran zu erkennen, dass es Ihr *Vater* ist, dass es keinen zweiten gibt und dass es natürlich auch der geschiedene Ehemann Ihrer Mutter ist und dass das zwei verschiedene Seiten derselben Medaille sind?
ALEX: Ja, vielleicht.

Stellt man das Verlaufsmodell des »konsultativen Einbezugs Jugendlicher« in Zusammenhang mit analytischen Verlaufsmodellen der Individuationstheorie, die den idealisierten Transformationsprozess zwischen Eltern und Kindern beschreiben, werden die Parallelen deutlich. Anhand einer quantitativen Analyse von Diskursen zwischen Eltern und Jugendlichen (Konfliktgespräche, Befragungen) wurde der Verlauf der schrittweise durchgeführten Beziehungsveränderung untersucht (Hofer in: Ittel u. Merkens 2006, S. 25), wobei sich folgende Schritte ergaben:

1. »*Beginn des Transformationsprozesses.* Die Transformation beginnt damit, dass die Kinder/Jugendlichen ihr Verhaltensrepertoire spürbar erweitern. Sie verbringen mehr Zeit außer Haus

und mit Freunden. Auch die Art ihrer Aktivitäten verändert sich.
2. *Die kognitive Reaktion der Eltern.* Die Eltern nehmen die Veränderungen im Verhalten ihrer Kinder wahr und erleben Diskrepanzen zwischen diesem neuen Verhalten und ihren Erwartungen. Die Erwartungen der Eltern, die sie auf der Grundlage ihrer bisherigen Erfahrungen und ihrer Wertvorstellungen über ideale Kinder in diesem Alter gebildet haben, passen nicht zum Verhalten ihrer Kinder. Sie reagieren zunächst überrascht und benötigen eine Weile, um die neue Situation einzuschätzen.
3. *Die Verhaltensreaktion der Eltern.* Als Ergebnis ihrer Überlegungen im Anschluss an Diskrepanzerfahrungen akzeptieren Eltern das erweiterte Verhaltensrepertoire ihrer Kinder in einigen Bereichen, in anderen aber melden sie Bedenken und Vorbehalte an [...].
4. *Unzufriedenheit der Jugendlichen und Anstieg des Autonomieschemas.* Der nächste Schritt beruht auf der Annahme, dass die Jugendlichen, die bei ihren Eltern ob des veränderten Verhaltens Missbilligung erfahren, sich in ihren Autonomieansprüchen eingeschränkt fühlen und Unzufriedenheit in der Beziehung entwickeln. Sie nehmen die Asymmetrie in der Beziehung zu ihren Eltern wahr und fühlen sich eingeengt. Die Unzufriedenheit kann sich in allgemeinem Unmut, Trotz, Beleidigtsein und Rückzug ausdrücken.
5. *Ausbildung autonomieunterstützender Kognitionen bei Jugendlichen.* Die Jugendlichen bilden Kognitionen aus, mit denen sie ihre Autonomieansprüche unterstützen. Sie bilden, z. B. auf der Basis ihrer Erfahrungen mit Freunden, andere Erwartungen über die gewünschte Beziehung zu ihren Eltern aus. Sie entwickeln Vorstellungen über ihre Rechte, Gleichheit, Gerechtigkeit und Verantwortlichkeit in verschiedenen Lebensbereichen.
6. *Konfliktanstieg.* Die vorausgehenden Schritte münden in einen Anstieg an Konflikten zwischen Eltern und Jugendlichen. Sie beschränken sich auf jene Verhaltensbereiche, in denen Eltern und Kinder keine Übereinstimmung darüber erzielen, bei wem die Verantwortlichkeit liegt. Wichtig ist die Frage, wie diese Konflikte ausgetragen werden. In Konflikten können Vorstellungen von Gleichheit, Gerechtigkeit und Verantwortlichkeit weiter gebildet, entwickelt und ausgehandelt werden.

7. *Konstruktive Diskussionen.* Der Transformationsprozess wird vermutlich gefördert, wenn Eltern ihre Meinung äußern und sie begründen, aber auch danach suchen, die Sicht der Jugendlichen zu erfahren, und ihnen Begründungen abverlangen, wenn Jugendliche ihre Autonomieansprüche nicht nur geltend machen, sondern auch begründen und wenn ein fairer argumentativer Austausch von Gedanken und Bewertungen stattfindet und gleichzeitig die Partner sich wertschätzen und ernst nehmen. Die Gespräche erleichtern dann die Anpassung der Beziehungsschemata beider Partner an die neue Situation. Eltern und Kinder definieren übereinstimmend Verantwortlichkeiten über Verhaltensbereichen.
8. *Das Ergebnis.* Jugendliche nehmen das veränderte elterliche Verhalten wahr. Es entsteht eine Beziehung, die sich stärker als zuvor durch Symmetrie, Gleichheit und gegenseitiges Eingehen auf Wünsche auszeichnet. In dieser Beziehung ist immer noch ein gewisses Maß an Hierarchie enthalten, aber die gemeinsamen Bemühungen auf der sozialen und kognitiven Ebene haben zu einer Weiterentwicklung der Beziehungsschemata und zu einer Änderung der Interaktionsformen geführt.«

Es wird angenommen, dass die sukzessiven Veränderungen in den Beziehungsschemata (= Arbeitsmodelle der Bindungstheorie), wie sie zuerst im realen Erfahrungsprozess der frühen »Mutter-Kind-Beziehung«, dann in der Interaktion mit den Eltern während der Kindheit und schließlich auch während der Ablösung gemacht werden, nicht nur die emotionale Entwicklung betreffen, sondern darüber hinaus auch intellektuelle Kompetenzbereiche (Schildbach et al. 2002). Der wechselseitige systemische Therapieprozess des »konsultativen Einbezugs Jugendlicher« stellt einen Versuch dar, durch die schrittweise Optimierung familiärer Kooperationsprozesse den Jugendlichen und ihren Eltern die Gelegenheit zu vermitteln, verpasste Lernchancen zu nutzen.

Nach Grotevant u. Cooper (1986) beinhaltet die Ablösung bzw. die Individuation in dieser Entwicklungsphase weder eine Trennung noch eine Auflösung der Beziehungen, sondern deren Neudefinition, die auf der Basis eines wechselseitigen Lernprozesses ausgehandelt wird und auf folgende Verhaltensdimensionen abgebildet werden kann:

- *Selbstdurchsetzung:* Einen eigenen Standpunkt haben, Verantwortung für eine klare Darstellung übernehmen können, Ab-

weichungen angstfrei aushalten können. Das bedeutet, dass Jugendliche Ansichten und Werte immer mehr selbst durchdenken und angstfrei vertreten lernen, auch wenn sie Abweichungen von den Eltern darstellen.
- *Zugänglichkeit*: Auf Standpunkte anderer eingehen können, Abweichung beibehalten oder korrigieren können. Das bedeutet, dass Jugendliche Standpunkte und Argumente der Eltern zu verstehen versuchen, bei ihrer eventuellen Abweichung bleiben oder sich bei besserer Einsicht korrigieren lernen.
- *Wechselseitigkeit*: Auf Gefühle anderer eingehen können, Ablehnung von Standpunkten statt Personen (Abwertung). Das bedeutet, dass Jugendliche lernen, ihre abweichenden Standpunkte nicht in harter Konfrontation einzunehmen und auszudrücken, sondern entweder vertretbare Kompromisse zu suchen oder unterschiedliche Auffassungen respektvoll gelten zu lassen. Dabei geht es auch darum, dass abweichende Standpunkte nicht die Abwertung oder Ablehnung von Personen implizieren.
- *Distinktheit*: Mut zur Abweichung (Distinktheit) haben, nicht kuschen oder in Heimlichkeiten ausweichen müssen. Das bedeutet, dass Jugendliche lernen, nicht nur unterschiedliche Standpunkte zu haben und nicht nur Kompromisse und ein faires Zusammenleben zu suchen, sondern dass sie auch nicht kuschen oder in unnötige Heimlichkeiten ausweichen.

Das Modell des »konsultativen Einbezugs Jugendlicher« ist als eine Anleitung für PraktikerInnen gedacht, die mit therapiebedürftigen, aber (scheinbar?) unmotivierten Jugendlichen und ihren Eltern arbeiten. Es versteht sich als ein verschiedene Therapieschulen verbindendes Modell (beziehungsorientierte, partizipative, lösungsfokussierte, strukturell-strategische, verhaltenstherapeutische u. a. Elemente einerseits, theoretische Orientierung an der wissenschaftlichen Psychologie anderseits). Es ist von der Idee geleitet, dass bei Verhaltensstörungen im Jugendalter in den oft verstrickten, blockierten oder distanzierten Beziehungen zwischen Eltern und Jugendlichen ein menschliches Potenzial schlummert, das es zugunsten einer adaptiveren Entwicklung zu mobilisieren gilt. Dabei verhält es sich wie bei der Schatzsuche: Es gibt keine letzte Gewissheit, ob sich die Anstrengung lohnt oder ob sie sich am Ende als vergeblich erweist; es gibt nur die Gewissheit, dass kein Schatz gehoben wird, solange nicht danach gesucht wird.

6. Aspekte der Therapiemotivation

»*Die Kunst des Eisbrechers ist nicht, das Eis zu brechen, sondern es zu vermeiden.*«

Kapitän eines russischen Eisbrechers in der Antarktis
(beim Zappen in einer TV-Sendung aufgeschnappt)

Therapiemotivation: Die »pièce de résistance«

Wie können bekannte Erkenntnisse der wissenschaftlichen Motivationspsychologie genutzt bzw. wie können sie mit systemischer Praxis verbunden werden? Welche Auswirkung hat beispielsweise der Leidensdruck einer Mutter auf die Suchterkrankung ihres Sohnes, auf dessen Motivation, Hilfe anzunehmen? Kann Leidensdruck sinnvoll »genutzt werden« (wie Wasser- oder Dampfdruck)? Können familiäre »Dreiecksmechanismen« genutzt werden, um die Therapiemotivation beim Jugendlichen zu verbessern? Inwiefern wird dadurch die »elterliche Allianz« beeinflusst? In welche Richtung?

Die Tatsache, dass Motivation eine kontextuelle Größe ist und dass Menschen einander beeinflussen, geht aus der menschlichen Natur hervor. Vor über hundert Jahren, 1898, ging der Psychologe Norman Triplett der »banalen« Frage nach, weshalb Radrennfahrer eine bessere Leistung erbringen, wenn sie mit anderen um die Wette radeln, statt alleine gegen die Uhr (Schwartz 1988). Damit hat er eine fruchtbare Experimentiermühle losgetreten, die unter anderem nachprüfbar ergeben hat, dass es nicht der Wettbewerb an sich ist, der zur größeren Leistung anspornt, sondern die bloße Anwesenheit anderer Menschen. Umgekehrt und radikaler soll es der französische Lyriker Paul Valéry gesagt haben: »Selbstmord ist die Abwesenheit der anderen« (Rattner u. Danzer 2004, S. 271). Viele bedeutende Psychologen haben sich dieser Frage nach der wechselseitigen Beeinflussung von Menschen angenommen: »Ich wollte beschreiben können, was eine Person über die Anschauungen, Überzeugungen, Hoffnungen und Ängste einer anderen denkt, oder sogar, welche Auswirkungen die Gedanken von A über die Gedanken von B auf die Wünsche von C haben« (Heider 1983, S. 132). Obwohl sich unser Geschäft als Therapeuten nicht in erster Linie auf die wissenschaftlich nachprüfbare Wahrheit bezieht, sondern auf die Nützlichkeit von Konzepten und Interventionen im individuellen Einzelfall, stellen wir uns ähnliche Fragen: Welchen Einfluss hat das auffällige Verhalten eines Jugendlichen auf seine Mutter? Welche Funktion hat es im familiären Kontext? In seiner Peergruppe? Wie kann die Anwesenheit des Vaters für die Verbesserung der Therapiemotivation beim Jugendlichen genutzt werden? Wie kann man eine Jugendliche als Expertin ihrer Situation gewinnen? Wie können hilflose Eltern motiviert werden, mit den Professionals zu kooperieren (statt ambivalent abzuwarten, bis auch diese scheitern)?

Die Ursachen für die Therapieablehnung werden in der Regel mit personenbezogenen Faktoren (persönliche Ziele und Vorstellungen der Jugendlichen), mit der »Krankheitswertigkeit« von psychischen Störungen (Verweigerung aus Scham und Schuld), mit der psychischen Störung selbst und mit den daraus resultierenden Auswirkungen auf das Verhalten der Helfer sowie mit natürlichen Barrieren wie die Entfernung zur Einrichtung, Kapazitätsengpässe oder Kostenfragen (sog. »barriers to treat«) in Verbindung gebracht.

(Familien-)systemische Aspekte als kontextuelle Einflussfaktoren der Therapiemotivation erhalten im klinischen Alltag nicht immer die verdiente Beachtung. Nicht selten werden Familien, gewollt oder ungewollt, als »Störfaktoren« behandelt (»Das ist eine schwierige Mutter«) oder es finden sich, etwa in Berichten, kritische Urteile über Eltern bis zur regelrechten Elternbeschimpfung. Auch »Parentektomie« (wörtlich das »Herausschneiden« der Eltern bzw. sinngemäß die Entfernung des Jugendlichen aus dem als pathogen empfundenen häuslichen Kontext) wird noch praktiziert, wenn auch verschleiert. Das professionelle Misstrauen gegenüber den Eltern jugendlicher Patienten lebt in einer abgemilderten und subtilen Zurückhaltung weiter, etwa wenn während der stationären Therapien des Jugendlichen eine durchgehende Kontaktsperre für die Eltern verhängt wird oder wenn in Teamsitzungen Begriffe wie »überfürsorgliche Mutter«, »distanzierter Vater« oder »kalte Familie« unwidersprochen bleiben.

Zudem wird unter »familienzentrierten« Maßnahmen vielerorts vor allem Psychoedukation bei den Angehörigen verstanden. Eltern werden dabei in Gruppen zusammen mit anderen Eltern im Frontalunterricht über eine Störung informiert. Die Fachleute beanspruchen dabei auf der ganzen Linie die Rolle der Experten, teilen Fragebögen aus und werben um Unterstützung bei den Eltern, damit die professionellen Applikationen erfolgreich sind.

In Anbetracht dessen, dass bei psychischen Störungen interaktionelle Komplikationen im Umfeld häufig sind, ist »Angehörigenarbeit« ohne Zweifel ein wichtiger Bestandteil der psychiatrischen Hilfe. Eine darüber hinausgehende Perspektive nimmt indessen die »systemische Fallkonzeption« ein. Sie distanziert sich deutlich vom »Professionalitätszentrismus« (Tallman u. Bohart, in: Hubble et al. 2001, S. 88), indem sie explizit nicht die Professionals als Experten für die Leidenssituation vorsieht, sondern die Jugendlichen selbst bzw. deren Familien. Sie sind die Hauptpersonen im therapeutischen Drama und sie sind zugleich die wichtigste Ressource für die Therapie.

Leidensdruck und »ideales Selbst«

Ein professioneller Umgang mit psychischen Störungen im Jugendalter setzt eine sorgfältige Untersuchung des jungen Patienten und seines Lebenskontexts voraus. Die Exploration liefert die Basis für die Wahl einer bestimmten Behandlung nach wissenschaftlichen Grundsätzen. Damit im Einzelfall ein empirisch wirksames Verfahren (z. B. systemische [Familien-]Therapie, kognitive Therapie, psychodynamische Therapie, Hypnotherapie, körperorientierte Verfahren, Training sozialer Kompetenz, Spieltherapie etc.) erfolgreich ist, müssen indessen die Voraussetzungen für die Durchführung gegeben sein (Steinhausen 2004).

Was aber, wenn diese Voraussetzungen nicht gegeben sind? Was, wenn die angesprochenen Jugendlichen die Situation ganz anders sehen?

Im Jugendalter ist der Leidensdruck mitunter relativiert, weil er mit einem intrapsychischen (z. B. angstvermeidenden) oder interpersonellen (z. B. familiären) Störungsgewinn aufgewogen wird. Dadurch wird die Diskrepanz zwischen Leidensdruck und dem »idealen Selbst«, worin Carl Rogers (1981) die Quelle der Therapiemotivation sah, vermindert. In Anbetracht dessen sind Familien wie Fachleute häufig gleichermaßen hilflos. Während ratlose Eltern die Motivationsprobleme ihrer Kinder eher verdrängen oder an die Professionellen delegieren, werden sie von Fachleuten gut und gerne den pragmatischen Kompetenzen der Praktikerin »da draußen im Feld« überantwortet.

Fachliche Ratschläge setzen in der Regel da an, wo zwischen Professionals und Jugendlichen bereits ein persönlicher Kontakt hergestellt ist (z. B. im stationären Kontext), und außerdem beziehen sie sich meist auf das Einzelsetting »Therapeut-Jugendlicher«. Meist wird mit Nachdruck auf die empirisch nachgewiesene Wichtigkeit einer guten Therapiebeziehung hingewiesen und es werden Empfehlungen abgegeben, den jungen Menschen »aktiv zuzuhören« und sie »ernst zu nehmen«.

In unserer Praxis als psychiatrische und psychotherapeutische Grundversorger entpuppen sich Motivationsprobleme bei Jugendlichen mit seelischen Problemen indessen als die eigentlichen »harten Nüsse«. Oft erscheinen die zugewiesenen Jugendlichen gar nicht erst in der Sprechstunde (obwohl angemeldet, oder stattdessen erscheinen ihre Eltern), und wenn sie es tun, dann sind sie überaus misstrauisch – vor allem, wenn man ihnen »aktiv zuhört«. Am liebsten schweigen sie. Sie können sich einfach nicht vorstellen, von »uncoolen« Psychofachleuten Hilfe zu erhalten. Nachdem ein 14-Jähriger zu einer Sitzung verpflichtet worden war, erzählte er im Anschluss an die Sitzung seiner alleinerziehenden Mutter: »Das sind alles schräge Typen, diese Psychologen, aber sie haben noch gute Fragen gestellt.« Schließlich gehört es darüber hinaus doch zum guten Ton im Jugendalter, dass man Institutionen gegenüber grundsätzlich misstrauisch ist. Zitat einer 16-Jährigen aus der Hausbesetzerszene, die von ihrem Betreuer zu einer Sitzung »mitgeschleppt« wurde: »Ich kämpfe so abartig gegen das System.«

Es gibt auch Jugendliche, die haben schlicht Angst vor einer Therapie, obwohl es ihnen schlecht geht. Oder sie schämen sich, Hilfe zu benötigen, und möchten ihren Eltern den Aufwand ersparen. Und schließlich gibt es Jugendliche, die »einfach nicht wollen«, obwohl sie eigentlich wollen sollten; denn sie fallen durch ein schwieriges Verhalten auf. In ihrem jungen Leben scheint einiges schiefzulaufen. Misst man den Stand ihrer seelischen Entwicklung, so weicht er unter Umständen erheblich von der Norm ab. Zwar vermögen sie auf der intellektuellen Ebene altersentsprechend mitzuhalten oder gar als auffällig »reif« zu erscheinen, sodass sie in der Schule »klug reden«, gute Noten erzielen oder sich stattdessen in der Verweigerung ihrer Talente sonnen oder sich demonstrativ als Rebellen outen; auf der emotionellen Ebene indessen zeigen sie sich umso verletzlicher und tief gekränkt. Im Verhalten geben sie sich dünnhäutig, impulsiv, dissozial und aggressiv (= *externalisierende* Auffälligkeiten) oder aber zurückgezogen, ängstlich, depressiv und mit allerlei körperlichen Beschwerden behaftet (= *internalisierende* Auffälligkeiten). Und mitunter zeigen sie zwanghafte, bizarr-verschrobene, unkonzentriert-tapsige und von Erwachsenen stark abhängige Verhaltensweisen (= *gemischte* Auffälligkeiten, vgl. Achenbach 1991, in: Petermann 2002, S. 42).

Alles in allem geht man in internationalen Studien davon aus, dass innerhalb eines Beobachtungszeitraums von sechs Monaten etwa 20 % der Kinder und Jugendlichen (jedes fünfte!) von einer psychischen Störung betroffen sind. In der Reihenfolge ihrer Häufigkeit sind es Angst-, dissoziale und hyperkinetische Störungen (BPtK 2008). Doch bietet man diesen jungen Menschen Hilfe an, so sind sie der Meinung, dass sie keiner bedürfen. In den meisten Fällen leiden aber Menschen im Umfeld: Eltern, Geschwister, Peers, Lehrpersonen.

Wahre Familiendiagnostiker

> **Beispiel 6: Elisabeth B. – Störung des Sozialverhaltens**
> Der Therapeutin gegenüber sitzt der Vater und seine 16-jährgige Tochter Elisabeth, die nach Abbruch des 10. Schuljahres völliger Passivität verfiel, ihr junges Leben dem Genuss von Tetrahydrocannabinol unterwarf und ihr in Unordnung geratenes Zimmer nur dann verließ, wenn sie Nachschub benötigte. Ein dritter Stuhl bleibt leer, nachdem sich die Mutter wegen Unpässlichkeiten kurzfristig von der Sitzung abgemeldet hat. Der Vater, Herr Dr. B., sitzt mit übereinandergeschlagenen Beinen und gefalteten Händen da. Seine tadellose Erscheinung lässt vermuten, dass er in dezenten Interieurs zu Hause ist. Zwar vermittelt seine Eleganz auch eine Spur Unverbindlichkeit, sein Stil erweist sich jedoch als überraschend offen, kooperativ und loyal, und seine Sorge um die Tochter ist echt und liebevoll. Er spricht mit gedrückter Stimme und behutsam, als möchte er die Dinge nicht noch mehr durcheinanderbringen, während Elisabeth neben ihm schroff und abweisend wirkt und in keiner Weise Anstalten macht, seinen gut gemeinten Ermahnungen zuzustimmen.

VATER: Wir halten das so einfach nicht mehr aus zu Hause.
ELISABETH (gehässig): Wo ist das Problem? Sag mir, wo ist das Problem?
VATER: Du weißt das ganz genau, Elisabeth ... Du weißt genau, dass Mama nicht mehr arbeiten kann, dass sie sich 24 Stunden lang nur noch mit dir beschäftigt, dass sie ausgelaugt und erschöpft ist ... Dass sie ...
ELISABETH (demonstrativ, Augen rollend, laut): Ist das *mein* Problem?
VATER: Ja ... Das heißt, nicht nur, aber es ist auch dein Problem. Wir können nicht mehr zuschauen, wie du dich immer mehr in deine Bude zurückziehst, kiffst, dich offensichtlich kaputt machst, deine Mutter tyrannisierst, sie anschreist, nicht mehr am familiären Leben teilnimmst, die gemeinsamen Mahlzeiten meidest ... Auch deine Schwester leidet darunter ... Es ist einfach die Zeit gekommen, wo du einsehen musst, dass es so nicht mehr weitergeht ... Und die Ärzte raten dir einen Entzug in der Klinik ...
ELISABETH: Wenn ich in die Klinik muss, dann spring ich zum Fenster raus!
VATER (lange Pause): Sehen sie, Frau Doktor, so geht das daheim zu.
THERAPEUTIN: Hm ...
ELISABETH: Lasst mich einfach in Ruhe! Ist ja *mein* Leben ...
THERAPEUTIN (nach langer Pause): Es ist schon toll, Elisabeth, dass Sie mitgekommen sind. Wie groß ist denn der Anteil, sagen wir in Prozenten, der aus eigenem Antrieb hier sitzt, ich meine, der das selber gewollt hat, hierher zu kommen?
ELISABETH: Keine Ahnung ... Null ... Ich bin nur hier, weil der Vater gesagt hat, ich müsse halt mitkommen ...Weil er mir gedroht hat ...
VATER: Wissen Sie, Frau Doktor, ich habe einfach keine andere Möglichkeit gesehen ... Ich meine, so geht ja auch meine Frau zugrunde ... Am Ende muss dann sie noch ins Spital ... Das muss doch Elisabeth einsehen, dass es so nicht mehr weitergeht ...
ELISABETH (aufgewühlt, mit Tränen in den Augen): Geschlagen hast du mich! Du hast mich geschlagen! ...
VATER: Aber nein, nein ... Ich habe dich nur an den Haaren gezogen, weil ... weil ...
ELISABETH: Ich gehe nicht ins Spital ... Auf keinen Fall ... Lieber spring ich aus dem Fenster!
VATER: Dann lass' dir doch wenigstens helfen!
ELISABETH (steht auf und geht zur Tür): Lasst mich doch in Ruhe! Ich brauche keine Hilfe, ich hab' kein Problem! Ist ja doch alles Scheiße ... (verlässt den Raum, hinter sich die Tür zuknallend).

Bereits diese kurze Sequenz gibt hinsichtlich der Frage, welche Ziele bei der Jugendlichen »energetisiert« sind (Motivation = »energetisiertes« Ziel), Rätsel auf. Was sind die Gründe für ihr (auffälliges) Verhalten? Indem sie sich entscheidet, ohne zu zögern und vorzeitig die Sitzung zu verlassen, stellt sich auch die Frage, weshalb sie überhaupt hergekommen ist (»Wenn ein Mensch keinen Grund hat, etwas zu tun, hat er einen Grund, es nicht zu tun«, vgl. Puntsch 1994, S. 391). Hat sie sich Hoffnungen auf Hilfe gemacht? Wurden diese enttäuscht? Wenn ja, weshalb? Oder war es schlicht eine Mission »Türzuknallen« (»Denen zeig' ich's mal!«)? Oder hat sie sich »zwingen lassen«, um mal zu schauen, was das bringt? Gibt es »unsichtbare« Loyalitäten? Hat das kurze Gespräch etwas verändert? Für wen? Was steuert die Therapeutin durch ihr Handeln bzw. ihre Unterlassungen bei? Was die abwesende Mutter? Was ist die Funktion der Gehässigkeiten? Welche Funktion hat die väterliche Sorge? Welche ICD-Diagnosen treffen (in welchem Kontext) zu? Wie müssen die belastenden Lebensumstände der Jugendlichen erfasst und bewertet werden?

Es findet sich kein archimedischer Punkt, von dem aus sich sagen ließe: »So ist die Wahrheit, nicht anders.« Elisabeth wird die Situation »ganz anders« sehen, unbesehen (oder wegen) ihrer Notlage. Aber weshalb eigentlich? Warum lässt sie sich nicht helfen, obwohl es ihr schlecht geht?

Das Zusammenspiel der unterschiedlichen Faktoren, die eine psychische Regression bewirken können, besser zu verstehen, ist Hoheitsgebiet der klinisch-psychologischen Wissenschaften. Mehr darüber zu erfahren ist umso wichtiger, als von berufener Seite für die nächste Generation eine Häufung der Persönlichkeitsstörungen vorausgesagt wird (Kernberg 2000). Es geht darum, die enorme Subtilität der beteiligten Mechanismen besser zu verstehen: »Man findet Borderline-Störungen in den besten Häusern und organisiertesten Familien ohne jedes Trauma. Es gibt da sehr subtile Beziehungen zwischen Eltern und Kindern, die im Allgemeinen sehr schwer zu erkennen sind. Dann, so glaube ich, gibt es auch genetische, angeborene Dispositionen zu exzessiver Aggression, sodass relativ normale Stressoren primitive Affektdispositionen auslösen können oder – wie Freud es meinte – dass Krankheit eine Kombination von genetisch determinierten angeborenen Dispositionen und von der Umwelt geförderten Auslösefaktoren ist« (Kernberg 2000, S. 84).

Der therapeutisch tätige Kliniker gewinnt indes den aufschlussreichsten Einblick in die »sehr subtilen Beziehungen zwischen Eltern und Kindern« dadurch, dass er den Jugendlichen aufmerksam zuhört. Sie sind die »wahren« Familiendiagnostiker. Je intensiver sie sich »gegen das System« stellen, umso erstaunlicher sind ihre Erkenntnisse »über« das (Familien-)System. Wissenschaftliche Datenerhebung mag objektiv Messbares und Vergleichbares beweisen, doch was das Unverwechselbare und Einzigartige einer spezifischen Familienkonstellation betrifft, das was der subjektiven (Be-)Wertung unterliegt, das erfährt man am ehesten von den »im« System lebenden Jugendlichen – und oft auf pointierte Art.

Mit folgendem Brief ließ sich Elisabeth ohne Weiteres zu einer Einzelsitzung einladen:

Guten Tag Elisabeth,

in der gestrigen Sitzung habe ich Sie als eine energische junge Frau kennengelernt, die umsetzt, was sie sich vornimmt. Von Ihrem Vater habe ich gehört, dass es in der Familie Probleme gebe, und soweit ich es selber beurteilen kann, gibt es möglicherweise mehrere unterschiedliche Probleme und verschiedene Sichtweisen dazu. Aus meiner Perspektive sieht es so aus, als drehte sich die Sache etwas im Kreis herum. Aber vielleicht habe ich es gar nicht richtig verstanden. Ich habe Ihrem Vater gesagt (und möglicherweise hat er Sie bereits darauf angesprochen), dass es für mich, um mir überhaupt ein Bild zu machen, unabdingbar ist, Ihre ganz persönliche Sichtweise, und natürlich auch jene der Mutter, näher kennenzulernen. Wie wichtig Ihnen das erscheint, werden Sie natürlich selbst entscheiden, doch ich versichere Ihnen, dass ich ohne Ihre Unterstützung kaum hilfreich sein kann. Daher bitte ich Sie recht höflich, mit mir Kontakt aufzunehmen, damit wir einen Termin für eine Sitzung unter vier Augen vereinbaren können.

Mit freundlichen Grüßen

Es kommt eine wie verwandelte, zugängliche junge Frau zur Sitzung, deren unerwartet sanfte Haltung zu ihrem schrill-peppigen Äußeren kontrastiert. Mit einer beinahe künstlerischen Leichtigkeit zeichnet sie im Einzelgespräch ein Porträt ihrer Familie, das in keinem wissenschaftlichen Protokoll anzutreffen ist. Obwohl die Bilanz auf ein ziemliches Desaster hinausläuft, kichert die offensichtlich unter Cannabis stehende Frau unablässig, so als würde sie den Plot einer Komödie vorstellen.

6. Aspekte der Therapiemotivation

ELISABETH: Wissen Sie, mein Vater ist gar nicht so, wie er in der Sitzung gewesen ist. Das ist nicht er. Er ist nur so gewesen, weil meine Mutter ... Weil sie hatten vorher Streit. Also mein Vater ist nämlich so ein lieber Papi [kichert] ... Wissen Sie, so ein Papi, mit dem man alles ... der lässt sich einfach alles gefallen, mit dem kann man nun wirklich alles machen. Der ist so lieb, ja irgendwie schnusig [süss]. Der ist so, wie man sagt, völlig unter dem Pantoffel ... weil meine Mutter [kichert]... Und die, also meine Mère [Mutter], die macht einfach, was sie will ... Und ... sie meint, ich wüsste das nicht, aber nur mein Vater und meine Schwester wissen es nicht, sonst wissen sie es doch alle [kichert].

THERAPEUT: Also, das habe ich jetzt nicht ganz verstanden ... entschuldigen Sie bitte, das hab' ich nicht ganz mitgekriegt. Was wissen die?

ELISABETH: Also mein Vater *will* es nicht wissen, weil ich hab's ihm ja gesagt [schaut sich geheimnisvoll-theatralisch im Raum um]. Sie stehen ja unter ... wie sagt man dazu, so unter einem Staatsgeheimnis [kichert] ...

THERAPEUT: Ja, unter einem Berufsgeheimnis, ja, das ist wahr, von Gesetzes wegen stehe ich unter dem Arztgeheimnis.

ELISABETH: Ja, Sie kennen ja vielleicht L. K. [der Name eines bekannten Architekten]?

THERAPEUT: Ja, den Namen hab' ich schon gehört.

ELISABETH: Genau ... Der soll ja auch reich sein (kichert) Aber ich weiß nicht, was meine Mutter an dem findet, ich finde ihn nicht so sexy, also nicht wahr [kichert] ... Also mit dem hat sie ein Verhältnis, und sie glaubt, das wisse niemand. Das ist ja absurd. Sie verbringen das Wochenende im Ferienhaus am Lago Maggiore, und mein Vater hat Angst, es zu wissen, weil dann müsste er ja reagieren, und das wäre dann sicher das Ende ... Weil, wissen Sie, meine Mutter ... also, sie kommt ja aus der Familie ... vielleicht wissen sie es ja [sie spricht den Namen eines bekannten Fabrikanten aus]. Und mein Vater, der ist ja auch erfolgreich, aber eigentlich nur wegen der Mutter, und das wirft sie ihm ja auch vor, sie sagt, dass er ein ... [kichert] ich will's gar nicht sagen, und ich weiß gar nicht, weshalb er sich all das gefallen lässt ... Er ist eben so ein wahnsinnig lieber ... Ich hätte ihr schon längst [macht eine lässige Handbewegung, die den Laufpass symbolisiert] ... Wenn sie meinen Vater so richtig fertigmacht, dann schreie ich sie an und sie schreit mich an und ich schreie wiederum sie an und sie schreit dann mich an und so geht es dann weiter [kichert] ... Aber jemand muss es sagen, finde ich, weil mein Vater, der würde das nie tun, der ist so irgendwie ... Also, der würde das nicht wagen.

THERAPEUT: Darf ich Sie was fragen, Elisabeth, was ganz Persönliches?

ELISABETH: Uh, jetzt wird's wohl peinlich ... Hab' ich was Dummes gesagt? ... Also ja, wenn Sie meinen, es sei wichtig, dann schon [kichert].

THERAPEUT: Wissen Sie, Sie machen mir einen sehr tapferen Eindruck, was Sie da alles wissen und aushalten, und dennoch ... darf ich Sie fragen, bei wem suchen Sie eigentlich Trost, ich meine, wenn es Ihnen mal schlecht geht, zu wem gehen Sie?

ELISABETH: Ja, schon eher zum Vater. Aber nur selten, weil ich möchte ihm ja nicht noch zusätzlich Stress aufladen ... Der hat ja schon genug, und weil ... wenn er so am Whisky nippt [kichert], dann ist's nicht so gut, weil dann ist er ... das hass' ich schon, dann wird er so schleimig, wenn er ... also das hab' ich nicht gern, er wird dann irgendwie so persönlich ... Also, er ist nie besoffen, so richtig, aber ich merk's halt, und das hat man ja nicht so gern, weil er ist ja der Vater ... Aber er hat mir auf jeden Fall nichts vorzuwerfen ... Also, am liebsten bin ich in meinem Zimmer.

THERAPEUT: Und noch eine heiklere Frage. Wem fühlen Sie sich ähnlicher, Ihrem Vater oder Ihrer Mutter?

ELISABETH: Äh, ui ... das ist aber eine schwierige Frage, ich glaube, ich habe von beiden etwas ... Also, meine Schwester, die ist so brav ... wir verstehen uns überhaupt nicht, das nur nebenbei, sie ist das Chouchou meiner Mutter, wissen Sie, macht das Gymnasium und alles läuft super bei ihr ... neulich habe ich ihr zwar eine Ohrfeige verpasst, aber das ist ja egal ... Aber ich glaube schon, dass ich ähnlicher mit ... Dass ich so auch ein bisschen wie meine Mutter bin. Leider, weil ich bin nicht gerade stolz darauf.

THERAPEUT: Sagt denn jemand, dass es nicht so gut ist, ähnlich wie Ihre Mutter zu sein?

ELISABETH: Uh, da sollten Sie Nino [Großvater väterlicherseits] hören, der kann dann vielleicht ... [kichert], also ich habe ein super Verhältnis mit Nino, aber der lebt in Mailand, und wir telefonieren oft, und er ist also gar nicht gut zu sprechen auf meine Mutter, weil sie ... sie mag Nino nicht ... sie sagt, die Familie meines Vaters seien alles Versager ... Das sagt sie einfach so, also wenn sie wütend ist, das ist also schlimm ...

THERAPEUT: Aber sie hat doch Ihren Vater geheiratet, da muss es doch mal anders gewesen sein?

ELISABETH: Ich weiß genau, warum sie ihn geheiratet hat [kichert], sie hat es mir ja auch mal gesagt – nämlich, weil sie Mitleid hat mit ihm ... vielleicht ist er auch der einzige, der meine Mami erträgt, weil die kann ... also, die kann richtig ausrasten, und nachher ist sie wieder depressiv und schluckt kiloweise Medikamente, so antidepressives Zeug oder wie man da sagt, ich weiß ja nicht, ich bin ja noch nicht erwachsen, aber manchmal denke ich, sie ist es auch nicht ...

THERAPEUT: Wäre es denn Ihrer Meinung nach wichtig, Ihre Mutter in eine Therapie einzubeziehen?

ELISABETH: Klar, das Allerwichtigste, aber sie wird doch nicht kommen, oder sie kommt schon, aber sie lässt sich nichts sagen, von niemandem, schon gar nicht von Papa ...

6. Aspekte der Therapiemotivation

So luzide Elisabeth die Familienbeziehungen zusammenbringt, es scheint ihr nicht wirklich bewusst zu sein, welche Rolle sie selbst dabei spielt. Vieles spricht dafür, dass sie »parentifiziert« ist. Mit »Parentifikation« (Boszormenyi-Nagy u. Spark 1981) ist eine Hierarchie- oder Rollenumkehr zwischen Eltern und Kindern gemeint, wo die Generationsgrenzen in Frage gestellt sind. Verzerrungen der subjektiven Wahrnehmung, etwa wenn Eltern kindlich-regressive Wünsche auf ihre Kinder übertragen, und daraus resultierende kollektive Familienerwartungen führen zu Zuschreibungs- und Übernahmeprozessen, die eine Jugendliche in die Rolle eines »Großelternteils« drängt. Einerseits ist sie damit für disziplinierende Maßnahmen unerreichbar, um den Preis allerdings, dass sie andererseits umso fester in »blinde« Verpflichtungen eingebunden ist, die weder abzuschütteln noch einklagbar sind. Parentifiziert werden meist Kinder, die besonders sensibel und fähig zur Empathie sind und daher aus dieser Rolle auch Beachtung schöpfen (Parentifikation ist ein meist unbewusster und wechselseitiger Prozess der Zuschreibung und Aneignung zwischen Eltern und Kindern und nur ausnahmsweise ein Ergebnis von Ausbeutung, sie kann auch als Quelle für soziale Intelligenz dienen, die nicht angeboren, sondern erworben ist, vgl. Frith u. Frith 1999; gerade unter Angehörigen helfender Berufe finden sich gehäuft ehemals parentifizierte Kinder).

Während strukturelle Familientherapeuten, die sich an normativen Modellen orientierten, in der Parentifikation ein dysfunktionales Transaktionsmuster erblickten (»Das elterliche Subsystem ist diejenige familiale Einheit, die die größte Verantwortung für die Führung und Betreuung der Kinder hat«, Minuchin 1981, S. 42) sahen Boszormenyi-Nagy u. Spark (1981) darin nicht per se einen pathologischen Prozess, da der Familienzyklus auch eine »normale« Parentifikation vorsieht – etwa, wenn eine alleinerziehende Mutter, die mit einer schweren Grippe im Bett liegt, von ihrer juvenilen Tochter versorgt und »beeltert« werden muss. Dabei ist die Parentifikation nur vorübergehend und wird im besten Fall von der wieder gesunden Mutter hinreichend honoriert, was zu einer ausgleichenden Würdigung ohne pathologische Entwicklung führt. Krankheitserzeugend kann sich die Parentifikation indessen dann auswirken, wenn sie »blind« und überdauernd geschieht und »wenn sie bei einem Individuum – insbesondere bei einem Kind – psychische Lähmungsmuster verursacht oder aufrechterhält« (ebd., S. 226).

Lobbying für das erfahrene Leid

Der Sonderstatus parentifizierter Jugendlicher geht mit Privilegien und mithin einem (Störungs-)Gewinn einher und trägt dadurch zur Stabilisierung und Perpetuierung prekärer (familiärer) Beziehungsgleichgewichte bei. Ungeachtet dessen findet sich stets auch eine Kehrseite der Medaille: Ein Leidensstatus, der von den betroffenen Jugendliche nur allzu gern verheimlicht, abgespalten, geleugnet, abgestritten oder einfach still ertragen wird. Als ich anlässlich eines Fachvortrags zur Therapie der Magersucht auf die enorme Leidensseite dieser Störung hinwies, meldete sich ein »Praktiker alter Schule« folgenden Sinns zu Wort: »Diese Mädchen wollen doch nichts anderes, als ihre Familie tyrannisieren und so ihre Macht beweisen, und die Psychotherapeuten lassen sich von ihnen an der Nase herumführen.« Diesem Kollegen mangelte es offenbar an der Erfahrung, hinter die Fassade verhaltensgestörter Jugendlicher zu blicken. Im Unterschied zu Kindern oder Erwachsenen tragen Jugendliche ihren Kummer nämlich nicht zur Schau (das ist »in echt nicht cool«), sondern verbergen ihn gekonnt und tun so, als wäre nichts. Oft schlägt bei einem jungen Menschen eine tief depressive Grundstimmung sogar ins Gegenteil: Sie äußert sich als aggressives, unverfrorenes oder herzloses Verhalten. Gelingt es indes, einen Kontext zu schaffen, der das Klagen erlaubt, ohne gleichzeitig riskieren zu müssen, »das Gesicht zu verlieren«, wird der wahre Leidenspegel sichtbar.

Anscheinend ist das Bedürfnis nach einer »normalen« Entwicklung und nach (elterlicher) Unterstützung auch bei verhaltensgestörten Jugendlichen stärker als jenes nach egoistischen Privilegien (einmal abgesehen von den Fällen, wo kriminelle Energien im Spiel sind). Zumindest entspricht es meiner Erfahrung, dass verhaltensauffällige Jugendliche sog. »Störungsgewinne« früher oder später von selbst aufgeben, sofern man ihnen einen »normalen« (familiären) Entwicklungskontext bietet.

Als ein wesentliches Mittel zur therapeutischen Beziehungsgestaltung spreche ich das meist versteckte Leid von Jugendlichen taktvoll – mitunter auch beharrlich – an mit Fragen wie (»Lobbying für das erfahrene Leid«, vgl. Liechti 2008):

- »Möglicherweise siehst du das ganz anders, aber ich finde, dass du ziemlich viel auf deinen Schultern trägst und dass du sehr tapfer bist.«

- »Ich hätte jedes Verständnis, wenn du dich über die Situation beklagen würdest, denn ich selber erlebe sie als extrem belastend, und ich staune nur, wie du das aushältst.«
- »Andere würden sich möglicherweise an deiner Stelle bitter beklagen, und ich würde ihnen sogar recht geben, denn es wiegt schwer, was du da tragen musst. Aber vielleicht siehst du das ganz anders.«

Auch wenn Jugendliche nicht oder nur ungern auf solche Fragen reagieren oder wenn sie das professionelle Bemühen mit Schmollmund quittieren, vollzieht sich in der therapeutischen Beziehung nichtsdestotrotz ein stiller Wandel, der oft nur indirekt über die Kommentare der Eltern erfahrbar ist: »Wir wissen auch nicht, warum es so ist, aber wir stellen einfach fest, dass Elisabeth ohne Widerstand zu Ihnen kommt, wo sie zuvor jede Hilfe abgelehnt hat.«

Ein therapeutisches System, das das Problem der Parentifizierung organisiert und schließlich auflöst (das heißt »unnötig macht«), kann durch folgende Merkmale charakterisiert werden:

- Die parentifizierte Person wird als »(Familien-)Expertin« angesprochen, und ihr Beitrag wird als »systemstabilisierende« Leistung hinreichend gewürdigt (= »constructive entitlement«, vgl. Boszormenyi-Nagy a. Krasner 1986),
- die parentifizierte Person erhält »implizite oder explizite Garantien« dafür, dass nach der Abtretung ihrer Rolle (z. B. an die Therapeutin) die Familie mindestens vergleichbar gut unterstützt und stabilisiert wird,
- die Entwicklung im therapeutischen System lässt klarere Grenzen, offenere Kommunikation, flexibleren Umgang mit Konflikten und demokratische Problemlösungen erkennen.

Menschen sind immer motiviert

Der Beweggrund, sich anderen anzuschließen, ist tief im Menschen verankert und entspringt den »genetisch eingeplanten« Bindungsbeziehungen, die als »offene Programme des Menschen [...] vollkommen darauf angewiesen [sind], im Rahmen von Bindungsbeziehungen eingespielt zu werden« (Grossmann u. Grossmann 2004, S. 63). Das

Bindungs- bzw. Anschlussmotiv entspricht neben anderen Grundmotiven wie jenen nach Kontrolle und Orientierung, Selbstverwirklichung, Selbstwerterhöhung, Lustgewinn bzw. Unlustvermeidung anthropologischen Gegebenheiten. Vom Harvard-Professor Henry Alexander Murray (zitiert in: Heckhausen 1980, S. 280), dem Erfinder des thematischen Apperzeptionstests (TAT, psychodiagnostisches Verfahren zur Aufdeckung latenter Motivstrukturen), wird das Motiv nach Anschluss folgendermaßen umschrieben: »To form friendship and association. To greet, join and live with others. To cooperate and converse sociably with others. To love. To join groups« (»Freundschaft und Gemeinschaft bilden. Andere willkommenheißen, Anteil nehmen, mit anderen zusammenleben. Mit anderen kooperieren und freundlichen Umgang pflegen. Lieben. Sich Gruppen anschließen«, Übers. d. A.).

Bewusst oder unbewusst tragen Menschen immer eine auf physiologische oder psychologische Ziele ausgerichtete Handlungsbereitschaft in sich; das müssen sie auch, denn »das Leben jedes Menschen ist ein nicht abreißender Strom von Aktivitäten« (Heckhausen 1980, S. 1). Solange wir leben, können wir gar nicht anders als atmen, essen, Durst löschen, kontrollieren, Beachtung und Liebe suchen usw., und stets achten wir darauf, ob eines oder mehrere dieser (Grund-)Bedürfnisse verletzt sind. Je mehr dies der Fall ist, d. h., je größer die Bedürfnisspannung, desto motivierter sind wir, nach Spannungsbehebung zu suchen. »Fehlende Motivation« ist daher ein ungenauer Begriff. Wir sind immer auf irgendein Motiv/Ziel hin unterwegs, fragt sich nur: zu welcher Zeit auf welches und wie stark.

Der Behauptung, die Motivation des Menschen sei »nur« das Ergebnis physiologischer Bedürfnisspannungen und habe allein die Funktion, die Homöostase aufrechtzuerhalten, trat der Erfinder der Logotherapie, Viktor Frankl (1982) engagiert entgegen. Die wahre Quelle der Motivation sah er stattdessen in der Selbstüberwindung (Selbst-Transzendenz), das heißt in der »Hingabe an eine Aufgabe, an eine Sache oder an einen Partner« (ebd., S. 87). Das Leiden am Sinnlosigkeitsgefühl, am Verlust des Lebenssinns hat Frankl besonders bei der Jugend diagnostiziert. »Im Gegensatz zum Tier sagt dem Menschen kein Instinkt, was er *muss*, und im Gegensatz zum Menschen in früheren Zeiten sagt ihm keine Tradition mehr, was er *soll* – und nun scheint er nicht mehr recht zu wissen, was er eigentlich *will*« (ebd., S. 16).

Motivation hat zwei Seiten

In der wissenschaftlichen Psychologie wird grundsätzlich eine *intrinsische Motivation* (aus der Tätigkeit selbst erwachsend) von einer *extrinsischen Motivation* (aus dem Ergebnis der Tätigkeit erwachsend) unterschieden. Jemand ist beispielsweise intrinsisch motiviert, ein Selbstsicherheitstraining in der Gruppe zu absolvieren, wenn er (oder sie) durch die Tätigkeit selbst eine positive Erfahrung macht, z. B. Freude am Diskutieren erlebt. Eine andere Konzeption stammt von Michahil Csikszentmihalyi (1975), der Handlungsmotivation dann als intrinsisch definiert, wenn damit ein starkes Flow-Erleben erzeugt wird.

Extrinsische Motivation würde demgegenüber bedeuten, dass die positive Erfahrung im Ziel liegt, etwa eine Belohnung zu erhalten oder Strafe zu vermeiden. Es kommt darauf an, »ob und inwieweit im Erleben des Handelnden zwischen Handeln und dessen Ziel – d. h. dessen Zweck oder Grund – eine sachinhärente Beziehung besteht oder nicht« (Heckhausen 1980, S. 611). Extrinsisch ist eine Familie motiviert, wenn sie in die Therapiesitzung kommt, weil sie dadurch für ihren Sohn, der wegen eines Deliktes in Ungnade gefallen ist, eine Straferleichterung anstrebt.

Schließlich kann auch eine *Fremdmotivation* (z. B. die Jugendrichterin will, dass der Jugendliche in Therapie kommt) von *Eigenmotivation* unterschieden werden (die Jugendliche kommt nach mehreren Panikattacken her, weil sie selbst etwas dagegen unternehmen will).

Bereits Sigmund Freud räumte in seinen Darlegungen zum intrapsychischen, durch die (psychoanalytische) Behandlung in Gang gesetzten »Kräftespiel« als »Triebkraft« der Behandlung größte Bedeutung ein. Zudem machte er darauf aufmerksam, dass im Unterschied zu einem körperlichen Leiden, das mit Schmerzen, Einschränkungen und einem daraus resultierenden Veränderungswunsch einhergeht, der Therapiemotivation bei seelischen Leiden verschiedene Kräfte entgegen wirken (Freud 1982):

»Der nächste Motor der Therapie ist das Leiden des Patienten und sein daraus entspringender Heilungswunsch. Von der Größe dieser Triebkraft zieht sich mancherlei ab, was erst im Laufe der Analyse aufgedeckt wird, vor allem der sekundäre Krankheitsgewinn, aber die Triebkraft selbst muss bis zum Ende der Behandlung erhalten bleiben; jede Besserung ruft eine Verringerung derselben hervor« (ebd., S. 202).

Personelle Faktoren

Bei vielen seelischen Störungen sind Compliance- und Motivationsprobleme »systemimmanent« sowohl mit der Störung selbst wie mit dem Kontext, in welchem sie auftritt, verquickt, wobei zwei Klassen von (interagierenden) Faktoren unterschieden werden: personelle und kontextuelle Faktoren.

Hat sich eine seelische Störung erst einmal entwickelt (z. B. eine schwere depressive Episode eines Kindes im Zusammenhang mit elterlichen Scheidungskonflikten), so kann sich beim späteren Jugendlichen eine Major Depression etablieren – was in 25 % der Fälle in der Tat zutrifft! (vgl. Nevermann u. Reicher 2001), obwohl die auslösenden Scheidungskonflikte nicht mehr vorhanden sind. Mit anderen Worten: Störungen entwickeln mit der Zeit eine Eigendynamik, indem sie sich selbst aufrechterhalten.

Zwei von der Person selbst ausgehende Faktoren spielen dabei eine wichtige Rolle (Ambühl 2004). Zum Ersten die kognitive Bewertung der eigenen Erfahrungen durch die Person selbst, die ihren Alltag durch eine getrübte (z. B. depressive) »Störungsbrille« bewertet (»Ist ja ohnehin alles Scheiße«). Dass die Bewertungen der Dinge und nicht die Dinge selbst die Menschen unglücklich machen, hat bereits der altgriechische Philosoph in römischer Gefangenschaft (Epiktet) entdeckt: »Nicht die Dinge an sich beunruhigen den Menschen, sondern seine Sicht der Dinge.« Auf dieser Erkenntnis ruht das Fundament der kognitiven Therapie (Ellis 1993), die an den daraus resultierenden »kognitiven Irrtümern« arbeitet (Beck 1992). Zum Zweiten entwickeln Menschen mit einer seelischen Störung problematische Strategien, die zwar der kurzfristigen Beruhigung dienen (z. B. Rückzug von belastenden Alltagssituationen bei einer Major Depression, Zwänge), die aber gerade wegen des Beruhigungseffekts immer häufiger eingesetzt werden und mithin die Störung aufrechterhalten (z. B. Angstvermeidungshypothese).

Beispiel 7: Andrin B.
Der 22-jährige Andrin B., der an der Universität Zürich gerade eine Jura-Prüfung mit Bravour bestanden hat, bleibt in seinem Bett liegen, statt nach Chur zu reisen, um an einem Familienfest teilzunehmen. Während er sich zur Prüfungsvorbereitung einer

streng geregelten Arbeitsdisziplin unterzogen hat, befürchtet er jetzt, da er am ersten Morgen nach der Prüfung aufsteht, »in ein schwarzes Loch« zu fallen. Es zieht ihn zurück ins Bett und er verspürt ein drängendes Bedürfnis, vor dem Aufstehen 983 Mal das Vaterunser zu beten. Da er sich mehrmals verzählt, sodass er wieder von vorn beginnen muss, hält ihn das Ritual fast den ganzen Tag auf Trab. Außer dass es sich um eine Primzahl handelt, sieht er keine Affinität gerade zu dieser Zahl. Die Familie macht sich Sorgen wegen des »merkwürdigen« Verhaltens.

Beispiel 8: Priska T.
Die 17-jährige Priska T. entwickelt im Zusammenhang mit belastenden und offensichtlich überfordernden Entwicklungsaufgaben (Berufswahl, Ablösungsproblematik) einen grobschlägigen Schütteltremor beider Unterarme, der es ihr unmöglich macht, sich der Gleichaltrigenwelt oder der Berufswahl zu stellen. Stattdessen erlaubt ihr das »sonderbare« Verhalten, sich in die Kernfamilie zurückzuziehen. Damit ist weder etwas über die kausalen Ursachen der Störung noch über eine bewusste Absicht gesagt, sondern nur über das Konstrukt des Beobachters, der unbewusste Motive postuliert und daraus Faktoren ableitet, die dazu beitragen, dass eine Störung sich nicht abbaut, sondern sich aufrechterhält (sog. »Störungsgewinn«).

Beziehungskontextuelle Faktoren

Seelische Störungen werden zudem durch kontextuelle Faktoren aufrechterhalten, etwa wenn dissoziales Verhalten in der relevanten Peergruppe oder im Familiensystem »belohnt« (bzw. nicht »bestraft«) wird. Dies führt zum wahrscheinlicheren Auftreten des symptomatischen Verhaltens in den entsprechenden Kontexten, nicht aber zu einer Motivation, es (in einer Therapie) aufgeben zu wollen. Störungssymptomatik kann auch in einen engen Zusammenhang mit der Familiendynamik und mit familiären Kommunikationsprozessen treten (z. B. Familientabus, Delegationen, Triangulationen) – beispielsweise, wenn absichtliches Hungern, krankhafte Ängste oder selbstverletzendes Verhalten die elterliche Aufmerksamkeit auf sich ziehen oder wenn aggressives Verhalten die »Familienehre« schützt. Systemische, motivationale und störungsbedingte Faktoren können demzufolge in einen konzeptuellen Zusammenhang gebracht werden, und daraus lassen sich Konsequenzen für die Motivationsverbesserung ziehen.

Determinanten der Therapiemotivation

Erst die »innere« Therapiemotivation bringt die Bereitschaft und Tatkraft ins Spiel, sich mit Hingabe auf eine Therapie einzulassen. So einheitlich das Erleben der eigenen Motivation sein mag – eine Art Willensgefühl –, so vielfältig sind die Konzepte der »Therapiemotivation« in der wissenschaftlichen Literatur. »Therapiemotivation« ist ein hypothetisches Konstrukt, das noch niemand gesehen oder berührt hat. Sie ist weder eine direkt fassbare noch eine »reine« Größe, sondern interagiert mit vielen Faktoren und ist nur mittelbar aus ihrer Wirkung auf andere Therapievariablen zu erschließen, unter anderen aus den folgenden (ergänzt nach Meichenbaum u. Turk 1994):

- der Beginn einer Therapie und die kontinuierliche Teilnahme daran
- der Einbezug signifikanter Bezugspersonen (Eltern, Geschwister, Peers)
- die Einhaltung von therapeutischen Terminen und Nachuntersuchungen
- die korrekte Medikamenteneinnahme sowie engagierte Durchführung von therapeutischen Hausaufgaben
- der aktive Versuch einer Lebensstiländerung (Impulskontrolle, Expositionsübungen, Gewichtszunahme etc.)
- die Kooperationsbemühungen und das Commitment im Umgang mit interpersonellen Konflikten im engsten Umfeld
- die Vermeidung von gesundheitsschädigendem Risikoverhalten

Aus psychologischer Sicht beschreibt Therapiemotivation verschiedene personelle und situative Merkmale, die aktivierenden, energetisierenden oder aber hemmenden Einfluss auf das Ziel einer Therapie haben. Ins Gewicht fallend unter anderem (erweitert nach Meichenbaum u. Turk 1994):

6. Aspekte der Therapiemotivation

- *Patientenmerkmale:* fehlende Krankheitseinsicht, sekundärer Krankheitsgewinn, subjektive Krankheitstheorie, Pessimismus, Vergesslichkeit etc.
- *Familiensystemische Merkmale:* soziokulturelle und ethnische Krankheitstheorien, intrafamiliäre »pathologische« Dreiecksprozesse, Delegationen, prekäre Gleichgewichte etc.
- *Störungsimmanente Merkmale:* Chronizität, Leidensdruck, krankheitsimmanente Belohnungseffekte wie bei der Manie etc.
- *Therapeutische Beziehung:* zu wenig Wärme, zu wenig bzw. zu viel Distanz, akademischer Redestil, fehlende »Systemkompetenz« der Fachperson im Umgang mit dem Mehrpersonensetting etc.
- *Administrativ-organisatorische Merkmale:* Kosten, lange Wartezeiten, zu weiter Weg, unzureichende Betreuung durch die Fachperson, fehlende Kontinuität, zu hohe Komplexität der Behandlung etc.

Um eine (scheinbar) mangelnde in eine hinreichende Therapiemotivation zu verwandeln, sollte dem komplizierten und nur schwer zu entwirrenden Zusammenspiel des Faktorenorchesters in der Praxis genügend Rechnung getragen werden. Das folgende Beispiel von Leander zeigt, wie einem gehemmten Sängerknaben einerseits durch hypnotische Suggestion im Einzelsetting ein Lösungs-»Mechanismus« zur Verbesserung langwieriger Kopfschmerzen in die Hand gespielt wird, und wie der verpflichtende Familienkontext genutzt wird, um die Nachhaltigkeit in der Anwendung der Lösung zu gewährleisten.

Beispiel 9: Leander F.
Der 16-jährige Leander F. wurde uns wegen chronischer Kopfschmerzen vom Mischtyp (Spannungskopfschmerzen, ICD-10, G44.2) zugewiesen, wobei während zweier stationärer Klinikaufenthalte weder klinische noch laborchemische auffällige Befunde erhoben werden konnten.

Das Leiden begann, als der Patient vor drei Jahren seiner schönen Stimme wegen im Schulchor einen Solopart übernehmen sollte, und es hat sich in der Folge soweit verschlimmert, dass er von der Schule dispensiert wurde. Es waren einerseits dauernde Kopfschmerzen, deren Charakter er als Kompression oder aber wie

Messerstiche beschrieb, die vom Scheitel nach okzipital ausstrahlten. Andererseits gab es auch anfallsartige Migränekopfschmerzen ein- bis dreimal pro Woche. Ein engagierter Lehrer unterrichtete den aus gutem Hause stammenden Leander über längere Zeit auf privater Basis. 10 Sitzungen mit autogenem Training haben keine Besserung gebracht. Vermehrter Stress wirkt sich verstärkend auf die Kopfschmerzen aus, während Schlafen und kaltes Wasser halfen. Die Pharmakotherapie mit Dafalgan und Panadol[4] hatte keinen Einfluss auf das Leiden.

Die Eltern wünschen eine Therapie, weil sie nicht mehr zuschauen können, wie sich Leander zu Hause einschließt, »herumhängt«, in den Tag hinein schläft, depressiv wird und nachts nicht schlafen kann. Der 41-jährige Vater ist als Elektroingenieur in hoher Stellung bei den staatlichen Energiewerken angestellt, die 40-jährige Mutter ist Musikerin. Von mütterlicher Seite her ist die Familie wohlhabend. Bei allen bisherigen Hilfeversuchen hat es sich als erschwerend herausgestellt, dass Leander überzeugt war, dass ihm niemand helfen kann. Zur Idee einer längeren stationären psychosomatischen Behandlung stellte er sich quer. Im Folgenden ein Ausschnitt aus einem Gespräch mit Leander, wo es um eben diese Überzeugungen ging.

THERAPEUT: Wer in der Familie leidet am meisten?
LEANDER: Die Eltern.
THERAPEUT: Würden Ihre Eltern, wenn sie jetzt hier sitzen würden, das Gleiche sagen?
LEANDER: Nein. Sie würden sagen, am meisten leide ich.
THERAPEUT: Aha. Und das sehen Sie anders?
LEANDER: Ja. Weil ich habe mich an die Kopfschmerzen gewöhnt.
THERAPEUT: Aha? Wie haben Sie das geschafft ... Ich meine, wie haben Sie das gemacht, dass Sie sich daran gewöhnt haben?
LEANDER: Das ist halt so gekommen, so mit der Zeit, weil ja niemand helfen kann.
THERAPEUT: Eben, das meine ich, Leander ... Weil niemand helfen kann, so helfen Sie sich selbst.
LEANDER: Hm.
THERAPEUT: Wissen Sie, was ein Dimmer ist?
LEANDER: Ja, klar.

---

4 Dafalgan und Panadol sind Schmerzmittel mit dem Wirkstoff Paracetamol.

6. Aspekte der Therapiemotivation

THERAPEUT: Könnte es sein, dass Sie so einen Dimmer im Kopf haben?
LEANDER: Wie meinen Sie das?
THERAPEUT: Einen Dimmer, mit dem kann man ja den Strom regulieren, sodass es heller oder dunkler wird im Raum. Vielleicht haben Sie, ohne es zu wissen, so einen Dimmer im Kopf und drehen ihn rauf und runter.
LEANDER: Ach so. Das ist aber eine komische Vorstellung.
THERAPEUT: Ist nicht Ihr Vater Elektroingenieur?
LEANDER: Ja.
THERAPEUT: Das liegt wohl etwas in der Familie – eben das Talent mit dem Strom?
LEANDER (lacht verlegen): Äh ...
THERAPEUT: Ja. Sicher, offensichtlich ... Darf ich Ihnen eine komische Frage stellen?
LEANDER: Ja.
THERAPEUT: Nehmen wir an, das heutige Kopfweh wäre auf einer Skala von 1 bis 10, wo 10 gerade die jetzige Kopfwehstärke bedeutet ... das wäre jetzt gerade so auf 10, was denken Sie, wie lange müssen Sie am Dimmer drehen, bis es auf 5 ist, das Kopfweh?
LEANDER: Das weiß ich nicht.
THERAPEUT: Eher 10 Jahre oder eher 10 Monate?
LEANDER: Äh ... Das ist schwer zu sagen ... Eher 10 Monate, hoffe ich.
THERAPEUT: Okay, vielleicht auch mehr ... Vielleicht auch weniger. Was wäre denn anders, wenn Sie es im Griff hätten, ich meine, wenn sie den Dimmer im Griff hätten?
LEANDER: Also ... es wäre dann irgendwie ... irgendwie nicht mehr da.
THERAPEUT: Okay, das leuchtet ein. Wissen Sie, diese Idee vom Dimmer ... Da hat man in der Neuroforschung gesehen, dass es tatsächlich so was gibt. Natürlich nicht so ein Apparat [zeigt es mit den Händen, Leander muss lachen] ... Aber in Form von so kleinen Zellen, Netzwerke sagt man dazu, Neuronetzwerke. Da gibt's solche, die funktionieren wie ein Dimmer ... Möchten Sie lernen, wie man solche Kopf-Dimmer betätigt?
LEANDER: Vielleicht ... Warum nicht ... Man kann's ja mal ausprobieren.

Zur einer der nächsten Sitzungen brachte der Vater einen Dimmer mit, einen »Thyristorsteller«, wie er erklärte, »der den Effektivwert der Netzwechselspannung verringert«. Alle Zeichen deuteten darauf hin, dass dadurch die Reaktanz von Leander nicht größer, sondern kleiner wurde. Mit den Eltern wurde eine Frist von sechs Monaten ausgehandelt, wo deutliche Fortschritte erzielt werden sollen, ehe andernfalls eine psychiatrische stationäre Abklärung folgen würde (sog. »Ordeal«, vgl. Kap. 7). Nachdem auch die Eltern die neue Zielformulierung »Leander kann lernen, mithilfe des Dimmers die Kopfschmerzen zu regulieren« gegenüber dem Defektmodell »Das Kopfweh muss weg« den Vorzug gegeben hatten, ging Leander ans Werk, die Frist zu nutzen. Teils wurde in entspannten »Minitrancen« gearbeitet, wo er auch über seine Ängste zu sprechen begann. Drei Monate später schloss er sich einem jugendlichen Gruppenangebot »Selbstsicherheit« an, wo er sich mit Gleichaltrigen traf. Kopfschmerzen waren immer seltener ein Thema. Unterdessen belegte Leander im Gymnasium den Kurs für Musikinteressierte.

Bekannte Konzepte der Veränderungsmotivation

Motivationale Gesprächsführung

Motivationale Gesprächsführung bezweckt die Verbesserung der Therapiemotivation bzw. den Abbau von Ängsten und Reaktanz. Das Konzept von Meichenbaum u. Turk (1994) zur »Förderung von Therapiemotivation« bezieht sich vor allem auf somatische Patienten, gilt aber in angepasster Form auch für die Psychotherapie. Wohl zu Recht betrachten die Autoren die Therapiemotivation als einen Teil der Gesundheitsversorgung.

Die Autoren unterscheiden zudem Motivation und Compliance. Unter Motivation verstehen sie das intrinsische, von einem Jugendlichen aktiv und bewusst gesuchte Engagement in die Therapie, d. h., sich anzustrengen, selbst einen Prozess der Veränderung einzuleiten und aktiv an der Verbesserung der Lebenssituation mitzuarbeiten. Davon grenzen sie Compliance ab, das Befolgen therapeutischer Verordnungen wie etwa das Führen eines Verhaltensprotokolls oder die Medikamenteneinnahme. Auch Compliance muss man unter Umständen erst herstellen. Beide Konzepte, Motivation und Compliance sind nicht unabhängig voneinander, indem die Compliance umso besser oder schlechter ist – je nachdem, wie viel intrinsische bzw. extrinsische Motivation im Spiel ist.

Meichenbaum u. Turk (1994) stufen die Motivation als ein vordringliches Ziel jeder Therapie ein und bringen einleuchtende und für das helfende Gespräch wohl fundamentale Empfehlungen in Form von »10 Geboten« vor (S. 182–188):

1. Antizipieren Sie die Therapiemotivation!
2. Nehmen Sie die Perspektive des Patienten ein!
3. Pflegen Sie einen kooperativen Stil!
4. Verhalten Sie sich patientenorientiert!
5. Gestalten Sie die Behandlung individuell!
6. Aktivieren Sie die familiäre Unterstützung!
7. Behandeln Sie kontinuierlich und flexibel!
8. Ziehen Sie weitere Therapeuten hinzu!
9. Wiederholen Sie alles!
10. Geben Sie niemals auf!

Bleiben diese Empfehlungen noch im Vagen, so ist immerhin im Kontrast zur häufigen Vernachlässigung des Themas der konsequente Fokus und die Überzeugung bemerkenswert, dass »der Mangel an therapeutischer Mitwirkung des Patienten ... eine wichtige Ursache für den therapeutischen Misserfolg« darstellt (ebd., S. 9).

Motivation und Selbstmanagement

Einen wichtigen Stellenwert nimmt die Therapiemotivation auch im Selbstmanagement-Ansatz von Kanfer et al. (1991) ein, der für die klinische Praxis die hochgradige Kontext- bzw. Situationsspezifität der Therapiemotivation sowie deren prinzipielle Variablität und Dynamik über die Zeit betont (ebd., S. 65). Auch wird erkannt, dass »intrinsische« Motivation für die Therapie zwar dem Wunschszenario entspricht, dass eine »extrinsische« Motivation indessen nicht minder hilfreich sein kann (»Ich komme, aber nur euch zuliebe«), um überhaupt einen Anfang zu machen, wobei sich im Verlaufe der Therapie selbstorganisierende Beweggründe herausbilden sollten. So wissen auch Eltern, die ihr Kind nachhaltig zum Gitarrenspiel anhalten wollen, dass zu Beginn und nach einem anfänglichen Strohfeuer eine kontinuierliche extrinsische Verstärkung nötig ist, bis sich dann (vielleicht) die Lust am Spiel selbst einstellt. Der »Kanfer-Ansatz« basiert auf folgenden motivierenden Prinzipien (ebd., S. 213):

- *Motivierung durch Maximierung des Ausmaßes an persönlicher Kontrolle beim Klienten:* Gewichtung auf Commitments und Selbstbeteiligung des Klienten am Therapieprozess, sodass Therapie zur eigenen Sache wird
- *Selbstgesetzte Ziele als Motivationsquelle:* Eigenverantwortung in Bezug auf Zielwahl stärken

- *Motivieren durch Steigerung von »self-efficacy«:* die Erfahrung von Selbstwirksamkeit durch kleine erfolgreiche Schritte ermöglichen
- *Motivieren durch Selbststeuerung und Selbstmotivation des Verhaltens:* herausfordernde Gesprächsführung und Fragetechniken einsetzen
- *Motivieren durch maximale Transparenz:* Vorgehen und einzelne Therapieschritte transparent machen, sodass die Klienten sich im Sinn eines Commitments dazu »bekennen« können
- *Motivieren durch das Prinzip der Freiwilligkeit:* Freiwilligkeit setzt voraus, dass die Klienten das Recht und die Chance haben, die Therapie jederzeit abzubrechen
- *Motivieren durch die Reduktion von Demoralisierung:* sichere Bindung anbieten und eine optimistische Sichtweise vertreten, ohne zu viel zu versprechen

Motivation und kognitive Vorbereitung
Im Zusammenhang mit der Reizkonfrontationstherapie bei Phobien beschreiben Fiegenbaum et al. (1992) das Verfahren der »kognitiven Vorbereitung«, das sich nicht nur bei Phobien, sondern bei allen Störungen als sinnvoll und notwendig erweist. Es wird angewendet, *bevor* der Patient der Reizkonfrontation ausgesetzt wird, und daher ist es als eine tatsächliche, ein bis vier Sitzungen in Anspruch nehmende Vorbereitung der eigentlichen Therapie konzipiert. Dem Patienten soll ein überzeugendes Erklärungsmodell der Störung angeboten werden, an dessen Nützlichkeit er glauben kann. Bei der Vermittlung der Information achtet man auf eine »systemimmanente Gesprächsführung«, d. h., der Therapeut versetzt sich in das kognitive und affektive System des Patienten, um die wissenschaftlichen Erklärungsmodelle soweit mit subjektiven Annahmen des Patienten anzureichern, bis beide, also die wissenschaftliche und subjektive Perspektive vereinbar sind. Denn »werden die wissenschaftlichen Erklärungen und die subjektiven Überzeugungen des Patienten nicht aufeinander abgestimmt, können das Erklärungs- und Veränderungsmodell, trotz ihrer wissenschaftlichen Fundierung, den Patienten kaum überzeugen; er wird die Reizkonfrontation ablehnen« (Fiegenbaum u. Tuschen 2003, S. 414). Bei der »kognitiven Vorbereitung« werden 4 Kriterien als wichtig erachtet (ebd., S. 90–108):

- *Plausibilität:* Regeln der Logik beachten, indem die Argumentation nachvollziehbar, logisch und stringent ist, sowie die Überzeugungen und Vorerfahrungen des Klienten nutzen.
- *Kompatibilität:* Widersprüche zu den Überzeugungen des Klienten vermeiden und auf dessen Vorerfahrungen aufbauen.
- *Perspektivität:* die bisherigen Therapieerfahrungen erfragen, da die Erwartung einer »langen« Therapie zu einer langen Therapie führen kann und umgekehrt; dabei müssen natürlich auch die Therapieform sowie die Erkrankungsart berücksichtigt und bisherige Lösungsversuche einbezogen werden.
- *Nicht-Falsifizierbarkeit:* alle möglichen Ausgänge der Therapie in Betracht ziehen und eine Vielzahl von Varianten des Vorgehens abdecken, damit das Erklärungsmodell weder durch bisherige noch zukünftige Erfahrungen widerlegt und stattdessen im Realitätstest überprüft werden kann. (Eine bulimische Patientin: »Heißt das, wenn ich bei Ihnen in Therapie komme, dass ich dann nie mehr erbrechen muss?« Eine durch die Patientin leicht falsifizierbare Antwort des Therapeuten würde lauten: »Ja genau, in etwa einem Jahr sollten Sie beschwerdefrei sein.« Die Therapeutin wagt sich dabei weit auf den Ast hinaus, der dann auch abbrechen kann. Eine nichtfalsifizierbare Antwort kann demgegenüber folgendermaßen heißen: »Nein, das heißt es nicht, denn das Ergebnis einer Therapie ist von vielen Faktoren abhängig, unter anderem auch davon, wie ausdauernd Sie bereit sind, neue Verhaltensweisen einzuüben.«)

Motivierende Gesprächsführung

Ein Konzept, das gleichermaßen vom selbstbestimmenden, autonomen Selbst ausgeht, ist die »motivierende Gesprächsführung« (Miller u. Rollnick 1999). Es handelt sich um ein »direktives, klientenzentriertes Beratungskonzept zur Lösung ambivalenter Einstellungen gegenüber Verhaltensänderungen« (S. 11). Es wurzelt in der Tradition der humanistischen Psychotherapie, wobei es sich von der Roger'schen nondirektiven Konzeption durch ein direktiveres Vorgehen unterscheidet. Mit dieser Methode sollen Abhängige ermutigt werden, ihre krankmachenden Konsumgewohnheiten zu verändern. Vieles erinnert dabei an die systemisch-lösungsorientierte Psychotherapie, etwa die Vorstellung von Widerstand als Ausdruck eines Problems des Therapeuten, der das Denken und Handeln des Klienten noch nicht zutreffend verstanden hat (Walter u. Peller 1996). Das Modell beruht auf 5 Prinzipien, die wie folgt beschrieben werden (S. 67–74):

1. *Empathie ausdrücken:* Akzeptanz erleichtert Veränderung, aktives Zuhören ist unentbehrlich.
2. *Diskrepanz entwickeln:* Das Bewusstsein über Konsequenzen des Verhaltens ist wichtig, eine Diskrepanz zwischen dem derzeitigen Verhalten und wichtigen Zielen fördert die Veränderungsbereitschaft; der Klient sollte die Argumente zur Veränderung selbst liefern.
3. *Beweisführung vermeiden:* Beweisführungen sind kontraproduktiv; Vorwürfe erzeugen Abwehr; Widerstand ist ein Signal, die Strategie zu ändern; Etikettierungen sind unnötig.
4. *Den Widerstand aufnehmen:* Impulse des Klienten können positiv genutzt werden; Wahrnehmungen können umgelenkt werden; neue Sichtweisen werden vorgestellt, nicht vorgeschrieben; Klienten sind kompetente Ratgeber bei Lösungen von Problemen.
5. *Selbstwirksamkeit fördern:* Der Glaube an die Möglichkeit, sich verändern zu können, ist eine wichtige Motivationsquelle; der Klient ist für die Entscheidung zur Veränderung und ihre Durchführung verantwortlich; das große Angebot an alternativen Behandlungsmethoden macht Mut.

Motivation und Selbstbestimmung
Wie andere Motivationstheorien basiert auch die Selbstbestimmungstheorie der Motivation (Deci a. Ryan 1985) auf der Vorstellung, dass Menschen dann motiviert sind, wenn sie etwas erreichen wollen (Intentionalität, absichtsvolles Handeln). Neu daran ist aber, dass sie Handeln nicht nur danach einteilt, ob es motiviert ist oder nicht, sondern zusätzlich nach dem Grad der Selbstbestimmung, sodass sich dimensionale Übergänge zwischen »heteronomer Kontrolle« und »Selbstbestimmung« als Extrempunkte ergeben. Die Theorie gründet auf der Überzeugung, dass Menschen ein angeborenes Bedürfnis haben, ihre Umwelt selbstbestimmend (intrinsisch) und ohne Anleitung von außen zu erforschen, zu verstehen und zu assimilieren. Forschungsergebnisse lassen die Vermutung zu, dass »die Unterstützung von Kompetenz- und Autonomieerfahrungen durch die soziale Umgebung eine wichtige Bedingung darstellt, um intrinsische

Motivation herzustellen und aufrechtzuerhalten« (Deci u. Ryan 1993, S. 224–238).

Diese Sicht steht im Kontrast zu früheren Ansichten, die dahin weisen, dass jugendliches Streben vor allem auf Unabhängigkeit und Loslösung von den Eltern ausgerichtet sei und dass infolgedessen elterliche Kontrollen den selbstregulatorischen und autonomen Fähigkeiten des Jugendlichen hinderlich seien (Blos 1978). Dankbare Zielscheiben für Unterstellungen dieser Art sind die Mütter, die angeblich unfähig seien, ihrem Kind genügend Liebe zu gewähren, es ruhig wachsen und sich entwickeln zu lassen und es stattdessen in seinem Gedeihen behindern (Jores 1981). Vor dem Hintergrund zeitgleicher Ablösungskonflikte findet sich genügend Nahrung für diese Behauptung, solange man bereit ist, Ursachen und Wirkungen entsprechend zu verbiegen. Ungeachtet dessen stellt die Bindungsforschung richtig: »Konzeptuell ist eine ausgewogene Balance von Autonomie und Verbundenheit in der Beziehung des Jugendlichen zum jeweiligen Elternteil vergleichbar mit der Balance von Bindungsverhalten und selbstbestimmter Exploration in der Kindheit« (Grossmann u. Grossmann 2004, S. 473).

7. Hilfebeziehung und therapeutisches Handwerk

»Denn wer hört uns je in aller Welt zu, ob Freund und Lehrer, Bruder, Vater, Mutter, ob Schwester, Nachbar, ob Herr oder Knecht? Hört der Berater uns zu? Die eigene Frau, der eigene Mann, die uns am nächsten stehen? Zu wem kann jemand sagen: Hier bin ich! Sieh die Nacktheit, sieh hier Wunden, geheimes Leid, Enttäuschung, Zagen, Schmerz, unsagbarer Kummer, Angst, Verlassenheit! Hör einen Tag mich, eine Stunde bloß, nur einen Augenblick an, auf dass ich nicht vergehe im Grauen wilder Einsamkeit! O Gott, ist niemand da, der mir zuhört ...«

Lucius Annaeus Seneca, genannt Seneca der Jüngere
(in: Delhees 1994, S. 233)

Mobilisierung von Selbstheilungssystemen

Von zwei professionellen Helfern begleitet kam die 15-jährige Karin O. in meine Praxis. Sie konnte dem Besuch immerhin einen gewissen Reiz der Abwechslung zur geschlossenen Abteilung im Jugendheim abgewinnen. Zuvor gab es einen regen Telefon- und Aktenverkehr mit Behörden und den Verantwortlichen des Jugendheimes. Das Register von leidvollen Erfahrungen, Straftaten, behördlichen Einweisungen und engagierten Helferbemühungen war beachtlich. Es wurde ein Auftrag formuliert abzuklären, wie weit eine Psychotherapie unter Einbezug der geschiedenen Eltern bei Karin O. durchführbar ist. Es folgten verschiedene Sitzungen, teils mit resignierten Helfern, teils mit uninteressierten Eltern, ihrerseits Opfer von Broken-home-Erfahrungen, verärgerten Verwandten und teils mit einer unnahbaren Jugendlichen, die mich einmal physisch bedrohte und ein anderes Mal den Therapieraum durchs Fenster verließ, um an ihren Begleitern vorbei auf Tour zu gehen. Meine Versuche, einen positiven Beitrag zu leisten, scheiterten auf der ganzen Linie, und die »Therapie« versickerte im Nichts, d. h., eine Therapie kam gar nicht zustande. Ein Jahr später kam mir zu Ohren, dass Karin O. wieder in Haft war, nachdem sie in einer Jugendanstalt Feuer gelegt hatte. Das war 1994.

Zwölf Jahre später erhielt ich von Karin O. einen Brief. Sie bat um einen Termin, um »alte Dinge in Ordnung zu bringen«, und wir vereinbarten ein Treffen in einem nahen Café. Nach zweimaligem Hinschauen erkannte ich im Gesicht der erwachsenen Frau die Züge des Mädchens von damals. Unterdessen lebte sie zurückgezogen in einem lesbischen Verhältnis, arbeitete als Hilfspflegerin in einem Spital und hatte eine spirituelle Begegnung in einer Gruppe.

Sicher ist dieser Verlauf nicht typisch für schwere, bereits im frühen Kindesalter beginnende Störungen. Aber alle Profis werden bestätigen, dass solcherart »Wunder« existieren. Von Natur aus verfügen Menschen über ein kraftvolles psychophysisches therapeutisches System (Orlinsky et al. 1994), das über die Person hinausreicht und das sich in psychischen und sozialen Selbstheilungsprozessen manifestiert. Dem Psychotherapeuten kommt dabei die Rolle des »Ressourcen orchestrierenden Regisseurs« zu.

Welche Mittel stehen dem »Regisseur« dabei zu Gebote? Es ist in erster Linie die menschliche Beziehung, und dann noch ein bisschen Handwerk. Die in diesem Kapitel erörterten Methoden sind eine Auswahl. Für weitergehende methodische Erörterungen verweise ich auf Lehr- und Handbücher der systemischen Therapie.

Systemisches Modell

Der reale und professionell gelenkte Einbezug eines Problemsystems in die Therapie und dessen Orchestrierung als Therapiesystem schafft für einen jugendlichen Menschen mit einer seelischen Problematik neue Entwicklungsbedingungen mit veränderten Anreiz- und Motivationssystemen. Im Umgang mit Jugendlichen vermitteln systemische Modelle »praktische Theorie«. Die Zusammenstellung eines theoretischen Minimalkonsenses zur systemischen Therapie lässt folgende Aussagen zu (von Sydow 2008, S. 263):

1. »Jeder Mensch steht zu seiner Umwelt in einer Wechselwirkungsbeziehung.
2. Menschen können nur unter Berücksichtigung ihres Lebenskontexts angemessen verstanden werden.
3. Wechselwirkungsprozesse treten nicht nur zwischen zwei Mitgliedern eines Familiensystems auf, sondern zwischen allen Elementen (Personen, Beziehungen) eines Familiensystems sowie wichtiger außerfamiliärer Systeme.

4. In allen länger dauernden Beziehungen entwickeln sich dauerhafte Interaktionsmuster, die sich verfestigen. Eine zirkuläre Betrachtung von Interaktionen erscheint häufig nützlicher als eine lineare Sichtweise.
5. Orientiert am gemäßigten Konstruktivismus muss unterschieden werden zwischen ›harten Daten‹ (intersubjektive Einigkeit ist herstellbar, z. B. bezüglich des Gehalts) und ›weichen Daten‹ (sie sind rein subjektiv, z. B. die Bedeutung des Gehalts; Stierlin 1997).
6. Therapeuten und Forscher können – trotz aller Bemühungen um Neutralität – nie völlig neutral oder objektiv sein, da sie selbst Teile des Systems sind.«

Therapeutische Haltungen

Die Familientherapie als Türöffner für die Mehrpersonentherapie entwickelte historisch gesehen neben der parteilichen Haltung im Einzelsetting zwei zusätzliche Haltungen: Allparteilichkeit und Neutralität.

Die allparteiliche Haltung

Diese therapeutische Haltung entspricht einer inneren »Freiheit, nacheinander die Partei eines jeden Familienmitgliedes zu ergreifen« (Boszormenyi-Nagy u. Spark 1981, S. 404), ohne zugleich anderen gegenüber illoyal zu sein. Die Fachperson nimmt in dieser Haltung vorübergehend Parteinahmen, Koalitionen oder Bündnisse in Kauf. Dabei ist sie in der Lage, »die Partei eines Mitglieds zu ergreifen und dann nacheinander die der anderen Mitglieder ... (sie) darf sich dem Anspruch irgendeines Mitglieds auf Verdienst oder Gerechtigkeit nicht verschließen« (ebd., S. 404). Das Wesen dieser Haltung ist ihre Anbindung an das Prozessgeschehen. Der Therapeut ergreift zu allen Anwesenden in unterschiedlichen Sitzungsabschnitten, zu unterschiedlichen Themen in unterschiedlicher Weise Partei und vermeidet zugleich stabile Koalitionsbildungen. Am Schluss der Sitzung haben alle Anwesenden die Erfahrung gemacht, von der Fachperson persönlich und inhaltlich vertreten zu werden. In Anbetracht dessen, dass die empathische, feinfühlige, warmherzige und verlässliche Therapiebeziehung als »sichere Therapiebasis« eines der wichtigsten und empirisch vielfach bestätigten Wirkprinzipien der Psychotherapie darstellt (Znoj 2005), ist die allparteiliche Haltung vielleicht die wichtigste (Balance-)Haltung im gesamten Therapieprozess, und ganz bestimmt stellt sie die höchsten Ansprüche an die Fähigkeiten der Fachperson.

Die neutrale Haltung

»Neutralität« im engeren Sinn der strategisch-konstruktivistischen Systemtherapie wird durch die Distanz schaffende Technik des zirkulären Fragens hergestellt und bedarf in der Regel eines gleichzeitig arbeitenden (Supervisions-)Teams, das sich wechselseitig daraufhin kontrolliert, dass keine einseitigen Bündnisse mit Familienmitgliedern eingegangen werden, dass keine direkte Machtausübung geschieht oder moralische Bewertungen geäußert werden; erfolgreiche Neutralität in diesem Sinn geht damit einher, »that the therapist is allied with everyone and no one at the same time« (»dass der Therapeut zur selben Zeit mit allen und mit keinem verbündet ist«, Übers. d. A.) (Palazzoli Selvini et al. 1980, S. 12). Im Unterschied zur Allparteilichkeit misst sich die neutrale Haltung gerade daran, dass sich die Fachperson allenfalls nur mit dem »System« verbündet, nicht aber mit dessen Mitgliedern, sodass am Schluss niemand den Eindruck hat, sie sei parteiisch für andere.

Die Therapiebeziehung steht im Zentrum

»Wirkliches Sorgen und echte Verpflichtung sowie Empathie und Mitschwingen (resonance) auf der einen Seite, das Vermeiden herabsetzender Kommunikation auf der anderen Seite, das ist essenziell für den therapeutischen Erfolg! Ich denke, die Technik an sich ist nicht sehr wichtig«, sagte der international renommierte Psychotherapieforscher Hans Hermann Strupp (1921–2006) zum Thema, wie man eine therapeutische Beziehung gestaltet (Hain 2001, S. 137). Er war es auch, der in den 1970er Jahren ein verblüffendes Experiment durchgeführt hat. Eine Gruppe von Patienten wurde von hoch qualifizierten Professoren der Psychotherapie behandelt, eine andere Gruppe von Mathematikern, Philosophen oder Englischprofessoren, die aufgrund ihrer Fähigkeit ausgewählt wurden, verständnis- und vertrauensvolle Beziehungen zu knüpfen. Die Resultate zeigten, dass beide Gruppen vergleichbar erfolgreich waren. Dies war einer der ersten empirischen Belege dafür, dass – neben störungsspezifischen Hilfen – verlässliche, vertrauensvolle und feinfühlige Beziehungen heilsam sind.

Für den einflussreichen amerikanischen Psychiater und Psychotherapieforscher Jerome D. Frank (1909–2005) beruht die Wirkung von Psychotherapie auf der Induktion von Remoralisierung und Besserungshoffnungen, und er ging davon aus, dass Psychotherapie auf vier Säulen basiert (Frank 1981):

1) das Angebot eines professionellen Settings, das kompetente Hilfe erwarten lässt,
2) ein plausibles Erklärungsmodell des vorgebrachten Problems,
3) eine dazu konsistente Behandlungsmethode und
4) eine sichere therapeutische Beziehung.

Je vertrauensvoller sich ein hilfesuchender Mensch auf diese vier Säulen abstützen kann, ein desto besseres Therapieergebnis ist nach Frank zu erwarten.

Ein Patient erlebt umso eher Besserungshoffnungen, je mehr er im Kontext der Therapiebeziehung bei der Berufsperson auf Akzeptanz, Respekt und Authentizität stößt (Rogers 1981). Das Erleben von Wohlwollen, Achtung und (Bindungs-)Sicherheit sind nachgewiesene Ingredienzien einer tragenden Therapiebeziehung als Voraussetzung für die Bereitschaft, sich der Realität zu stellen. »Ohne echte Vertrauensbasis wird es niemals möglich sein, echte Risiken einzugehen, und wirkliche Veränderungen werden ausbleiben« (Bandler et al. 1999, S. 20). Ähnlich lautete auch die Quintessenz der Psychoanalytikerin Dr. Margarete Wettstein-Doepfner, die mir bei einer Jugendlichentherapie mit Rat und Tat beigestanden war. Fast zeitgleich mit dieser Zusammenarbeit sagte sie in einem Interview zur ihrem 100-jährigen Geburtstag (Der Bund 07.05.98, S. 27), Psychotherapie lasse sich auf »das Erfassen eines Konfliktes reduzieren – und auf die Unterstützung des Klienten bei dessen Versuch, mit diesem Konflikt umzugehen und damit leben zu lernen«. Empirischen Sukkurs erhielt die Hypothese der Therapiebeziehung als ein zentraler Wirkfaktor durch das »Generic Model of Psychotherapy« (Orlinsky u. Howard 1986).

Wie aber kann die Begegnung zwischen hilfesuchenden und hilfespendenden Menschen modelliert werden?

Vier Helfermodelle

Während der ursprünglich aus Deutschland stammende, englische Persönlichkeitsforscher Hans Jürgen Eysenck (1916–1997) in der persönlichen Beziehung bestenfalls etwas Nützliches, nicht aber wirklich Notwendiges für den Therapieerfolg sah (Margraf 2003), vertrat Carl Rogers (1902–1987) die entgegengesetzte Meinung, indem er in der »klientenzentrierten« (später: »personenzentrierten«) Beziehung und schließlich in der »Begegnung« zwischen Menschen (»encounter person to person«) das heilende Element erblickte (Rogers 2000; Schmid 2002). Damit rückte er die menschliche Beziehung, die personale Begegnung als wirksames Agens ins Zentrum.

In den 1980er Jahren führte der Sozialpsychologe Philip Brickman et al. (1982) eine Untersuchung zur Attribution von Verantwortung im Zusammenhang mit Problembewältigung durch. Durch Selbstattribution mittels Fragebogen gelang es in signifikanter Weise, Hilfesuchende in vier Modelle einzuteilen – je nachdem, ob sich die Menschen stark oder schwach verantwortlich für die Problementstehung oder Lösungsentwicklung fühlten (Abb. 3).

		Selbstattribution der Lösungsverantwortung	
		hoch	niedrig
Selbstattribution der Problemverantwortung	hoch	**MORALISCHES MODELL** Veränderungsmotivation: gemischt (Selbstdisziplin) fit: passt als »Besucher«	**AUFKLÄRUNGSMODELL** Veränderungsmotivation: extrinsisch (Scham, Schuld, Angst) fit: passt als »Klagender«
	niedrig	**KOMPENSATORISCHES MODELL** Veränderungsmotivation: intrinsisch (= optimale Therapiemotivation) fit: passt als »Kunde«	**MEDIZINISCHES MODELL** Veränderungsmotivation: keine (= klassischer Patient im »Defektmodell«) fit: passt als »Patient«

Abb. 3: Hilfemodelle (abgeändert nach Brickman et al. 1982)

Die Problemorientierung betont die Vergangenheit und war in den Untersuchungen mit Schuldgefühlen assoziiert, während die Lösungsorientierung in die Zukunft weist und mit optimistischen Kontrollgefühlen einherging. Die vier Modelle von Helferbeziehungen fanden einige empirische Unterstützung, und es sieht so aus, dass sich zunehmend das kompensatorische Modell durchsetzt.

Das moralische Modell
Hohe Problem- und hohe Lösungsverantwortung
Mit »moralisch« wird nicht auf eine allgemeine Moral verwiesen (alle diese Modelle sind moralisch), sondern auf eine Haltung, die viel Wert auf Eigenverantwortung und Selbstdisziplin legt. In diesem Modell fühlen sich Menschen für Ereignisse verantwortlich, über die sie eigentlich keine Kontrolle haben. Eltern fühlen sich schuldig für die Entwicklung einer Magersucht ihrer Tochter. Gleichzeitig sind sie motiviert, die Verantwortung für Lösungen zu übernehmen, indem sie zu Hause Gewichtskontrollen durchführen. Ein junger Patient mit Zwängen fühlt sich verantwortlich für den Kummer, den er seinen Eltern verursacht, ist aber auch bereit, Verantwortung für die Lösung zu übernehmen, die ihm bessere Abgrenzung zu den Eltern erlaubt. Ungeachtet der Strapazen, die jemand auf sich nimmt, um ein Problem zu bewältigen, empfindet er in diesem Modell bereits dessen Existenz als Beweis einer Niederlage. Scham- und Schuldgefühle herrschen vor.

Vorteile des Modells: Es spornt Menschen an, ihre Probleme anzupacken, statt herumzusitzen und auf Hilfe zu warten. Auch schöpft es die eigenen Ressourcen aus.

Nachteile des Modells: Es schreibt Menschen Verantwortungen zu, über die sie keine Kontrolle haben (z. B. die multifaktoriellen Gegebenheiten bei einer Major Depression).

Einfluss auf die Therapiemotivation: gemischt, teils extrinsische Motivation (Abbau von Schuldgefühlen), teils intrinsische Motivation (Eigeninitiative).

Das Aufklärungsmodell
Hohe Problem- und niedrige Lösungsverantwortung
In diesem Modell fühlen sich Menschen einem Problem völlig ausgeliefert und verharren dabei ohne den geringsten Lösungsanspruch – die Last der Schuld liegt auf ihren Schultern. Weil die Verantwortung für die Lösung beim Helfer verortet wird, riskieren Menschen in diesem Modell Abhängigkeiten. Die Lösung kann nur so lange funktionieren, wie die Beziehung zur Helferperson aufrechterhalten wird (dieses Modell wird etwa von strenggläubigen Gruppen übernommen).

Vorteile des Modells: Entlastung von Lösungsverantwortung und Unterordnung unter ein Behandlungsprozedere (z. B. Anonyme Alkoholiker). Wenn jemand jahrelang erfolglos eine Bulimie oder die Symptome einer Borderlinestörung bekämpfte, kann es befreiend wirken, die Lösung seines Problems an eine »höhere Macht« zu delegieren.

Nachteile des Modells: Es verhindert Neugierde und eigene Lösungskompetenzen und führt zu Abhängigkeit (von Therapeuten, Institutionen, Medikamenten, Wunderheilungen).

Einfluss auf die Therapiemotivation: Dieses Modell fördert die Motivation zu klagen, aber noch nicht, das Problem auch zu lösen.

Das medizinische (Defekt-)Modell
Niedrige Problem- und niedrige Lösungsverantwortung
Das Modell erlaubt, Hilfe anzunehmen, ohne sich für die Problementstehung schuldig zu fühlen. Im Gegenteil: Es geht mit dem Anspruch auf bestmögliche Hilfe einher, ohne selber viel dazu beizutragen. Die Verantwortung für das Problem und für eine passende Lösung wird bei diesem Modell externalisiert und den Experten überlassen.

Vorteile des Modells: Es erlaubt den Menschen, Hilfe anzunehmen ohne Gesichtsverlust, ohne Scham-, Schuld- oder Minderwertigkeitsgefühle (ganze Berufsstände einschließlich der Psychiatrie leben davon).

Nachteile des Modells: In diesem Modell sind Hilfesuchende hilflose, passive Wesen, die Hilfe von Experten erwarten. Es impliziert dadurch auch einen Verwöhnungseffekt, indem die eigenen Ressourcen ungenutzt bleiben. Traditionell geschulte Ärzte unterstützen durch ihr Kommunikationsverhalten dieses Modell (statt den Patienten Lösungsverantwortung zuzuweisen, sprechen sie im Arztgespräch am meisten, unterbrechen die Patienten und bestimmen die Inhalte).

Einfluss auf die Therapiemotivation: Statt einer Bereitschaft zu Eigenleistungen fördert es die Anspruchshaltung (»Arzt und Helfer«).

Das kompensatorische Modell
Niedrige Problem- und hohe Lösungsverantwortung
Dieses Modell setzt auf die Lösungskompetenzen und Selbstkontrolle und schützt vor Scham- und Schuldgefühlen. Eine Lösungsorientierung scheint Selbstwirksamkeit, Kreativität und Gesundheit zu stärken (Empowerment) und bietet sich daher als das Wunschmodell moderner, lösungsorientierter Psychotherapien an. Dabei richtet sich das Ziel der Therapie darauf, Lösungskonstruktionen statt Problemkonstruktionen aufzubauen (Walter u. Peller 1996). Hilfe zur Selbsthilfe wird favorisiert; der amerikanische Priester und Anwalt der schwarzen

Bevölkerung Jesse Jackson sagte: »Du bist nicht verantwortlich dafür, dass du unten bist, aber du bist verantwortlich dafür, dass du nach oben kommst.« Und weiter: »Beide, Tränen und Schweiß, sind nass und salzig, aber sie haben unterschiedliche Folgen. Tränen bringen dir Sympathie, Schweiß dagegen Veränderung« (Brickman et al. 1982, S. 372).

Vorteile des Modells: Es gewährt dem Hilfe suchenden Menschen den Respekt, indem es an dessen Ressourcen ansetzt. Hilfebeiträge sind nur vermittelnd, nicht entmündigend. Der lösungsorientierte Mensch verbucht die Lösung selbstwertdienlich dem eigenen Konto.

Nachteile des Modells: Es kann Menschen zum »Troubleshooting« verleiten, indem sie sich dank ihrer Kompetenz in die Lösung aller Probleme der Welt knien (Helfersyndrom). Untersuchungen zeigen, dass sich in dieser Kategorie gehäuft Menschen mit einer Typ-A-Stressverarbeitung (hohes Herzinfarktrisiko) sowie solche mit einem Burnout-Syndrom befinden (Brickman et al. 1982, S. 372).

Einfluss auf die Therapiemotivation: Es mobilisiert eigene Lösungskompetenzen und entspricht der Wunschmotivation in der (lösungsorientierten) Psychotherapie.

Systemkompetenz

Menschen mit hoher Selbstattribution von Lösungsverantwortung (moralisches und kompensatorisches Modell) scheinen vermehrt mit hoher Selbstkompetenz ausgestattet zu sein als Menschen mit niedriger Lösungsattribution (medizinisches und Aufklärungsmodell, vgl. Brickman 1982). Daraus folgt, dass erfolgreiche Therapeuten über Kompetenzen und Verfahren verfügen, Hilfesuchenden das kompensatorische Modell zu vermitteln und Lösungsverantwortung und Lösungskompetenz zuzuweisen statt Schuldgefühle.

Sich in Mehrpersonentherapien zurechtzufinden und den Anforderungen eines »triadischen« oder »n-adischen« Settings zu genügen und nicht Schaden anzurichten, erfordert ein »Navigieren beim Driften« (Simon u. Weber 2006). Navigation ist nautische Wissenschaft und Handwerkskunst, die es sich zur Aufgabe macht, ein Schiff mit angemessenem Aufwand sicher, zügig und effizient an ein definiertes Ziel zu bringen. Es ist Wissenschaft, Kunst und Handwerk zugleich, und dabei treffen sich Theorie- und Methodenwissen, praktisches

Handwerk, Erfahrung und Intuition. Sie impliziert eine Lenkungsdimension, viel Gespür, ein theoretisches Rüstzeug, viel Spielraum für die Interpretation und vor allem praxisbasierte Erfahrung. Hierzu kann man folgende anzustrebenden Fähigkeiten speziell erwähnen:

- Ein professionelles Handeln (»Navigieren«) unter den »Bedingungen von Prozesshaftigkeit (nichtlineare Eigendynamik), Komplexität, Vernetztheit, Intransparenz, begrenzter Vorhersagbarkeit, eingeschränkter Steuerbarkeit, Ambiguität, offener und nicht selten widersprüchlicher Zielzustände« (Schiepek 1999, S. 417),
- ein multilateral anschlussfähiger Kommunikationsstil (sprachliche Ressourcen),
- eine Fähigkeit, die subjektive Krankheits- und Störungstheorien der Hilfesuchenden mit wissenschaftlichen Fakten sowie Erklärungsmodelle mit einem Veränderungsfokus zu verbinden,
- eine Bereitschaft, Verantwortung für die initiierten Prozesse zu übernehmen,
- eine Fähigkeit, unter erheblichen Spannungen kooperative Beziehungen zu stiften und aufrechtzuerhalten und
- einen Umgang mit Situationen mit gemischter Motivation (Nichtmotivation, extrinsischer, intrinsischer, Fremd- und Eigenmotivation, Reaktanz).

Systemische Problembeschreibungen

Der Mensch ist nicht nur das einzige Wesen, das sich durch das Sprechen in Schwierigkeiten bringen kann (Hayakawa 1981), sondern auch das einzige, das sich durch die Sprache vielfältiger Probleme entledigt – ja, er ist überhaupt das einzige Wesen, das über eine syntaktisch hoch komplexe Sprache verfügt, wodurch es sich von allen anderen dieser Erde unterscheidet (Roth 2002). Die Sprache ermöglicht es ihm, im Zusammenhang mit Problemen differenzierte (Lösungs-)Modelle zu konstruieren und anzuwenden. Bereits dem Kind ist das Sprechen eine ebenso natürliche Tätigkeit wie das Gehen und es besitzt ein »blindes« Wissen über seine Sprachgrammatik, die es ihm erlaubt, korrekt zu sprechen, ohne sich der befolgten Regeln bewusst zu sein. Erst in der Schule muss es sie mühsam Schritt für Schritt erarbeiten, und es ist nicht ungewöhnlich, dass es im Sprachunterricht an einer Grammatikprüfung scheitert, während es seinen Eltern gegenüber die ungenügende Leistung clever zu seinen Gunsten schönredet. Das Kind beherrscht bereits eine vielschichtige Sprache, während seine nächsten Verwandten, die Primaten, es auch unter besten Lernvoraussetzungen nur auf ein Niveau bringen, welches das Kind mit drei Jahren hinter sich gelassen hat.

Psychotherapie ist eine Methode, menschliche Veränderungen zu bewirken, und Psychotherapeuten haben zu diesem Zweck die Fähigkeit erworben, achtsam zuzuhören und passgenau zu reden. Was allerdings »achtsam« oder »passend« heißt, kann nur situativ beantwortet werden.

Die systemische Problembeschreibung ist das sprachliche Mittel, um ein Problemsystem in ein therapeutisches System zu transformieren. Dabei werden subjektive Annahmen der Patienten mit wissenschaftlich fundierten Informationen – einerseits beziehungsrelevante (systemische) und andererseits störungsrelevante Informationen – angereichert, bis für die Hilfesuchenden beides, eine wissenschaftliche Fundierung und ihre subjektive Perspektive miteinander vereinbar sind und zueinander passen (Fiegenbaum u. Tuschen 2003). Dabei wird eine hohe Transparenz des therapeutischen Vorgehens angestrebt. Ziel ist eine (soweit wie möglich) intrinsische Motivation, sodass die Hilfesuchenden nicht nur im Detail wissen, welche Art der Therapie sie erwartet, sondern diese auch wollen, weil sie verstanden haben, dass sie ihnen nützt und weil sie damit die Therapie zu ihrer eigenen Sache machen (ebd.).

Mit folgenden Attributen trägt eine systemische Problembeschreibung zur Passung zwischen subjektiven, interpersonellen und wissenschaftlichen Information bei:

- Strukturelle Äquivalenz
- Signifikanz
- Vernetztheit
- Patientin als Expertin
- Positive Erfahrung
- Attributionsgewohnheiten
- Mehrung von Optionen

Strukturelle Äquivalenz

Sie bildet die Problemsituation der Hilfesuchenden (»Landkarte«) in Übereinstimmung mit der »Problemlandschaft« ab (Dynamik von Teufelskreisen, Dilemmata, Ängste, Vermeidungsbedürfnisse etc.).

Beispiel 10: »Den Karren aus dem Dreck ziehen«
Eine Therapeutin sitzt Eltern gegenüber, die sich heftig wegen ihres hyperkinetischen Sohnes streiten (der Sohn ist nicht dabei). Die Mutter beklagt sich bitter darüber, dass der Vater seiner Verantwortung nicht nachkomme. Indem der Vater beteuert, dass er mithelfen wolle, den »Karren aus dem Dreck zu ziehen«, meint er weiter, »aber wissen Sie, ich kann tun, was ich will, es ist bestimmt immer das Falsche!« Die Therapeutin nimmt die Metapher auf: »Das ist ein gutes Bild, und ich möchte Sie beide fragen, wie das denn vonstatten gehen könnte, den Karren aus dem Dreck zu ziehen?« Worauf die Mutter antwortet: »Ja, ich stehe vor dem Karren, und ich fühle mich sehr allein da ... denn mein Mann [zeigt mit einem Blick auf ihn] steht nicht vor dem Karren, er liegt irgendwo daneben oder ist auf dem Tennisplatz ... und er lässt mich den Karren alleine ziehen!« Der Vater rollt die Augen und seufzt vorwurfsvoll.

Das Wunderbare an Metaphern besteht darin, dass man sie auf virtuose Weise weiterentwickeln und zur Passung bringen kann. Aber man kann damit auch Schiffbruch erleiden, und um diesem vorzubeugen, sollte man auf strukturelle Äquivalenz achten. Das Gegenstück der Äquivalenz ist die Verzerrung (engl. »bias«). Für die Ist-Beschreibung eines symmetrischen interparentalen Konflikts muss die Metapher strukturell vergleichbar (äquivalent) sein; Therapeutin: »Verstehe ich richtig, Sie haben als Eltern im Grunde dasselbe Ziel, nämlich den Karren des kranken Sohnes aus dem Dreck zu ziehen, doch es gibt zur Zeit noch Unterschiede in der Beurteilung, wann und wie das genau geschehen soll?« Mutter: »Ich weiß nicht, ob er wirklich dasselbe Ziel hat.« Therapeutin (zur Mutter): »Ist es Ihnen wichtig genug, Ihren Mann darauf anzusprechen, ihn gleich direkt zu fragen?« Mutter (zum Vater): »Möchtest du denn wirklich mithelfen, den Karren aus dem Dreck zu ziehen?« Vater: »Deshalb bin ich ja hier. Es wäre für mich eine Niederlage, wenn das nicht gelingen würde!« Therapeutin zur

Mutter: »Gesetzt den Fall, Ihr Mann meint das im tiefsten Herzen ernst, dass er tatsächlich vorn am Karren mitziehen will, hätte er denn eine Chance, es zu versuchen?« Mutter: »Ja, sicher. Aber bisher habe ich nicht viel davon gesehen.« Therapeutin: »Woran würden Sie denn erkennen, dass er es ernst meint?«

Signifikanz

Um die Aufmerksamkeit auf eine neue und lösungsfokussierte Sichtweise zu richten, verwenden Therapeuten Problem- und Lösungsbeschreibungen, die für die Hilfesuchenden »von Bedeutung« (signifikant, salient) sind. Will man Menschen zu einer Verhaltensänderung motivieren, so bietet man ihnen Erklärungs- und Veränderungsmodelle an, die der allgemeinen Logik nicht widersprechen, die ihnen zugleich aber auch einleuchten (plausibel sind), weil sie sowohl mit ihren Vorstellungen konsistent sind als auch ein überraschendes Element einführen (z. B. ein Reframing).

Beispiel 11: Johann V.

Der Vater des 17-jährigen Johann V., der vom Jugendgericht wegen rechtsextremer Umtriebigkeit und unerlaubten Waffenbesitzes zu einer Maßnahme (Therapie) angehalten worden war, schimpfte über seinen anwesenden Sohn. Als ein in der Lokalpolitik engagierter, nicht unbekannter »Baulöwe«, kam ihm die jugendgerichtliche Auseinandersetzung ungelegen: »Wenn ich mich so verhalten hätte wie er, dann hätte mich mein Vater gleich erschossen!« Der kahl rasierte Sohn saß mit ausgestreckten Beinen scheinbar unberührt daneben und ließ seine Kaumuskulatur spielen. Zwischen Vater und Sohn saß die bekümmerte Mutter, die Tasche auf dem Schoß. Sie sagte kein Wort und harrte der Dinge, die zu Hause wohl explodiert wären. Therapeut (zum Vater): »Sie sind Besitzer des Baugeschäftes N., nicht wahr? Sie sind ein Unternehmer?« Der Vater bestätigte etwas verwundert ob des Themenwechsels. Therapeut: »Darf ich fragen, existieren andere Unternehmer in der Familie?« Diese Frage löste vollends eine ziemliche Verwirrung aus. Dann sagte die Mutter: »Ja, ein Großonkel von Johann hat in Spanien eine Schokoladenfabrik.« Daraufhin kamen noch weitere »Unternehmer« zum Vorschein, was die Spannungen etwas lockerte. Therapeut: »Kann man sagen, Herr N., darf man sagen, Johann hat einiges unternommen, um uns hier zusammenzuführen, in einem gewissen Sinn ist er auch ein Unternehmer, allerdings sollten wir noch davon reden, in welcher Branche er in Zukunft investieren will.« Dieser Richtung des Gesprächs konnte auch Johann zustimmen.

Vernetztheit
Eine wirksame systemische Problembeschreibung »kontextualisiert« das Problem und bringt es damit in einen dem Individuum übergeordneten Funktionszusammenhang. So spielt sich das Leben eines jugendlichen Menschen, der stiehlt und die Schule schwänzt, nicht in isolierten Kausalketten ab, sondern unterliegt einem Ganzheitsprinzip, das besagt, dass das Ganze etwas anderes ist als die Summe der Teile.

Ein dramatisches Beispiel systemischer Vernetztheit menschlicher Schicksale bietet der in der Psychologie gut bekannte und wissenschaftlich unter den Reaktanzphänomenen untersuchte »Romeo-und-Julia-Effekt«, der sich einstellt, wenn Eltern eine Liebe ihrer Kinder verbieten wollen. Die Liebesgefühle werden umso intensiver, je mehr die Freiheit der Beziehung bedroht wird. Analog dazu sind immer noch jene Kekse am besten, die man nicht bekommen kann (»Hard-to-get-Phänomen« (Walster et al. 1973). In der shakespeareschen Originalvorlage finden Julia Montague und Romeo Capulet trotz (oder wegen?) der interfamiliären Fehde zusammen, und es entwickelt sich daraus eine innige Liebe, die sich in dem Maß dem Doppelselbstmord nähert, je heftiger die Eltern sie zu verhindern trachten.

Beispiel 12: Maja M. und »das alte Haus von Rocky Docky«
Dasselbe Schicksal, wenn auch mit optimistischerem Ausgang, ereilte die Familie M. Die Eltern suchten uns auf, nachdem ihre 17-jährige Tochter Maja nach Streitigkeiten das Elternhaus demonstrativ verlassen hatte und bei einem um zehn Jahre älteren drogensüchtigen, HIV-positiven Mann eingezogen war. Ehe die Eltern, die sich für die noch minderjährige Tochter verantwortlich fühlten, das Gesetz einschalten wollten, suchten sie bei uns Rat. Ihre Empörung galt dem fast dreißigjährigen Mann, den sie als

einen Vagabunden bezeichneten, der ihrer Meinung nach ihre Tochter verführte und ausbeutete; machte sie ihm darüber hinaus doch noch gratis den Haushalt. Doch vollends den Schlaf raubte ihnen die Befürchtung einer Ansteckung mit Drogen und Aids, und infolgedessen drängten sie auf rasches Handeln. Umgekehrt schienen sie für die naheliegende Hypothese, das Risikoverhalten der Tochter in einen Zusammenhang mit der Ablösung zu stellen, blind zu sein.

MUTTER (nachdem beide Eltern die Situation von Maja geschildert hatten): Und ... äh ... Ja, wir machen uns große Sorgen wegen Maja. Das ist jetzt drei Monate her, und sie hat sich damals nicht einmal verabschiedet ... Vermutlich hat er (Majas älterer Freund) ihr das verboten. Darf er das denn? Wir haben ja nichts geregelt, gar nichts, ich meine, wir bringen ihr jede Woche einen Koffer mit der frischen Wäsche ... Aber auch da sehen wir sie nicht, stellen den Koffer einfach vor die Tür ...

VATER: Und wenn man da neben der Tür in die Wohnung ... äh ... also, das ist so ein altes Holzhaus, heruntergekommen ... und neben der Tür hat's ein Fenster, und wenn man da hineinschaut ... das ist alles dunkel, schmutzig ... und einmal hat uns ein Hund angebellt ...

MUTTER: Nur Angst haben wir ... Und wir haben ihr alles geboten. Als Nachzüglerin hat sie in der Familie viel mehr Rechte gehabt, als ihre Geschwister zu ihrer Zeit gehabt haben. Damals waren wir ja auch noch in Argentinien, und alles ist viel schwieriger gewesen.

VATER: Und jetzt bin ich ja pensioniert ... Aber die Frage ist ja, was wir tun können. Unser ältester Sohn lebt im Moment in den USA und die mittlere Tochter meint, wir sollen einfach abwarten, das werde sich schon ergeben ... Aber ein Bekannter von uns, der als ehemaliger Chefarzt jetzt auch pensioniert ist, hat uns geraten, die Polizei einzuschalten. Und ein anderer Bekannter, der lange bei der Staatsanwaltschaft gearbeitet hat, sagte uns, das nütze nichts, weil die Polizei da nichts machen könne, außer ein Protokoll aufzunehmen. Er hat uns stattdessen geraten, uns bei Ihnen zu melden.

MUTTER: Aber wir kennen nicht einmal die Handynummer von Maja, sie hat sie geändert ... und die von diesem ... drogensüchtigen Mann ... kennen wir auch nicht.

THERAPEUT: Und wie wissen Sie denn, dass es Zeit ist für frische Wäsche?

MUTTER: Wir bringen den Koffer einfach hin, mit frischer Wäsche, immer am Freitag, dann steht der andere Koffer neben der Tür, wenn wir hinkommen, mit der schmutzigen Wäsche ...

> THERAPEUT: Das heißt, Sie haben so ... hm ... die Funktion einer ... äh ... eines »Wäsche-Kuriers«?
> MUTTER (Tränen in den Augen): Das ist ja das Einzige, das wir noch tun können ... dass sie zumindest frische Wäsche hat ... dass sie sich nicht noch ansteckt ...
> VATER: Und etwas Obst, wir legen ihr zu unterst etwas Obst hinein ...
> THERAPEUT: Ja, Sie machen sich sorgen, und Sie möchten alles in Ihrer Macht Stehende tun. Sie sind die Eltern, und fühlen sich verantwortlich. Hm, und die Frage ist jetzt, tun Sie alles, oder könnte mehr ... oder vielleicht auch etwas anderes getan werden. Verstehe ich Sie richtig?
> VATER: Ja, genau so ist es, wir möchten wissen, was man da noch tun kann.
> MUTTER (weint jetzt heftiger, nimmt vom Therapeuten eine Handvoll angebotener Papiertaschentücher an, schnäuzt sich ausgiebig, während der Vater sein zusammengelegtes Taschentuch wieder versorgt, ohne dass es die Beachtung der Mutter gefunden hätte; er macht einen sichtlich verlegenen Eindruck) ...

Die Arbeit an den Zielen darf umso weniger vernachlässigt werden, als Ziele und der Umgang damit für das subjektive Wohlbefinden des Menschen von entscheidender Bedeutung sind. Die zielpsychologische Grundlagenforschung weist auf Zusammenhänge zwischen subjektiven Zielen, Wohlbefinden und pathologischer Entwicklung hin (Brunstein u. Maier 2002). Motivation als Triebfeder des Handelns impliziert sowohl eine Absicht (ein Ziel, also das was man tun will) wie auch eine Anstrengung (Energie, nach Heider 1958). Bei näherer Betrachtung deckt eine Zielperspektive unterschiedliche Aspekte auf, die zu berücksichtigen für den Erfolg der Therapie entscheidend sind. Übereinstimmungen bestehen zwischen Wohlbefinden und (modifiziert nach Brunstein u. Maier 2002):

- intrinsischen Zielen (extrinsische Ziele schwächen die Motivation),
- positiven oder Annäherungszielen (negative oder Vermeidungsziele werden naturgemäß nie erreicht, sind energetisch aufwendig, weil sie einen unablässig auf Trab halten und überlassen das Gesetz des Handelns dem Klienten),
- realistischen, konkreten und erreichbaren Zielen,
- Zieloptimismus (eine pessimistische Zieleinstellung lähmt die Motivation),

- Ziel-Commitment bzw. Selbstverpflichtung (die Fremdverpflichtung auf ein Ziel nährt allenfalls die extrinsische und Fremdmotivation),
- Zielerreichung als Erleben von Selbstwirksamkeit.

Zu diesen Aspekten kommen im Mehrpersonensetting der Systemtherapie interpersonelle Zielkonflikte hinzu:

- Zwischen Maja und ihren Eltern behindern sich die Ziele gegenseitig oder schließen sich gänzlich aus (Majas Ziel »Selbstbestimmung« konkurriert mit dem Ziel der Eltern »Alles zum Alten zurück«), sodass das konsekutive Zielverhalten beider Seiten zur Stabilisierung des »Problemsystems« führt.

Wie kommt es, dass die 17-jährige, hoffnungsvolle Maja »das alte Haus von Rocky Docky« dem »guten« Elternhaus vorzieht? In seinen Darlegungen zum »Romeo-und-Julia-Effekt« stellt Robert B. Cialdini (2001) die Vermutung an, »ein Romantiker würde vielleicht sagen, es habe sich eben um den seltenen Fall einer vollkommenen Liebe gehandelt« (S. 306). Die wissenschaftliche Psychologie sieht dies aufgrund der Ergebnisse empirischer Studien etwas nüchterner, da diese zeigen, dass »bei einer Zunahme der Einmischungsversuche der Eltern auch die Liebe des Paares intensiviert wurde. Ließen die Störmanöver der Eltern nach, kam es zu einer Abkühlung der Gefühle« (Driscoll et al. 1972, zit. in: Cialdini 2001, S. 306).

Im nächsten Wäschekoffer haben die Eltern eine Notiz hinterlegt, dass dies vorerst der letzte sei, bis sich Maja beim Therapeuten gemeldet hat. Der Anruf ließ nicht lange auf sich warten (Ironie des Schicksals: fünf Jahre nach Abschluss der Therapie erhalte ich von Maja eine CD per Post zugesandt mit eigenen Songs, die sie aufgenommen hat; einer darunter hieß: »Hard to get«). Zurück zu den Aspekten gut passender systemischer Problembeschreibungen.

Patientin als Expertin
Systemische Problembeschreibungen machen deutlich, dass die Hilfesuchenden die Experten ihrer Situation sind (Therapeut: »Sie wissen am besten, was für Sie gut ist und welche Ziele Sie erreichen möchten ... Ich kann Ihnen behilflich sein, den Weg dorthin zu finden, und ich kann Sie zudem auf mögliche Fallen aufmerksam machen«).

7. Hilfebeziehung und therapeutisches Handwerk

Positive Erfahrung

Systemische Problembeschreibungen kreieren einen Bedeutungsrahmen, der den Hilfesuchenden positive Erfahrungen ermöglicht (positive Konnotierungen, Zukunftsorientierung, Orientierung an den Ressourcen der Menschen statt an den Defiziten). Das in der Sozialpsychologie abgehandelte »Kongruenzprinzip« (Stroebe et al. 1996) besagt, dass Menschen in einem positiven Gemütszustand positive Informationen wesentlich effizienter verarbeiten als negative – und umgekehrt. Positive Stimmungszustände führen zu wohlwollenderen Urteilen. Diese wiederum führen zu positiven Reaktionen aus der sozialen Umwelt (Spirale prosozialen Verhaltens). Negative Stimmungszustände führen zu misstrauischen Urteilen. Diese ihrerseits führen zu negativen Reaktionen aus der Umwelt (Spirale antisozialen Verhaltens).

Attributionsgewohnheiten

Mittels Perspektivenwechsel (Reframing) operieren systemische Problembeschreibungen mit veränderter (je nachdem interne oder externe) Zuschreibung von Problemursachen, wobei es das Ziel ist, den Hilfesuchenden durch angemessene Attributionen neue Erfahrungen von Selbstwirksamkeit und Verantwortungsübernahme einerseits und andererseits eine Gelassenheit, Dekulpabilisierung, Deidealisierung und das »Aushalten« schicksalhafter Gegebenheiten zu ermöglichen.

> **Beispiel 13: Saskia P.**
> Die depressive, selbstunsichere 17-jährige Saskia P. hat das Einstellungsgespräch für eine Lehrstelle verpatzt und schildert die Erfahrung so: »Irgendwie habe ich es gewusst, dass es so kommen musste, und als ich im Vorraum die beiden Mitbewerberinnen gesehen habe, war mir klar, dass die besser sind als ich. Sie waren irgendwie selbstsicherer und sie haben gemerkt, dass ich nervös bin und haben mich aufgemuntert. Das hat mir einerseits gutgetan, andererseits aber auch betrübt, weil ich einmal mehr merkte, dass ich die einzige bin, die das nötig hat.« Statt Trost zu spenden (externe Attribution der Niederlage) attribuiert der Therapeut die Risikobereitschaft der Jugendlichen (intern-variable Attribution): »Ja, man kann das so sehen, was mich allerdings mehr erstaunt und auch beeindruckt, das ist, dass Sie sich trotz allem dem Risiko

stellen, dass Sie den normalen Ängsten nicht nachgeben und die Suche nicht aufgeben. Sie sind selbstkritisch und haben in diesem Fall Mut bewiesen. Und langfristig ist *das* die entscheidende Begabung für den Lebenserfolg.«

Mehrung von Optionen
Systemische Problembeschreibungen generieren neue Sichtweisen und Perspektiven (Reframings), differenzieren scheinbar unlösbare Probleme in lösbare.

Wenn es in polarisierten Situationen zwischen Eltern oder zwischen Eltern und Jugendlichen schwierig ist, Lösungsoptionen zu generieren, ohne zugleich von der einen oder anderen Seite trianguliert zu werden, so bietet sich die Methode der »Pendeldiplomatie« an. Es lassen sich zwei Varianten unterscheiden, wobei beide darauf abzielen, ein »Drehbuch« neuer gemeinsamer Erfahrungen zu erstellen, die als Kristallisationskern für kooperative Selbstorganisation dienen. Die Idee ist, dass dadurch eine Spirale positiver Fakten in Gang gesetzt wird (die Macht des Faktischen wird genutzt):

1. *Methode symmetrischer Kreditangebote*: Die Therapeutin »pendelt« zwischen Eltern und Jugendlichen hin und her (Go-between-Rolle, Einzelgespräche) und bewegt beide Seiten zu kleinen Zugeständnissen (»Welche kleinen Zugeständnisse könnten Sie selber machen, damit es für Ihre Tochter/für den Vater attraktiver wird, ebenfalls ein Entgegenkommen zu zeigen?«, »Wie müssten Sie diese Zugeständnisse sichtbar machen, damit sie richtig verstanden werden?«).
2. *Einseitig den »guten Willen« dokumentieren*: Die Therapeutin verhandelt mit der Seite, die (mehr) unter Leidensdruck steht und daher eher am Wandel interessiert ist (zur Mutter: »Gesetzt den Fall, Sie würden heute Abend keine Vorwürfe machen, einfach den Moment aushalten, vielleicht ein freundliches Wort sagen und damit ihren guten Willen dokumentieren, was hätte das für eine Wirkung auf Ihren Sohn? Was sind die Gründe für Ihre Vermutung?«).

Praktische Lösungen
Systemische Problembeschreibungen bieten eine Anleitung zum Handeln an (Operationalisierung), sodass neue sinnliche, expositionelle Erfahrungen gemacht werden können. Unter anderem die Verhaltenstherapie hat hierzu gut evaluierte Manuale entwickelt, die unter der Bedingung hinreichender Motivation gute Ergebnisse zeitigen.

Systemische Problembeschreibungen bedienen sich selbstredend *sprachlicher Mittel* und bringen die *Kompetenz und Neutralität* bzw. Allparteilichkeit des Therapeuten zum Ausdruck.

Bei der Vermittlung der Information versetzt sich der Therapeut empathisch in das kognitive und affektive System der Hilfesuchenden und achtet bei der Umsetzung auf »positive Quittierungen« seitens der Menschen – sei es in Form von Kopfnicken oder zustimmenden Sätzen wie »Ja, das leuchtet mir ein« oder »Aha, so hab' ich es mir nie überlegt« oder »Jetzt verstehe ich besser, weshalb sich Nadina distanziert verhalten hat« (Fiegenbaum u. Tuschen 2003).

Sieben Fragetypen

Das systemische Mehrpersonensetting eignet sich gut dazu, im Verlauf eines klinischen Interviews Veränderungsprozesse in gewachsenen (Ehe-, Partner-, Familien-)Beziehungen in Gang zu setzen. Zwar betrachtet man Fragen im klassischen Interview nicht als Beitrag zur Veränderung, sondern sie dienen vielmehr zur Informationsbeschaffung als Basis für ein diagnostisches Urteil (»Haben Sie häufig Schuldgefühle?«, »Ermüden Sie schneller als früher?«, »Wie steht es mit dem Appetit?«). Der informative Aspekt ist nicht unwichtig, aber nicht der einzige.

In den vergangenen Jahrzehnten haben die lösungsorientierten Therapien die Aufmerksamkeit jenen Fragen zugewandt, die eine Katalysatorfunktion für Veränderung haben. »Als ich vor einigen Jahren auf einem Fragebogen die bedeutendsten psychiatrischen Errungenschaften der letzten 20 Jahre auflisten sollte, platzierte ich diese zirkuläre Fragemethode an erster Stelle. Ich meine, deren Bedeutung für die Weise, wie sich seelisches Erleben und zwischenmenschliche Dynamik verstehen und beeinflussen lassen, ist kaum in das westliche psychiatrische Bewusstsein eingedrungen« (Stierlin, in: Boscolo et al. 1988, S. 7). Das Zitat ist selbst wiederum 20 Jahre alt und lässt zweierlei erkennen: Zum einen scheint sich in der Zwischenzeit einiges zum Guten entwickelt zu haben (Fragetechniken sind in der Therapie- und Beratungsszene Allgemeingut geworden) und zum anderen ist eine erfreuliche Vielfalt der Fragetechniken entstanden, die über das zirkuläre Fragen hinausgeht. Diese machen nur einen unter anderen Fragetypen aus, die sich als Interventionen eignen. Zur Vertiefung in das Thema verweise ich auf entsprechende Lehrbücher (von Schlippe u. Schweitzer 1996; Tomm 1996). Für meine praktische Arbeit habe ich mir als Erinnerungsstütze 7 Fragetypen gemerkt, die ja auch in den vielen Verbatim-Protokollen in diesem Band zum Ausdruck gebracht werden:

1. *Informationsfragen* (Funktion: Informationen abrufen): Explorations- oder »Einbahnfragen« (»Wann ist Ihr Vater gestorben?«)
2. *Strategische Fragen* (Funktion: Lenkungsdimension): Suggestivfragen, pädagogische Fragen, Pseudoalternativen (»Möchtest du gleich jetzt eine Hausaufgabe mitnehmen oder erst das nächste Mal?«)
3. *Zirkuläre Fragen* (Funktion: Beziehungsinformationen): Sie fokussieren auf das Verhalten im Kontext statt auf Emotionen oder Interpretationen, fokussieren auf Verhaltensunterschiede statt auf Eigenschaften, sie fordern zur Einstufung von Verhalten und Interaktion, von Veränderung im Beziehungsverhältnis auf, machen Unterschiede bezüglich hypothetischer Situationen (»Wenn Sie nun gleich die nächsten Jahre zu Hause bleiben würden, um es den Eltern recht zu machen, wer von Ihren Geschwistern würde am meisten darunter leiden?«).
4. *Skalierungsfragen* (Funktion: Analogie, Vergleiche): Vergleichsfragen (»Auf einer Skala von 1 bis 10, 10 bedeutet größte Sorge, 1 bedeutet keine Sorge, was denken Sie, was vermutet Ihr Vater, wo die Mutter punkten würde?«)
5. *Quellenfragen* (Funktion: Information über Gemeinsamkeiten): Fragen nach gemeinsamen guten bzw. schlechten Zeiten (»Was gab es bei Ihrer Hochzeit zu Essen? Was trugen Sie für ein Kleid? Wie waren die Gefühle Ihrer Eltern?« Aber Achtung, das kann auch schief gehen: Als ich mich bei der Ehefrau eines alkoholkranken Mannes nach den »guten Zeiten« der Hochzeit als Quelle positiver Gefühle erkundigte, meinte sie: »Ach, er hat schon damals zuviel getrunken!«).

6. *Veränderungsfragen* (Funktion: Potenzial mobilisieren, festgefahrene Positionen »verflüssigen«): Fragen nach Ausnahmen (»Wann ist X einmal nicht aufgetreten und unter welchen Umständen?«); Externalisierungsfragen (»Falls Ihre Bulimie jetzt gerade zur Tür herein käme, woran würde ich erkennen, dass es die Bulimie ist?«); Verbesserungsfragen, Verschlimmerungsfragen (»Was müssten Sie tun, um die Situation in Richtung der Symptome zu verschlimmern?«); Kontextualisierungsfragen (»Was macht Ihr Ehemann in der Situation, wenn Ihre Kopfschmerzen zunehmen?«)
7. *Hypothetische Fragen* (Funktion: Gedankenexperimente): Wunderfrage (»Gesetzt den Fall, Sie erwachen am nächsten Morgen und entdecken, dass die Phobie verschwunden ist, was würden Sie anders machen als sonst?« – eine Patientin antwortete darauf spontan: »Ich würde meinen Mann verlassen, weil ich ihn nicht mehr bräuchte!«); Als-ob-Fragen, Was-wäre-wenn-Frage (»Wenn Sie sich vorstellen, Ihre Eltern wären nicht mehr da, an wen würden Sie sich richten, wenn Sie unglücklich wären? Wie wäre es, wenn Sie bereits jetzt Onkel Albert aufsuchen würden?«)

Ordealtechnik

Die Technik des therapeutischen Ordeals (engl. für: Tortur, Rosskur, Feuerprobe, Nagelprobe, schwere Prüfung, Gottesprüfung) wurde von Milton H. Erickson eingeführt und von Jay Haley (1984) weiterentwickelt. Seine psychologischen Voraussetzungen sind einfach: »Wenn man es für einen Menschen schwerer macht, ein Symptom zu haben, als es aufzugeben, wird dieser Mensch das Symptom aufgeben« (Haley 1984, S. 17). In seinem Grundansatz entspricht das Ordeal der behavioristischen Aversionstherapie, die mit negativen Reizen operiert und spätestens seit dem Film »Clockwork orange« von Stanley Kubrick in »psychotherapeutische« Ungnade gefallen ist. Bei schweren Suchtkrankheiten findet es indessen noch Anwendung, etwa als Vergällungskur bei der Alkoholkrankheit. Die Verschreibung eines Ordeals ist eigentlich nur dem »natürlichen« (kontingenten) Alltagsverhalten abgeschaut. Millionen von Weckern versetzen jeden Morgen ebenso viele Millionen von Menschen in das Erleben eines

Ordeals. Obwohl es für die meisten Menschen verlockend ist, dem natürlichen Bedürfnis nach Schlaf nachzugeben, haben sie gelernt, trotzdem aufzustehen.

Entgegen seinem schlechten Ruf als ein aversives Instrument ist meines Erachtens das Ordeal ethisch vertretbar und therapeutisch nützlich,

- wenn es im Rahmen einer tragenden Therapiebeziehung eingesetzt wird,
- wenn es mit Einverständnis des Patienten geschieht (»informed consent«),
- wenn es Teil einer sozialen Situation ist (eingebettet in die Lebenssituation, sodass der Patient auch selber auf die Idee hätte kommen können),
- wenn es zumutbar, durchführbar, »streng« genug, verhaltenslogisch, zeitlich klar begrenzt und unzweideutig ist,
- wenn es im Zweifelsfall nur nützt, nie schadet, und in diesem Sinn auch die Auswirkungen im sozialen Umfeld berücksichtigt,
- wenn es auch sein Scheitern antizipiert und
- wenn es jederzeit im Rahmen der Therapiebeziehung reflektiert, als Teil einer erwünschten Veränderung identifiziert und beendigt werden kann.

Die Verschreibung eines Ordeals bewährt sich unter anderem besonders bei hartnäckigen Schlafstörungen, Bettnässen, Angstzuständen, Wutausbrüchen, bulimischen Ess- und Brechanfällen und dissoziativen Störungen.

Beispiel 14: Vera U.
Die Therapie bei Vera U. zeigt, dass ein Ordeal Ausgangspunkt einer ungeahnten Entwicklung sein kann. Die 18-jährige Frau wurde uns von der Ess-Sprechstunde des Universitätsspitals wegen einer schweren Bulimia nervosa mit täglich mehrmaligen Ess- und Brechanfällen zugewiesen. Wegen Streitigkeiten mit der Mutter zog sie in eine WG um und absolvierte, nachdem sie kurz vor dem Abitur das Gymnasium verlassen hatte, ein Berufswahlpraktikum für Pflegeberufe. Seit zwei Jahren hatte sie einen Freund aus der

Gymnasiumsklasse, der noch bei seinen Eltern wohnte. Von ihrem leiblichen Vater, der die Familie während der Schwangerschaft verlassen hatte, wusste sie zwar, wo er wohnte, hatte aber keinen Kontakt.

Der Ausbildungsverantwortlichen des Krankenhauses war zugetragen worden, dass Vera oftmals erschöpft und sichtlich übernächtigt am Praktikumsplatz erschien. Die Fortsetzung des Praktikums wurde mit der Auflage einer Therapie verknüpft, deshalb meldete sich Vera in der Sprechstunde. Die somatischen Abklärungen gaben keine Anhaltspunkte für eine andere Krankheit.

Vera zeigte sich verzweifelt, weil sie entdeckt hatte, dass sie von der Bulimie in gleichem Maß die Nase voll hatte wie sie ihr ausgeliefert war. Sie kannte alle Ratschläge und wusste nur zu gut, dass genau in dem Moment, wo sie dem Impuls eines Essanfalls ausgesetzt war, alles andere verblasste. Sie beschrieb das exzessive Verlangen nach Essen (»Craving«) als den zentralen Motor der Krankheit, dem sie wie einer »gewaltigen Macht« nichts entgegenzusetzen hatte.

Ich »erklärte« ihr den Sinn eines Ordeals: »Wie schaffen Sie es eigentlich, kein Problem mit Kokain zu haben?« Verdutzt antwortete Vera: »Ja, das wäre vielleicht noch schlimmer, wenn ich mir Kokain spritzen würde, aber es nützt mir nichts, das zu wissen.« Nachdem sie begriffen hatte, dass es nicht um einen »Abwärtsvergleich« ging, sondern einzig um die Frage nach Konsequenzen, konnte sie Gründe finden: »Weil das für meinen Körper noch schlimmer wäre«, und so weiter. »Sehen Sie, und genau darum geht es beim Ordeal. Es steht Ihnen nämlich frei, an jeden Essanfall entsprechende Konsequenzen anzuhängen, die irgendwie den Anfall unattraktiv machen ...« Vera: »Sie meinen eine Selbstbestrafung?« »Das steht Ihnen frei, wie Sie das nennen wollen, doch es darf auch was Nützliches sein, etwas, das Sie vielleicht schon lange erledigen wollten.« Sodann kam ihr die zündende Idee. Ihre Mutter lag ihr unablässig mit der Bitte in den Ohren, endlich ihre Großmutter im Pflegeheim zu besuchen. Doch Vera lehnte das vehement ab – zum einen, weil sie sich von der Mutter nichts vorschreiben ließ, zum anderen, weil sie den Geruch des Pflegeheims als unausstehlich empfand. Vera stieg in ein Ordeal ein und sie nahm sich vor, pro Essanfall fünf Minuten Besuch im

Pflegeheim zu verbuchen und bei der Summe von 12 Anfällen das Versprechen einzulösen (eine Stunde Besuch). Sie erschien nicht mehr zur nächsten Sitzung. Ich hatte offensichtlich den Fehler begangen, dass ich zu wenig Gewicht auf die Möglichkeit des Scheiterns eines Ordeals gelegt habe. Dadurch habe ich die therapeutische Beziehung aufs Spiel gesetzt. Auch eine schriftliche Nachfrage blieb unbeantwortet. Erst mehrere Jahre später erreichte mich folgender Brief:

»Sehr geehrter Herr Dr. Liechti; vielleicht erinnern Sie sich noch an mich, als ich im November 2001 bei Ihnen in Behandlung wegen der Bulimie kam. Lange Zeit haben mich Schuldgefühle geplagt, weil ich die Abmachung nicht eingehalten habe. Dass ich der Therapie damals einfach fern geblieben bin, tut mir heute sicher leid, aber vielleicht interessiert es Sie trotzdem, was aus mir geworden ist und vor allem was die Besuche bei meiner Großmutter ausgelöst haben. Vielleicht werden Sie mir dann verzeihen, auch weil ich Ihnen heute dankbar bin.

Zuerst möchte ich sagen, dass es mit der Bulimie heute recht gut geht, es gibt noch Anfälle, aber nur noch selten.

Nachdem ich damals bei Ihnen zuerst die Kraft nicht hatte, das Versprechen einzulösen, wurde die Bulimie noch viel schlimmer. Eine Arbeit in der Pflege, wo alles so hierarchisch ist, konnte ich mir nicht vorstellen. Deshalb habe ich einen Job im Service eines Alternativrestaurants angenommen, der mir sehr gefallen hat. Er machte mich auch finanziell unabhängig. Aber die Bulimie war wirklich schlimm. Doch ins Spital wollte ich auch nicht gehen, und deshalb habe ich dann doch damit begonnen, meine Großmutter im Pflegeheim zu besuchen, einfach so. Vielleicht hat es mir auch geholfen, etwas einzulösen, was ich schuldig blieb. Ich habe dann viele Stunden mit meiner Großmutter verbracht, und Sie können sich kaum vorstellen, wie wichtig das für mich geworden ist. Denn vor einem Jahr ist sie gestorben (heute ist der Todestag). Von ihr habe ich all die schlimmen Sachen erfahren, die sie und meine Mutter erlebt haben, als die Familie 1956 aus Ungarn geflüchtet ist. Meine Mutter hat nie davon erzählt, weil sie mich schonen wollte, wie sie sagt. Das hat mich und die Mutter versöhnt, und wir haben oft zusammen geweint. Es ist kaum zu glauben, aber ich bin dann wieder nach Hause gegangen und heute lebe ich wieder mit meiner Mutter. Das ist auch eine große Hilfe für die Bulimie. Meine Mutter hat viel Verständnis und ich fühle mich zum ersten Mal im Leben irgendwie zu Hause. Ich weiß nicht, ob dies alles geschehen wäre, wenn Sie nicht damals von dieser Idee gesprochen hätten. Auch bin ich daran, meine berufliche Zukunft in die Hand zu nehmen. Ich habe nämlich im vergangenen Jahr noch die Matura nachgeholt ...«

Ritualisiertes Klagen

Es handelt sich um eine Technik, die sich bei leidvollen und über längere Zeit verstrickten Beziehungen zwischen zwei gleichrangigen Menschen anbietet (Paare, Eltern, Kinder, Mitarbeiter etc.). Ungleichrangigkeit kann zu Verzerrungen führen, die das zum Ritual Anlass gebende Grundmuster perpetuieren. Die Regeln dienen dazu, den ineinander verkrallten, verhärmten oder achtlos gewordenen Menschen Raum, Zeit und Führung zur Verfügung zu stellen, um Gefühle der Achtung zu begünstigen und wechselseitige Beachtung zu spenden.

Wichtig sind die zeitlichen und räumlichen Rahmenbedingungen. Selbstredend muss genügend Gesamtzeit eingerechnet werden, damit das Ritual nicht von Zeitstress bestimmt ist (mindestens zwei Stunden). Auch die räumlichen Verhältnisse sollten so eingerichtet werden, dass die Klagenden vis à vis und nicht zu nahe beieinander sitzen. Zwischen den beiden Phasen, wo das Paar die Rollen wechselt, kann man eine kurze Pause vorsehen, damit die Leute auf die Toilette gehen oder sich an der frischen Luft kurz die Füße vertreten können.

Was die einzelnen Regeln betrifft, so haben sich folgende bewährt:

- *Symmetrie-Regel*: Beide Seiten haben nacheinander gleich viel Zeit zur Verfügung (z. B. je eine halbe Stunde), um zu klagen. Die Zeit wird mit einer Uhr auf die Sekunde genau gestoppt. Nach Ende eines Zeitabschnitts darf nicht weitergeklagt werden und die Therapeutin muss einschreiten, falls es dennoch geschieht.
- *Stummsein-Regel*: Während die eine Seite klagt, darf die zuhörende Seite nicht intervenieren, nicht antworten oder Fragen

stellen. Sie bleibt stumm und notiert alles, was ihr bemerkenswert erscheint oder Angst macht, was sie ärgert oder enttäuscht auf Papier. Die zuhörende Seite darf nicht die Augen verdrehen, Faxen machen oder seufzende Geräusche von sich geben. Man könnte auch von einer Achtsamkeits-Regel sprechen, doch Achtsamkeit kann nicht reglementarisch verordnet werden, man findet zu ihr oder nicht; den Mund zu halten kann man jedoch sehr wohl verordnen.

- *Ich-Botschaften-Regel*: Diese Regel wird von den meisten Menschen als die schwierigste erlebt. Sie besagt, dass man Ich-Botschaften (Klagen), nicht aber Du-Botschaften (Anklagen) vorbringen soll. Allerdings fallen die meisten Menschen vorerst in Anklagen, zumindest im ersten Durchlauf. Das Ritual kann in Abständen mehrmals durchgeführt werden, bis das Bedürfnis zu klagen gestillt ist. Es besteht dabei keine Notwendigkeit, dass beide Seiten gleich viel reden. Oft quillt der einen Seite das Herz über und sie kommt in der vorgegebenen Zeit kaum durch, derweil die andere Seite während der Hälfte der Zeit nicht ein einziges Wort herausbringt. Jeder klagt nach seiner Façon.
- *Stopp-Regel*: Die zuhörende Seite hat in Bezug auf besonders verletzende Aussagen das Stopp-Recht. In diesem Fall sagt sie nur »Stopp!«. Auf dieses Signal hin muss die klagende Seite das Thema wechseln.
- *Verschwiegenheits-Regel*: Wenn das Ritual zu Ende ist, darf man weder weiter klagen noch über die Klagen oder deren Inhalte sprechen, auch zu Hause nicht. Diese Regel ist insofern entscheidend, als sie den Kontrollbereich der Ritualisierung über das Setting hinaus erweitert und damit ihre Wirkung in den Alltag hinüberträgt. Damit wird auch unterstrichen, dass es weniger um den konkreten Inhalt der Klage geht als mehr um die zentrale Bedeutung von achtsamen und fairen Interaktionsstrukturen. Der französische Ethnologe Arnold van Gennep (1873–1957) sprach in diesem Zusammenhang von *Übergangsriten* (»rites de passage«, 1986): »Es ist das Leben selbst, das die Übergänge von einer Gruppe zur anderen und von einer sozialen Situation zur anderen notwendig macht« und diese Übergänge müssen »reglementiert und überwacht« werden, damit die Gruppe »weder in Konflikt gerät noch Schaden nimmt«

(ebd., S. 15). Ungeachtet dessen, ob die Klage inhaltlich der Paarbeziehung oder Elternschaft gilt: Indem man sich an implizite oder explizit erarbeitete Regeln hält (Enthaltsamkeit gegenüber dem »Anklageverkehr«), ergibt sich eine innere Bandstiftung und Abgrenzung nach außen. Das ist zumindest die Theorie. Setzt sich hingegen das (An-)Klagen auf dem Weg nach Hause fort, so gibt's auch keinen Übergang und alles ist umsonst.

Infolgedessen besteht die Aufgabe des Therapeuten darin, die Verantwortung für die Rahmenbedingungen des Rituals zu übernehmen. Ist auf der einen Seite die korrekte Durchführung der Therapeutin überantwortet, so sollen die Eheleute (oder Eltern) die Verantwortung dafür übernehmen, *dass* das Ritual durchgeführt wird. Das Bekenntnis zum Ritual ist gleichzeitig auch ein Bekenntnis zu seinen Regeln und impliziert den Auftrag, dass die Therapeutin bei Regelverletzungen eingreifen soll. So bedeutet das Klageritual nichts anderes als einen Therapieauftrag innerhalb des Therapieauftrags. Es gibt der Therapeutin wirksame Instrumente an die Hand, fehlgeleitete Prozesse zu moderieren, die sonst aus dem Ruder laufen; denn unter Umständen muss sie entschieden intervenieren – beispielsweise, wenn über die Zeit hinaus geklagt wird oder wenn die zuhörende Seite unerlaubte Signale sendet.

Das ritualisierte Klagen kann durch die sogenannte »Rapoport-Technik« (Rapoport 1974) erweitert werden. Dabei geben beide Seiten abwechslungsweise den Wortlaut und Sinn von dem wieder, was sie als »Zuhörende« verstanden haben, jeweils mit der Wendung beginnend: »Ich habe es so verstanden, dass ...«), wobei die andere Seite korrigiert mit »So fühle ich mich noch nicht ganz verstanden«, bis sie bestätigen kann »Ja, so fühle ich mich verstanden«. Die Aufgabe des Therapeuten besteht darin, etwaige Vorwurfszyklen sofort zu unterbrechen und das Gespräch auf eine sachliche Diskurs- und Klärungsebene zu bringen. Anatol Rapoport hat diese Technik während des kalten Krieges für zwischennationale Verhandlungen vorgeschlagen.

Anmeldung eines elterlichen Notstandes

Wenn Eltern sich in Anbetracht eines renitenten Jugendlichen als hilflos erklären, besteht das Risiko, dass der Therapeut vorschnell die

Verantwortung für die Problematik übernimmt. Zwar gibt es auch in der ambulanten Praxis Situationen, wo eine schnelle und professionelle Initiative gefordert ist – etwa, wenn Jugendliche zu Hause in einem psychotischen Zustand randalieren oder wenn sie akut selbstgefährdet und wenn Versuche der Beziehungsaufnahme gescheitert sind. Die Zwangseinweisung gehört als Akt der Sozial- und Fremdkontrolle zu den ungeliebten Seiten des Berufs, und für mich ist sie eine Ultima Ratio. Solange das Verhalten der Jugendlichen objektiv weder andere noch sie selbst gefährdet, bietet sich die Strategie der »Erklärung des Familiennotstandes« an. Insofern ist das Vorgehen ressourcenorientiert, als die Probleme (und die Schuld) nicht vorschnell an den Therapeuten abdelegiert wird, sondern dass die Eltern stattdessen nach wie vor »in der Pflicht« stehen.

> **Beispiel 15: Roland B.**
> Die anwesenden Eltern beklagen sich über ihren 17-jährigen Sohn Roland, der zu Hause ein parasitierendes Eigenleben führt, indem er sich längst vom Rest der Familie (Eltern, eine jüngere Schwester) abgesondert hat, morgens weit in den Tag hinein schläft, sich einschließt und am Nachmittag das Elternhaus wieder verlässt. Damit er »wenigstens etwas Gesundes im Bauch hat«, ist die Mutter um einen stets mit Frischobst gefüllten Kühlschrank bemüht. Beide Eltern arbeiten ganztags, der Vater als Rangierarbeiter, die Mutter in einer Fabrik. Beide stehen um 5:30 Uhr auf und kommen erst abends nach Hause, wenn Roland schon wieder unterwegs ist. Die um drei Jahre jüngere Schwester Monika lebt seit vier Jahren, als die Mutter durch einen Zufall die Stelle in der Fabrik bekam, größtenteils bei den Großeltern mütterlicherseits und entwickelt sich erfreulich.
> Die Eltern haben sich auf Anraten der Sozialarbeiterin Frau N. (Sozialdienst der Bundesbahnen) bei uns gemeldet, die der Vater im Zusammenhang mit einem Rückenleiden und einem bevorstehenden Arbeitsplatzwechsels aufgesucht hatte.
>
> THERAPEUT: ... Und es wäre wohl sinnvoll, dass Sie für die nächste Sitzung Roland einladen.
> MUTTER (besorgt): Finden Sie es wirklich nötig, dass er an der nächsten Sitzung teilnimmt? Weil das ist klar, der wird auf keinen Fall kommen ...

VATER: Ja, der wird nicht kommen ... Der geht nicht mal zum Hausarzt, wo er ja schon lange hingehen sollte, wegen dem Bein, aber da ist auch nichts zu machen. Und der Hausarzt ist extra nach Hause gekommen, aber da war Rölu [Roland] schon wieder weg [lacht]. Den muss man einladen, wissen Sie, wenn Sie was von ihm wollen, aber auch dann kommt er nicht, ja, der macht einfach, was er will. Wenn Sie ihm was befehlen, dann ist gleich fertig, der rastet aus, und mein Vater hätte mir schon längst eine runtergehauen. Aber das will ich nicht, aber ich hab's ihm auch schon gesagt, irgendwann knallt's einmal.

MUTTER: Ich habe einfach Angst, dass da noch ein Unglück geschieht. Kürzlich hat Roland mir gesagt, wo mein Mann ihm was gesagt hat, es werde noch einmal ein Unglück geschehen ...

VATER: Ja, da habt ihr wieder die Köpfe zusammengesteckt.

MUTTER: Nein ... ja ... Roland kann ja nichts dafür, er ist doch ... Also, das ist einfach nicht gesund, und er ist so sensibel.

THERAPEUT (zur Mutter): Sehen Sie, da gibt es zwischen Ihnen offenbar unterschiedliche Meinungen. Aber ich bin ja kein Richter, ich kann es nicht beurteilen, ob da jemand etwas dafür kann ... ich kann es aber beurteilen ... und da sind wir uns offensichtlich einig ... dass da ein junger Mann sein Leben ... ähm ... so wie ein Vermögen zum Fenster rausschmeißt, sehe ich das so richtig?

VATER: Ja, genau. Das sehe ich genauso. Und niemand macht etwas. Wir Eltern sind einfach überfordert. Der ist ja jetzt auch einen Kopf größer als ich, und er hat auch Kraft, er macht da so eine Kampfsportart, so etwas Chinesisches oder wie das heißt, sodass es die ganze Nacht Geräusche gibt, wenn er einmal zu Hause ist. Muss denn zuerst etwas passieren, bevor man was macht? Ich habe Frau N. [der Sozialarbeiterin] gleich gesagt, das bringt nichts, wenn wir hierher kommen, da muss nicht mehr geredet werden, das bringt ja nichts, da muss man durchgreifen. Das ist doch nicht normal ... Ist das noch normal ...

THERAPEUT: Nein, das ist nicht normal.

VATER: Ja, aber warum reagiert denn niemand? Da haben sie da allerlei Jugendzeugs, schmeißen Geld zum Fenster hinaus, damit die Leute auf der Straße Suppe essen ... Aber wenn's nötig ist, lässt man die Sachen zappeln ...

MUTTER: Gibt es denn eine Möglichkeit, Herr Doktor, Roland in eine ... so in eine Wohngemeinschaft ... Ich habe gelesen, dass es das gibt, wo die jungen Leute, die ein wenig Probleme haben, eine Hilfe haben, gibt's das? Er hat ja nichts verbrochen ... Aber wenn man von einem Spital redet, dann eh [beginnt zu weinen] ...

THERAPEUT: Haben Sie denn schon mit Ihrer Gemeinde gesprochen? Wer ist da zuständig, wissen Sie das?
VATER: Das ist der Brantschen, der ist der Gemeindepräsident ... Aber der wird nichts machen, da kann man noch lange warten ...
THERAPEUT: Brantschen, das ist der Gemeindepräsident?
VATER: Ja, der Gemeindepräsident, K. ist ja eine kleine Gemeinde, da kennt halt jeder den anderen.
THERAPEUT: An wen müssten Sie sich denn wenden, wenn Sie einen ... äh ... Notstand anmelden möchten?
VATER: Einen was?
THERAPEUT: Einen Erziehungsnotstand.
(Längere Stille.)
THERAPEUT: Eltern haben ja nicht nur Pflichten, sie haben auch Rechte. Wenn ein Jugendlicher einen Herzstillstand macht, dann kommt er in die Notfallstation. Das ist dann Sache der Fachleute. Eltern haben das Recht, diesen Notstand anzumelden. Wenn ein Jugendlicher sich so verhält, dass es zu Hause nicht mehr zumutbar ist für die anderen, dann kann das auch einen Notstand bedeuten. Dann haben Eltern auch ein Recht auf Nothilfe. Das ist ein Notstand, aber den muss man zuerst anmelden, sonst merkt's niemand [längere Pause].
MUTTER: Aber Roland wird daran nicht Freude haben.
VATER: Ja, der wird herumschreien ... Aber wem muss man das denn anmelden? Weil dem Brantschen, das nützt nichts, da kann man gerade so gut in den Wald rufen ...
THERAPEUT: Da werden Sie Ihre Gründe haben, es so zu sehen, und ich weiß es auch nicht, wer jetzt in Ihrer Gemeinde dafür zuständig ist. Immerhin könnte es bereits ein erster Schritt sein, Ihren Gemeindepräsidenten zu fragen, wer da zuständig ist. Was meinen Sie?
VATER: Ja schon, das kann man machen ... aber ... Was heißt denn das, wird man danach Roland versorgen? Der wird ja nie mitmachen.
THERAPEUT: Ja gut, das ist dann eine ganz andere Frage. Ich habe auch schon Situationen erlebt, wo ein Jugendlicher plötzlich mitmacht in der Beratung, nachdem er gemerkt hat, dass bei den Eltern etwas rumort, dass es knistert im Gebüsch, dass es ernst gemeint ist und dass bald etwas geschieht.
MUTTER: Ich weiß nicht recht ...
THERAPEUT: Also das ist das, was ich Ihnen anbieten kann, dass wir das sehr ernst nehmen, dass wir Roland nicht einfach sich selbst überlassen ... Dass Sie sich als erstes die Mühe nehmen, einmal abzuklären, wer da überhaupt zuständig wäre. Aber wenn Sie denken, das bringe nichts, das sei's nicht Wert, dann muss ich ehrlich

7. Hilfebeziehung und therapeutisches Handwerk

> gesagt sagen ... Das ist also das Minimum, das ich Ihnen zumuten muss, einen anderen ersten Schritt sehe ich zurzeit nicht ... Aber wir können es so machen, dass Sie sich die Sache mal überlegen und diskutieren, und dass wir uns nochmals treffen.

Eine solche Neurahmung ist für Eltern extrem anspruchsvoll, da sie dabei nicht nur ihrem Sohn gegenüber zur eigenen Hilflosigkeit stehen müssen, sondern vor allem auch gegenüber sich selbst und signifikanten anderen. Während »das Problem« bisher beim Jugendlichen bzw. bei dessen Verhalten verortet und somit an die Fachleute delegiert werden konnte, meldet sich nun ein »eigenes« Problem, nämlich die Aufgabe, ihrem Sohn gegenüber Stellung zu beziehen. Das löst Zweifel, Unsicherheit, Angst- und Schamgefühle aus.

Je nachdem brauchen Eltern in diesem Prozess der »Selbsterkenntnis« viel Unterstützung, Begleitung und Zeit. Im Fall von Roland B. war es nicht der Gemeindepräsident, der sich als zuständig entpuppte, aber immerhin wusste er auf den Statthalter in der nahe gelegenen Stadt zu verweisen. Dass der Statthalter sich eigens bemühte, sich an einer gemeinsamen Sitzung mit den Eltern zu beteiligen, drang schließlich auch zu Roland.

Wie in einem Kartenspiel, wo das Aufnehmen neuer Karten den Spielverlauf verändern und einen drohenden Verlust in einen Gewinn verwandeln kann, kann die personelle Erweiterung eines therapeutischen Systems für das Verhalten der Einzelnen neue Anreize schaffen. Solange die betroffenen Jugendlichen zur elterlichen Notstandserklärung Stellung beziehen können (bzw. müssen), indem sie hinreichend darüber informiert werden, erleben sie den Vorgang bei allen widrigen Umständen, die sich damit einstellen, nicht als einen Verrat der Eltern; im Gegenteil: Oft erleben sie zum ersten Mal, dass ihre Eltern »Ernst machen«. Im Rahmen einer Sitzung fragte der Statthalter Roland nach seiner Meinung. Roland: »Nein, ich will nicht ins Jugendheim, ich will zuhause bleiben, weil da habe ich ja alle meine Sachen ... Die Eltern haben halt nie richtig gesagt, was ihnen denn eigentlich nicht passt ... Es gab immer nur Stress!« Statthalter: »Und jetzt, Roland, wissen Sie es besser ..., ich meine, wissen Sie jetzt, was Ihre Eltern von Ihnen erwarten?« Roland: »Ja, sie hätten es einfach klarer sagen sollen, und jetzt ist es mir klarer ... Irgendwie bin ich auch froh, weil dann muss ich nicht ins Heim.«

8. Phasensensitive Modelle

»Doch für alles im Leben gibt es eine Methode, und um ein Problem lösen zu können, müssen wir nur die richtige Methode finden. So gibt es beispielsweise zwei Möglichkeiten, durch eine Tür von nur 1,5 Meter Höhe zu gehen. Die eine Möglichkeit ist, aufrecht zu gehen, die andere, sich zu bücken.

Alfred Adler (1981)

Stufen der Veränderung

Schlechte Gewohnheiten und daraus entstehende Abhängigkeiten sind nicht nur im Jugendalter ein Problem, viele Menschen tun sich ein Leben lang schwer damit, doch im Jugendalter sind sie besonders gefährlich und folgenschwer. Ob Rauchen, Trinken, Ess-Störungen, der Konsum »harter« Drogen oder Internetsucht (Chat, Online-Games etc.) – alles riskante Verhaltensweisen mit psychologischen Gemeinsamkeiten der Entstehung und Aufrechterhaltung – sie alle resultieren in einer mehr oder weniger starken Beeinträchtigung einer gesunde Entwicklung und können mittel- und langfristig zu Folgekrankheiten mit beträchtlicher Belastung des Gesundheitssystems führen.

Um mehr über Veränderungsprozesse herauszufinden, hat man Menschen, die sich in Therapie veränderten, mit solchen verglichen, die ohne Therapie zurechtkamen. Dabei wurde deutlich, dass nicht nur spontane und natürliche Veränderungen – etwa die psychische Entwicklung eines Kindes – in Stufen vollzogen werden, sondern gleichermaßen auch professionell gelenkte, therapeutische Prozesse. Die Annahme, dass beispielsweise ein Jugendlicher mit Suchtverhalten nichts verändern will, solange er sein Verhalten nicht aktiv und für alle ersichtlich korrigiert (»Der Junge ist einfach nicht motiviert für die Therapie«), erwies sich nicht nur als zu einfach, sondern auch als gefährlich, weil dadurch schlummernde Potenziale verpasst werden. Denn Menschen mit ungesunden Verhaltensweisen sind nicht entweder auf Veränderung fokussiert oder nicht, sondern durchlaufen Stufen der Veränderung und setzen unterschiedliche Strategien ein, um von einer Stufe zur anderen zu gelangen. Eine kaum zu überschätzende und auch aus heutiger Perspektive allzu oft ungenutzte Rolle spielt dabei das (familiäre) Umfeld.

Im Zusammenhang mit Krebserkrankungen und anderen schweren und chronischen Krankheiten haben Prochaska u. DiClemente (1982) sechs aufeinanderfolgende Zustände (»stages of change«) postuliert und empirisch identifiziert. Je nachdem, welchem Stadium ein Patient aufgrund seiner Angaben zugeteilt wurde, konnte man voraussagen, wer sich überhaupt für eine Therapie anmelden bzw. diese auch nutzen, zu Ende führen und ein positives Ergebnis erreichen wird.

Am Beispiel der Therapie bei Janos R. sollen die sechs Stadien näher erörtert werden.

Beispiel 16: Janos R.
Ursprünglich meldete sich die geschiedene Frau R., Chefsekretärin in einer kleineren Handelsfirma, zusammen mit ihrem Lebenspartner Herrn T., einem mittelmäßig erfolgreichen Kunstmaler, zur Therapie. Frau T. spielte von Anfang an den aktiven Part und gab an, dass sie mit der unterdessen vierjährigen Beziehung unzufrieden war. Sie beklagte sich über ihren Partner, der sich ihrer Meinung nach zu wenig klar positionierte und sich nicht von seiner geschiedenen Frau und den beiden Töchtern ganz lösen wollte. Als Künstler beanspruchte er viel Freiraum und hatte Angst, vom Regen einer gescheiterten Ehe in die Traufe der Lebenspartnerschaft mit einer auf ein Zusammenwohnen drängenden Frau zu wechseln. Je deutlicher der Mann seine Idee von einer »mehr freundschaftlichen« Beziehung vertrat, umso vehementer brachte Frau R. ihre Söhne ins Spiel, die sich an der Unverbindlichkeit des Arrangements zu stoßen schienen: Janos, der Indexpatient, knapp 18-jährig, und die beiden jüngeren, 16 und 14 Jahre alt. Insofern kam sie zunehmend unter Druck, als Janos langsam aber sicher »aus dem Ruder« lief. Er kiffte zu Hause unablässig, benötigte den ersten Joint bereits zum Frühstück und ließ auch offen, inwieweit er für die Cannabis-Beschaffung dealte. Dessen ungeachtet fehlte immer wieder Geld aus der Haushaltskasse. Ein anderes Mal hatte Janos seiner Mutter hinterrücks fünfhundert Franken von der Kreditkarte abgehoben, und erst nachdem sie eine Klage bei der Bank angemeldet und die Nachforschungen keinen bankseitigen

Fehler ergeben hatten, gab Janos den Diebstahl unter dem Druck der mütterlichen Wahrheitssuche zu. Darauf entschied sie sich, die Therapie mit dem Lebenspartner zu unterbrechen und stattdessen Janos ins Zentrum ihrer Sorge zu stellen.

MUTTER: In letzter Zeit ist mir immer wieder klarer geworden, dass ich zuerst die Probleme mit Janos anpacken muss. Es ist einfach ein Irrtum gewesen zu glauben, dass ich den Jungs zusammen mit Herrn T. wieder eine ganz normale Familie bieten kann. Zwar haben sie Herrn T. respektiert, auf jeden Fall so lange, wie er nicht auf die eine oder andere Weise eingegriffen hat. Kürzlich hat es aber einen Streit mit Janos gegeben, wo mir zum ersten Mal klar geworden ist, dass Janos ... [stockt] ein Problem hat ... Da ist es mir ... [weint] wie Schuppen von den Augen gefallen ... Zuerst ist er gegenüber Herrn T. ausgeflippt und dabei hat er einen Gesichtsausdruck gezeigt, so ein total verzerrtes Gesicht, das ich bei Janos noch nie gesehen habe ... Und dann hat er mich so angeschaut [schluchzt] ... das ist so furchtbar gewesen, ich habe so den Eindruck gehabt, als würde ich mein Kind im Stich lassen ... dabei ist mir sofort klar geworden, das geht so nicht, das mit der Idee, zusammen mit Herrn T. eine ganz normale Familie zu sein, dass das eine totale Illusion ist ... total [weint und putzt gleichzeitig die Wimperntusche, die sie auf ihren Wangen vermutet].

THERAPEUT: Das spricht ja vor allem für Sie als Mutter, als feinfühlige Mutter, die spürt, dass etwas nicht ganz stimmt, und weniger *gegen* Herrn T. als Stiefvater, es spricht vor allem für Sie, da Sie offenbar erkennen und spüren, wie wichtig die richtigen Verhältnisse sind ...

MUTTER: Wissen Sie, es ist mir jetzt irgendwie auch gleichgültig, ob Herr T. beleidigt ist oder nicht, wenn ich mich jetzt auf Janos konzentrieren muss, das spüre ich einfach, dass das wichtiger ist, das sind ja auch meine Kinder ... und offenbar brauchen sie mich einfach noch ... und das hab' ich einfach unterschätzt ...

THERAPEUT: Sie sagen ... Oder hab' ich das einfach falsch verstanden ... Herr T. ist beleidigt?

MUTTER: Ja, er hat gesagt, dass ich mich hinter den Kindern verstecke, dass ich nicht bereit sei, mich für die Beziehung auseinanderzusetzen ... Aber er will eine Beziehung, und dann doch wieder nicht ... Und dann erhalte ich einen Telefonanruf von Sara [die ältere Tochter von Herrn T.], die mir Vorwürfe macht, weil es ihm schlecht geht ... Er weiß eben selbst nicht, was er eigentlich will, oder, besser gesagt, er möchte den Fünfer und das Weggli [Brot] ...

8. Phasensensitive Modelle

> THERAPEUT: Gesetzt den Fall, Herr T. würde hier sitzen, und er würde das sehr gut verstehen, Ihre Argumentation, und er würde vielleicht sogar sagen, dass es richtig ist, wenn Sie Ihre Muttergefühle ernst nehmen, und dass er es aus Respekt zu Ihnen unterstützt, die Beratung zu unterbrechen oder eben den Fokus auf die Jungs zu wechseln, insbesondere auf Janos, wäre das für Sie etwas Wichtiges, das zu wissen, dass er es unterstützt?
> MUTTER: Ja, das wäre viel einfacher für mich ... Jetzt, wo Sie es so fragen ... Es wäre wesentlich einfacher, weil die Dinge geraten irgendwie durcheinander ... zuerst habe ich geglaubt, es wäre mir eigentlich egal, aber vielleicht wäre es so auch leichter, die Sachen auseinanderzuhalten, es sind ja zwei verschiedene Sachen.
> THERAPEUT: Möglicherweise wäre das auch besser für Herrn T., und vielleicht auch für Janos ... Er könnte ja sonst noch glauben, er sei der Grund für die Probleme zwischen seiner Mutter und ihrem Freund ... Was meinen Sie?
> MUTTER: Ja, das habe ich nicht bedacht. Ja, das ist wahr, daran habe ich nicht gedacht, das leuchtet mir ein.

Wie soll man mit dem Freund der Mutter, hier Herrn T., umgehen, wenn die neue Beziehung noch nicht alt oder verbindlich genug ist, sodass der Stiefelternteil von allen (besonders von den Kindern) als Teil einer »eigenen« Familie wahrgenommen wird? Dass die Kinder bzw. Jugendlichen ihrerseits eine Stimme haben, wird allgemein akzeptiert. Aber haben auch »designierte« Stiefeltern eine Stimme?

Ich habe mehrere Supervisionsfälle miterlebt, wo die geschiedenen oder getrennten leiblichen Elternteile in die Familientherapien einbezogen worden waren, ohne die aktuellen (Stief-)Elternpartner (den neue Freund der Mutter, die neue Freundin des Vaters) in die Entscheidung einzubeziehen. Damit ist noch nichts über das Setting der Therapie gesagt, das gemäß einer adaptiven Indikation von Fall zu Fall entschieden wird. Vielmehr geht es um das grundsätzliche Recht eines der Familienangehörigen, der zwar de jure als Stiefvater oder Stiefmutter gilt, de facto aber aus dem Entscheidungsgremium ausgeschlossen ist, obwohl er oder sie durch die Entscheidungen direkt betroffen ist. Mit wenigen Ausnahmen endeten Therapien, wo die Stiefelternteile im Dunkeln belassen wurden, in der Sackgasse, indem alte Rivalitäten aufflackerten, weil nicht klar war, um was es geht und was es zu verlieren gibt. Eine Mutter wollte die Therapie mit der Begründung abbrechen: »Seit ich zu Ihnen komme, habe ich mit meinem Partner nur noch Streit, weil er ist so eifersüchtig und glaubt, dass wir da ich weiß nicht was diskutieren, auf jeden Fall bringt das meine Kinder erst Recht auf den Plan. So kann das nicht weitergehen.« Je mehr der Fokus der Therapie auf die Probleme mit den Kindern gerichtet war und dadurch auch der leibliche Vater eine wichtige Bedeutung erhielt, desto eifersüchtiger reagierte der neue Partner der Mutter.

Auf diesem Erfahrungshintergrund nehme ich mir viel Zeit, um das Problemsystem genau zu explorieren. Im Fall von Frau R. und Herrn T. wurden in der nächsten Sitzung mit beiden die Vor- und Nachteile des Fokuswechsels debattiert (vom »neuen« Paar zur »alten« Familie). Auch die Frage der Zusammensetzung nachfolgender Sitzungen, wo es um das Wohl von Janos geht, dessen Probleme keinen Aufschub gestatten, wurde diskutiert. Hinreichend über die Problematik und mögliche Therapieszenarien informiert konnte Herr T. auch das Ansinnen seiner Freundin unterstützen, den Vater der Söhne einzubeziehen, ohne ihn deshalb als Rivalen zu erleben. Im Gegenteil: Er unterstützte die Idee, dass es soweit wie möglich die Aufgabe der leiblichen Eltern sein muss, Janos die notwendige Orientierung zu geben, und er akzeptierte den daraus resultierenden Aufschub der Paartherapie.

Frau R. kontaktierte Herrn R., den Vater der drei Söhne, der als angestellter Hausmeister in einem Hallen- und Freibadkomplex arbeitete, und lud ihn zu einer Sitzung ein. Er hatte regelmäßig, mindestens ein- bis zweimal pro Monat Kontakt zu den Jungs, im Sommer mehr, da sie auch das Freibad besuchten. Seine Beziehung zu ihnen schilderte er als unkompliziert, vor allem jene zum mittleren Sohn Alin.

Stadium 1 – Fehlendes Problembewusstsein (»precontemplation«)

Die Einstellungen in diesem Stadium verraten, dass der Patient weder über eine Therapie noch über mögliche Konsequenzen seines Verhaltens nachdenkt. Es gibt keinen inneren Antrieb, der ihn zum nächsten Stadium anstoßen würde. »Menschen in diesem Stadium vermeiden, über ihr riskantes Verhalten zu lesen, zu sprechen und zu denken. In anderem Kontext werden sie als resistent, unmotiviert oder als nicht zur Therapie bereit ... beschrieben« (Prochaska 2001, S. 255).

8. Phasensensitive Modelle

Janos absolviert eine zweijährige Handelsschule, deren Anforderungen er offensichtlich auch in bekifftem Zustand nachzukommen vermag, und steht vor den Abschlussprüfungen in einem halben Jahr. Er wohnt wie seine jüngeren Brüder zu Hause bei der Mutter. Ausschnitt aus der Sitzung zusammen mit Janos und seinen Eltern:

VATER (zu Janos): Bis du dir denn bewusst, dass du das Kiffen gar nicht mehr im Griff hast? Du sagst immer, du könntest jederzeit aufhören ... bist du dir denn so sicher, dass du dich da nicht täuschst? Probiere es doch mal aus, ich meine, lass das Kiffen doch mal eine Woche sein!

JANOS: Mann! ... Ich hör' dann schon auf, aber nicht jetzt! Im Moment hab' ich zu viel Stress wegen der Prüfungen, da kann ich nicht dazu noch aufhören. Im Mai habe ich die Prüfungen, danach ist es was anderes ... Und es stresst mich am meisten, wenn ihr dauernd davon redet! ... Ich hör' dann schon auf, aber nicht jetzt ... weil ... weil da müsste ich ja auch noch meine Kumpels aufgeben.

MUTTER: Eben, das ist vielleicht gerade das Problem, deine Kumpels. Solange du dich mit ihnen herumtreibst, wirst du nicht damit aufhören, da bin ich mir sicher ... Und das weißt du doch ebenso gut, solange du in dieser Clique bist, hörst du nicht auf!

JANOS: Hör' doch auf damit. Das hat doch überhaupt nichts mit meinen Kumpels zu tun!

MUTTER: Aber sicher hat das mit deinen Kumpels zu tun. Du weißt ja auch, dass Mark Baumann aus der Lehre rausgeflogen ist ... wegen des Kiffens, und wegen nichts anderem!

JANOS: Scheiße! Mann! Ihr stresst mich! Wirklich! Das größte Problem seid ihr, weil ihr mich so stresst! Ich komm' doch nicht hier her, um mich stressen zu lassen!

THERAPEUT: Das heißt, Janos, Sie sehen eigentlich ganz andere Gründe, dass Sie hergekommen sind? Ich denke, das sollten wir respektieren ... Und, es ist gut, dass Sie das sagen ... denn nur so können wir uns darauf einstellen ... Und wenn Sie es für nötig halten, werden Sie auch davon reden, von diesen Gründen, die für Sie wichtig sind ... Das ist okay ... und wenn es unterschiedliche Gründe zu den Eltern sind, dann ist das auch okay ... Die Eltern machen sich offensichtlich Sorgen, und Sie sehen das anders, Sie haben andere Gründe, nicht wahr [Janos nickt] ... Nun, wir werden sehen ...

MUTTER (unterbricht den Therapeuten, zu Janos): Natürlich hast du Probleme damit! Und das Problem heißt Kiffen!

JANOS (reagiert gehässig, wirft die Arme in die Höhe): Mann! Mann! Hör' doch auf! Ihr macht ein Scheißproblem damit ... Ihr stresst mich ... Ehrlich!

Fehlender Veränderungsantrieb hat in diesem Stadium umso schlimmere Folgen, als psychische Störungen im Jugendalter in eine empfindliche Entwicklungsphase fallen. Während Jugendliche in dieser Phase von individualpsychologischen Ansätzen möglicherweise gar nicht erst erreicht werden, können sie über den »konsultativen Einbezug« verpflichtet werden. Dank flexibler Gestaltungsmöglichkeiten des Therapierahmens (z. B. Aushandeln der Loyalitäten, Pflichten und Rechte zwischen Janos und seinen Eltern im variablen Mehrpersonensetting), Nutzbarmachung familiärer Ressourcen und schulenübergreifender Integration der Methodik aus verschiedenen Schulrichtungen (bzw. Abkehr vom »schoolism«) leistet die Systemik im Kontext der Jugendpsychiatrie wirksame Sekundärprävention.

Die ultimative Aufforderung der Eltern, endlich mit dem Kiffen aufzuhören, löst bei Janos Reaktanzverhalten aus, was auf beiden Seiten Frustration und Demoralisierung zur Folge hat. In dem Maß, wie die Eltern ihre Erwartung ausdrücken, dass nun endlich etwas geschieht, umso demonstrativer zieht er sich zurück und fühlt sich von ihnen unverstanden. Das Problem liegt nicht in den »unmotivierten« Menschen, sondern in der Inkongruenz ihrer motivationalen Verhältnisse.

Unter diesen Umständen bleibt Janos nichts anderes übrig, als wie Harry Potter sein Gesicht zu wahren: »Es ging, dachte er, um den Unterschied, den es machte, ob man in die Arena hineingeschleift wurde, um einen Kampf auf Leben und Tod auszutragen, oder ob man erhobenen Hauptes in die Arena einzog. Manche würden vielleicht sagen, dass diese beiden Möglichkeiten sich kaum unterscheiden, aber Dumbledore wusste – und ich weiß es auch, dachte Harry in einer jähen Anwandlung von grimmigem Stolz, ich weiß es, wie meine Eltern es wussten –, dass dies ein himmelweiter Unterschied ist« (*Harry Potter und der Halbblutprinz*).

Der Therapeut verhält sich insofern stadiensensitiv, als er Janos als »Besucher« anspricht und nicht als einen »Kunden« (jeder Verkäufer weiß, dass ein Besucher noch lange kein Käufer ist). Er würdigt dessen Besucherstatus, ohne gleichzeitig zu erwarten, dass sich damit auch das Kifferverhalten ändert. Im Gegenteil, er respektiert explizit sowohl das Recht, alternative Gründe zu den Eltern zu hegen, wie auch das Recht, sie aus naheliegenden Gründen zu verbergen, zum Beispiel:

- weil er damit den Weg des geringsten Widerstandes geht;
- weil er unter Androhung von Konsequenzen dazu gezwungen wurde (Angst vor Bestrafung);
- weil er ein schlechtes Gewissen hat (Dissonanzreduktion);
- weil er sich durch »unsichtbare Bindungen« (Boszormenyi-Nagy u. Spark 1981) und als Teil des Gewebes familiärer Loyalitäten dazu verpflichtet fühlt;
- weil er »mal schauen will, was es da zu holen gibt, ohne sich gleich zu irgendwas zu verpflichten« (Gewinn- und Risikooptimierung), und so weiter.

Immerhin: Ungeachtet der Fremd- und extrinsischen Motivation, die das Erscheinen von Janos begleitet, schafft es erst die Voraussetzung dafür, dass überhaupt Kommunikations- und Beeinflussungsprozesse in Gang gesetzt werden können. Insofern bedeutet es einen prosozialen Beitrag in die »richtige« Richtung.

Motivationale Stadieninkongruenz zwischen Eltern und Kindern mit auffälligem Verhalten führen im Mehrpersonensetting der Therapie indessen zu latenten und manifesten Konflikten, die mitunter auch von Fachleuten missverstanden und vermieden werden. Statt das motivationale Konfliktfeld als willkommene Lernmatrix zu verstehen, die es einem erlaubt, den Menschen »live« im Umgang mit Stress, Impuls- und Konfliktverhalten beizustehen – gewissermaßen »im Feld« und erlebnisintensiv –, wählen nicht wenige Therapiemodelle ein Vermeidungsprinzip, indem mit den Jugendlichen im Einzelsetting gearbeitet wird. Die Risiken werden dabei offenbar höher als die Chancen bewertet.

Die therapeutischen Interventionen in diesem Stadium zielen nicht auf eine direkte Verhaltensänderung ab, sondern auf eine Sensibilisierung für das Thema und dessen Auswirkungen (Kiffen, Selbstbestimmungsbedürfnis, elterliche Besorgnis etc.) sowie auf eine Entlastung von Scham-, Angst- und Trotzgefühlen. Nicht minder wichtig ist in diesem Stadium die »systemische Neuinterpretation des Umfelds«, wo die Eltern professionelle Hilfe erhalten, ihrem Sohn beizustehen, statt ihn unter Druck zu setzen. Um nicht Reaktanz zu schüren, wird darauf geachtet, dass Janos als »Bauherr« seiner eigenen Situation und als Auftraggeber für alle Projekte selbst entscheidet:

THERAPEUT (unter vier Augen mit Janos): Gesetzt den Fall, Ihre Eltern würden jetzt gleich hier sitzen, und sie würden ihren Sohn fragen, was sie denn tun könnten, um die Lage zu verbessern ... und nehmen wir an, dass sie echt gewillt wären, einfach zuzuhören, nur so zuzuhören, ohne Stress ... was würden Sie ihnen sagen, Ihren Eltern?

JANOS: Dass sie mich in Ruhe lassen sollen mit ihren ständigen Vorwürfen!

THERAPEUT: Gut, nehmen wir an, sie wären bereit dazu ... würde das heißen, sie müssten ihren Sohn aufgeben, ich meine, dass er in ein paar Jahren eine Kifferwrack ist?

JANOS: Ich hör' dann schon auf, wenn's die richtige Zeit dazu ist!

THERAPEUT: Heißt das, es wäre für Sie eine Hilfe, wenn die Eltern Ihnen einfach vertrauen würden, ich meine, auf Gedeih und Verderb?

JANOS: Sie können's ja ohnehin nicht ändern, ich alleine bestimme, wie's weitergeht.

THERAPEUT: Klar. Das ist klar. Was denken Sie, wie lange würden die Eltern es aushalten zuzuwarten, bis sie die Überzeugung gewinnen, dass es für sie nicht mehr zu verantworten ist?

JANOS: Wie meinen Sie?

THERAPEUT: Dass sie es nicht mehr aushalten, dass sie ausrasten, weil sie Angst haben, ihr Sohn mache sich kaputt.

JANOS: Keine Ahnung.

THERAPEUT: Ein Jahr? Zehn Jahre?

JANOS: Zehn Jahre würden sie bestimmt nicht warten, das können meine Eltern nicht, die sind viel zu besorgt, das würden sie nicht aushalten.

THERAPEUT: Aha, Sie vertrauen Ihren Eltern, dass sie außerstande sind, Sie im Stich zu lassen?

JANOS: Was meinen Sie mit »im Stich lassen«?

THERAPEUT: Ihren Sohn, den sie innig gern mögen.

JANOS (lange Pause): Irgendwie schon, das heißt [lange Pause] ... aber das ist mir ja eigentlich scheißegal.

THERAPEUT: Okay, gut, es beeindruckt mich, Sie sind offenbar auch so ein nachdenklicher Typ.

Stadium 2 – Nachdenklichkeit (»contemplation«)

Janos beginnt, über sein Verhalten und das, was es bewirkt, nachzudenken. Zwar ist er noch weit davon entfernt, eine konkrete Verhaltensänderung (Entzug) in Betracht zu ziehen, aber insofern ist er »auf Kurs«, als er sich dem Nachdenken nicht mehr konsequent entzieht. In diesem Stadium kommt die ganze »Hass-Liebe« in Bezug auf das Thema zum Ausdruck und gleichzeitig wird die quälende Ambivalenz zwischen »krank« und »gesund«, »Stillstand« und »Entwicklung«, »Freiheit« und »Verantwortung«, »Hedonismus« und »Verpflich-

8. Phasensensitive Modelle

tung« usw. ersichtlich. Der jugendliche Mensch beginnt zu ahnen, dass es sein ureigenes und einziges Leben ist, das er gerade »verkifft«, verspielt oder verpasst, und dass ihn nur das Vertrauen zu einem Menschen als Brücke über den »Strom des Chaos« zu tragen vermag. Die Ambivalenz kommt zutage, wenn man dem Jugendlichen zwei Fragen stellt:

THERAPEUT: Gesetzt den Fall, Janos, Sie würden mir den Auftrag geben, Ihren Eltern beizustehen, ich meine, ihnen helfen, klarer Position zu beziehen, das heißt, die eigene Meinung deutlicher ausdrücken und für sich selbst einzustehen, statt Ihnen Vorwürfe zu machen und so weiter, und nehmen wir an, die Eltern würden das schaffen. Wäre ein positives solches Ergebnis für Sie eher etwas B̲elastendes oder E̲ntlastendes?

JANOS: Das wäre mir lieber als die Scheißvorwürfe! Sie sollen ihre eigenen Probleme lösen, meine muss ich selber lösen.

THERAPEUT: Das ist für Sie offenbar ein klarer Fall. Hier aber noch eine zweite Frage: Sind Sie sich bewusst, dass Eltern, die, statt Vorwürfe zu machen, vielmehr klar Stellung beziehen ... so nach dem Motto: Das ist meine Meinung! Bis hierher und nicht weiter! Dies oder das lass' ich mir nicht bieten! ... Sind Sie sich bewusst, Janos, das sind dann nicht nur sich klar ausdrückende Eltern, die überdachte Ich-Botschaften senden, sondern auch etwas unbequemere Eltern, mit denen man sich auseinandersetzen muss. Sind Sie sich dessen bewusst?

JANOS: Heißt das, dass sie mich dann noch mehr kontrollieren?

THERAPEUT: Das weiß ich nicht. Es wären dann eben selbstbewusstere Eltern, das heißt Eltern, mit welchen Sie sich dann auseinandersetzen müssen, an denen Sie nicht so leicht mit Verweigerung vorbeikommen, Eltern allerdings, die eine positive Lösung für beide Seiten anstreben, wo beide Seiten gewinnen, wo auch Sie eine Chance haben, sich mit guten Argumenten durchzusetzen, ohne nachher ein schlechtes Gewissen zu haben oder Frust zu verspüren ...

JANOS: Das kann ich mir nicht vorstellen.

THERAPEUT: Deshalb ist es so wichtig, dass Sie dazu Stellung beziehen, ob Sie das auch wollen.

JANOS: Man sieht's ja dann ....

Zu den Beeinflussungstechniken in diesem Stadium gehören die »emotionale und kognitive Neubewertung des Selbstbildes«, etwa wenn Janos sich Gedanken über kurz- und langfristige Vor- und Nachteile des Kiffens macht (Vierfelderschema), sowie die Arbeit an einer zuversichtlichen Perspektive (Prochaska 2001). Zwar schreckt

Janos noch davor zurück, ernsthaft über einen Entzug nachzudenken, und vermutlich würde er sich auf Stufe 1 zurückziehen, falls man ihn drängen würde, endlich zu handeln.

Stadium 3 – Entscheidung/Vorbereitung (»preparation«)

Zu den Einstellungsänderungen treten in dieser dritten Phase der Motivationsentwicklung Verhaltensabsichten hinzu. Es sind zwar insofern noch Ab-»Sichten«, als zum vollziehenden Handeln eine gebührende Distanz gewahrt wird, aber »Denken« in diesem Stadium impliziert bereits ein »Handeln mit minimalem Energieaufwand« in dem Sinn, dass Handeln in Betracht gezogen wird. Janos interessiert sich beispielsweise für Kliniken, die einen Cannabis-Entzug anbieten, und er kann es sich vorstellen, sich zu einem Indikationsgespräch anzumelden (»Kann ja nicht schaden, sich mal zu erkundigen«).

In der gleichen Woche, als diese Zeilen geschrieben wurden, hat sich zusammen mit einer bulimischen Patientin folgendes Gespräch ergeben:

DOROTHEE: Die bisherigen Familiengespräche haben mir geholfen, besser zu verstehen, dass ich nicht die Bulimie verteidigen muss, sondern dass ich meinen Eltern vertrauen kann, dass sie mir helfen wollen, meinen eigenen Weg zu finden. Das war vorher ganz anders, da habe ich den Eindruck gehabt, sie machen mir nur Vorwürfe, und wenn sie mich beim Erbrechen erwischt haben, habe ich sie angeschrieen, obwohl ich mich eigentlich nur schlecht und schuldig gefühlt habe. Dabei habe ich immer gemeint, ich sei ein armes Mädchen, das von niemandem, nicht einmal von seinen Eltern verstanden wird.

THERAPEUT: Und jetzt hat sich da etwas verändert?

DOROTHEE: Ja, es hat sich verändert, jetzt fühle ich mich nicht mehr als das arme und unverstandene Mädchen, sondern ich muss jetzt irgendwas tun, weil ich einfach nicht mehr erbrechen will, und da spüre ich, dass es noch was anderes braucht. Wissen Sie, die Sitzungen zusammen mit den Eltern geben mir so eine gewisse Richtlinie, und dazwischen müsste ich nun eine Hilfe haben, die mir ganz praktisch dient, ganz unabhängig von den Eltern.

THERAPEUT: Wie wäre es, wenn Sie sich einmal bei unserer Ernährungsberaterin melden, sie ist sehr erfahren in diesen Dingen, sie kann Ihnen vielleicht diese praktischen Tipps geben, was meinen Sie?

DOROTHEE: Ja, das habe ich mir auch schon überlegt, ob ich mich bei einer Ernährungsberaterin melden soll.
THERAPEUT: Eine andere Möglichkeit wäre auch unsere Gruppe im Haus, die ein Esstraining anbietet ...
DOROTHEE: Vielleicht nicht zu viel auf einmal, ich glaube, es wäre gut, wenn ich mich erst einmal bei der Ernährungsberaterin melden würde. Jetzt kommen ja die Herbstferien, und danach werden wir sehen ...
THERAPEUT: Das finde ich sehr vernünftig.

In dieser Stufe der Motivationsänderung kombinieren Menschen intentionale und Verhaltensaspekte. Unabhängig davon, ob von Erfolg gekrönt oder nicht, äußern sie die Absicht, ihr Verhalten innerhalb einer relativ kurzen Zeit zu ändern.

Stadium 4 – Handeln (»action«)

Im Fall von Janos verging fast ein Jahr, in dem er sich mit der Möglichkeit eines Entzugs auseinandersetzte. Freunde der Eltern, die einen Bauernhof in Apulien unterhielten und durch die Betreuung verhaltensgestörter Jugendlicher die spärlichen Betriebseinnahmen aufbesserten, boten Janos einen Entzug in ihrem Rahmen an, der allerdings nach fünf Wochen scheiterte. Familiensitzungen im Anschluss an seine Rückkehr dienten dazu, den demoralisierten Eltern beizustehen, das Positive an der Entwicklung zu erkennen: »Janos hat es versucht! Stellen Sie sich vor, wie es vor zwei Jahren ausgesehen hat, da ist es für ihn noch unmöglich gewesen, überhaupt daran zu denken, es einmal zu versuchen.«

In der vierten Stufe der Verhaltensänderung sind Menschen aktiv am Werk, ihre Umwelt neu zu strukturieren, indem sie sich aktiv anders verhalten und neue sinnliche Erfahrungen machen. Von eigenen Zukunftsplänen und Erkenntnissen zum Handeln angestachelt sind sie bereit, große Unannehmlichkeiten auf sich zu nehmen und auch Ziele mit aufgeschobener Belohnung anzustreben.

Nachdem Janos aus Apulien zurückgekehrt war, zog er beim Vater ein, der zwar eine feste Beziehung zu einer anderen Frau hatte, aber alleine eine Wohnung bewohnte. In der Folge eines Jahrhundertunwetters, das Bern heimgesucht und riesigen Schaden angerichtet hatte, ergab sich für Janos dank Beziehungen des Vaters die Chance für eine befristete Stelle im Rahmen von Aufräumarbeiten. Die damit verbundene »Alltagsdisziplin«, die sich zum neuen Problem entwickelte und auch den Vater auf Trab hielt, bescherte ihm erste von Cannabis freie Tage. Dieselben Umstände führten auch dazu, dass er keine Zeit mehr hatte, seine »Cannabis-Kumpanen«, aufzusuchen, ohne die er sich zuvor ein Leben nicht vorstellen konnte. Die zunehmende Abschottung vom sozialen Cannabis-Umfeld beurteilte er aus einer späteren Perspektive als einen für die Veränderung entscheidenden Vorgang.

In dieser Phase führt das »Handeln als Denken mit viel Energieaufwand« zu neuen Gewohnheiten und Alltagsroutinen, die zunehmend auch von der Umwelt wahrgenommen, quittiert und integriert werden. Wie wichtig dabei das Feedback seitens der Eltern sein kann, schilderte ein dissozialer Jugendlicher, den ich während längerer Zeit zusammen mit den Eltern begleitet habe: »Ich habe früher immer den Eindruck gehabt, meinen Eltern sei es egal, ob ich nach Hause komme oder nicht. Und wenn ich nach Hause gekommen bin, dann hat's ja nur Stress gegeben. So habe ich es sein lassen und bin überzeugt gewesen, dass es auch das Beste für meine Eltern und meinen jüngeren Bruder ist, von dem ich immer nur gehört habe, er leide unter mir und ich sei ein schlechtes Vorbild für ihn und schade ihm so. Erst als ich meinen Vater nach seinem Selbstmordversuch im Spital besucht habe, hat's sich irgendwie verändert, und ich weiß nicht einmal weshalb. Aber wir haben ja dann bei Ihnen so Gespräche geführt und da habe ich irgendwie kapiert, dass meine Theorie möglicherweise nicht ganz gestimmt hat.« Dieser Jugendliche, der inzwischen ein begeisterter Wing-Tsung-Trainer geworden ist und im Zusammenhang mit dem schweren Suizidversuch seines Vaters offensichtlich ein »Damaskuserlebnis« (= Schlüsselerlebnis, »Saulus-Paulus-Transformation«) hatte, wohnt heute in einem Durchgangsheim und zeigt seit drei Jahren eine gebesserte Entwicklung in Bezug auf Gewaltverhalten, Verwahrlosung und Drogenkunsum, der unter anderem durch regelmäßig durchgeführte Urinproben objektiviert worden ist.

Stadium 5 – Aufrechterhalten (»maintenance«)

Im Zentrum dieses Stadiums, wo neue und erwünschte Alltagsroutinen Platz gefunden haben, steht die Konsolidierung des Erschaffenen und die Rückfallprophylaxe. Da sich die Zeitperspektive dieser Phase über mehrere Jahre erstreckt, geht es nicht mehr in erster Linie um »kleine« Verhaltensänderungen, die sofort und kontinuierlich verstärkt werden sollen, wie das in der vorhergehenden Phase des Aufbaus eines neuen Verhaltens der Fall war, sondern um die Stabilisierung des Erfolgs. Darüber hinaus schwindet in dieser Phase die Aufmerksamkeit des externen Umfelds. Haben sich Eltern oder andere wichtige Bezugspersonen eben noch über den Erfolg sichtlich gefreut und entsprechende Rückmeldungen gegeben, so wird er nun als »selbstverständlich« und als neue »Baseline« aufgefasst, den speziell zu anerkennen sich erübrigt. Zwar wissen wir aus der Lerntheorie, dass intermittierende Verstärkung ein erlerntes Verhalten stabilisiert, andererseits kann jede Frustration das erreichte Bewältigungsrepertoire auch sprengen. Daher gehört das Antizipieren von Rückfallszenarien ebenso zu diesem Stadium wie der Umgang mit einem realen Scheitern, das sowohl bei Janos wie im Umfeld jederzeit zur Demoralisierung führen kann.

Fast vier Jahre nach Therapiebeginn hat sich bei Janos R. folgende Situation ergeben: Janos steht in einer Lehre als Hotelfachangestellter in einem Schweizer Kurort, wo er seinen Verpflichtungen insoweit nachkommt, als er sich Versäumnisse zuschulden kommen lässt, die eben gerade noch »durchgehen«. Die Entfernung zu seiner Herkunftsfamilie erlebt er als positiv und als Voraussetzung, um »seinen eigenen Weg zu finden«. Unterdessen hat er eine Freundin, die mit Drogen nichts am Hut hat. Im jüngsten Verlaufe der Therapie wurden noch zwei Themen fokussiert, die nichts direkt mit Janos zu tun hatten: zum einen ein Arbeitsplatzproblem des Vaters (Mobbing an seinem Arbeitsplatz im Hallen- und Freibadtrakt) und zum anderen ein Paarproblem der Mutter, deren Ansprüche ihrem Partner gegenüber, was dessen Beziehungscommitment angeht, gestiegen waren.

Stadium 6 – Abschließen (»termination«)

Im Rahmen des vorgestellten Stufenveränderungsmodells markiert diese Phase den Zeitpunkt, wo der Veränderungsprozess abgeschlossen ist und Rückfälle unwahrscheinlich geworden sind. Das Problemverhalten bzw. der Drang, es auch unter Belastungssituationen wieder zum Vorschein zu bringen (z. B. Kiffen), sind verschwunden. Es ist das Idealziel einer Therapie und wird bei schwereren Störungen nur von einer Minderheit erreicht. Nichtsdestotrotz scheinen die Menschen ihren Weg von jetzt an ohne therapeutische Unterstützung zu finden.

Besucher, Klagende, Kunden

Im Grunde genommen bietet auch die lösungsfokussierte Kurztherapie ein Stufenmodell. Es legt das Augenmerk explizit auf die Konstruktion von Lösungen und auf das optimale Passen (»fit«) zwischen Therapeut und Hilfesuchenden (de Shazer 1989; Walter u. Peller 1996; Steiner u. Berg 2002). Ist das Passen erreicht, so zeigt sich dies in einem Trancezustand der Teilnehmer einer Therapiesitzung, die optimal aufeinander eingestellt sind und einander aufmerksam zuhören. Sie sind intrinsisch motiviert, einen Gesprächsgegenstand zu verfolgen und es besteht zwischen ihnen ein Rapport (Holtz u. Mrochen 2005). Die Voraussetzung zu einem Gelingen bildet ein differenziertes Beziehungsangebot des Therapeuten, der sich auf die unterschiedliche Motivationslage der Hilfesuchenden einstellt (de Shazer 1989):

Besucher: Bereitschaft, in eine Sitzung zu kommen

Die Handlungsbereitschaft des typischen »Besuchers« zeigt sich darin, dass jemand in der Therapie erscheint, ohne eine eigentliche Klage zu haben. Stattdessen kommt er, weil »er geschickt oder mitgenommen wurde« (de Shazer 1989, S. 104). Die Begründer des Kurztherapiemodells des Mental Research Institut in Palo Alto, Paul Watzlawick, John Weakland, Richard Fisch und Lynn Segal nennen diesen Typus den »Schaufensterbummler« (vgl. 1991, S. 58): »Ein guter Verkäufer weiß, dass er nicht jedem Kunden, der seinen Laden betritt, etwas verkaufen wird. Aber er weiß auch, dass er so gut wie nie an einen Kunden etwas loswerden wird, der den Laden nur deshalb betritt, weil es draußen regnet.« Wenn Jugendliche zusammen mit ihren Eltern vom Gericht zur Familientherapie »verdonnert« werden, erscheint mithin die ganze Familie in der Therapie. Dass es sich dabei indes nur um einen »Besuch zum Kaffee und Kuchen« handelt, zeigt sich bald in der problembezogenen Unverbindlichkeit dieses Arrangements und im offensichtlichen »Widerstand«, der umso deutlicher wird, je mehr der Therapeut »zur Sache« kommen will.

Umgekehrt postuliert die lösungsorientierte Therapie, dass Kooperation unvermeidlich ist, sobald der Therapeut das Denken und Handeln des Klienten besser versteht (Walter u. Peller 1996). Mit anderen Worten: In lösungsfokussierter Lesart ist Widerstand ein Symptom dafür, dass der Therapeut etwas nicht richtig verstanden hat. Vor diesem Hintergrund werden folgende Leitsätze für die Gesprächsführung mit einem Besucher empfohlen (de Shazer 1989, S. 105):

1. Stets so freundlich sein wie möglich
2. Als anwesender Therapeut *immer* auf der Seite der Interviewten stehen
3. Ausschau halten nach dem, was funktioniert, und nicht nach dem, was nicht funktioniert

Klagende: Die Bereitschaft, ein Problem zu beklagen

Ein Problem zu beklagen bedeutet noch nicht die Bereitschaft, anfallende Kosten (Anstrengung, Zeit, Geduld etc.) für eine Lösung zu übernehmen. Der Begriff »Klagender« beschreibt insofern ein fremdmotiviertes Beziehungsangebot, als der Patient eine Lösung seiner Probleme als Ergebnis der Therapiesitzung erwartet. Da sie am »Klage«-Setting interessiert sind, verhalten sich Klagende kooperativ gegenüber therapeutischen Aufgaben sowie in Bezug auf die Notwendigkeit, ein Therapiesetting aufrechtzuerhalten, doch ungeachtet dessen unterscheiden sie sich nicht vom Besucher, wenn es um die eigentlichen Lösungsanstrengungen geht.

Wo im Mehrpersonensetting gearbeitet wird, treffen nicht selten in derselben Sitzung Besucher mit Klagenden aufeinander.

Kunde: Die Bereitschaft, ein Problem zu lösen

Das ist die optimale Therapiemotivation. Nach Kanfer et al. (1991) hat ein Klient oder eine Klientin auf dem Weg zu dieser Form der therapeutischen Handlungs- und Verhaltensbereitschaft die folgenden fünf grundlegende Motivationsfragen beantwortet (Kanfer et al. 1991, S. 237, leicht abgeändert):

1. Wie wird mein Leben sein, falls ich mich ändere?
2. Wie werde ich besser dastehen, falls ich mich ändere?
3. Kann ich es schaffen?
4. Lohnt sich der Aufwand?
5. Kann ich den Therapeuten (oder der Institution) vertrauen?

9. Zwei Beispiele für den Einstieg

»Ob und wie man sich einigt, zeigt sich uns als zentrales – vielleicht das zentrale – Problem gestörter menschlicher Beziehungen.«

Helm Stierlin (1989)

Eine beunruhigende Zunahme

Forschungsdaten über die vergangenen Jahrzehnte sprechen für eine ebenso beunruhigende wie anhaltende Zunahme von Verhaltensauffälligkeiten im Kindes- und Jugendalter, wie etwa depressives, suizidales, antisoziales oder aggressives Verhalten und Drogenmissbrauch (Rutter u. Smith 1995). Durch genetische Ursachen ist dieser Befund nicht zu erklären, da die Zeitspanne von einigen wenigen Jahrzehnten zu kurz ist (Fonagy 2002). Vielmehr werden die Gründe in einem historisch-gesellschaftlichen Wandel und den dadurch freigesetzten »desintegrierenden Kräften der Modernisierung« (Berger u. Berger 1984, S. 20) gesehen. Stichworte dazu sind die Auflösung traditioneller Familienstrukturen, Verstädterung, Abnahme dauerhafter Beziehungen und Bindungen, hohe Scheidungsraten, Pluralisierung und eine allgemeine kulturelle »Entbettung« in einer globalisierten, kapitalistischen Netzwerkgesellschaft (Keupp 2005) mit den nicht absehbaren Folgen einer Verunsicherung in kulturellen Grundwerten.

Als Gegenthese zu den »desintegrierenden Kräften« auf familiärer Ebene gilt, »dass die Geschichte der Familie schon immer jene ihres Zerfalls gewesen ist. Das trifft vor allem heute zu. Ein kurzer historischer Rückblick sei hier erlaubt: Was früher Waisen waren, sind heute Scheidungskinder. Es hat eine Modernisierung der Trennungsursachen stattgefunden« (Ley 1991, S. 335).

Es ist die Aufgabe der politischen und sozialen Gesellschaftswissenschaften, sich der komplexen und langfristigen Fragen nach Gründen, Zusammenhängen und Maßnahmen auf gesellschaftlicher Ebene anzunehmen. Im Einzelfall ist es unsere Aufgabe als Psychotherapeuten, jede ethisch vertretbare, zumutbare, wirksame und finanzierbare Maßnahme zur Leidminderung zu treffen. Diese Aufgabe ist alles andere als leicht, muss doch dabei mithilfe eines Minimums an nachprüfbaren Fakten im idiosynkratischen Einzelfall ein Maximum an Komplexität bewältigt und verantwortet werden.

Davon abgesehen geht es in der Psychotherapie nicht um nachprüfbare Erklärungen, und auch nicht darum, Menschen glücklich zu machen, sondern um ein Recht, »nicht unglücklich gemacht zu werden [...] Den Leidenden steht ein Recht auf alle nur erdenkliche Hilfe zu« (Popper 1980, S. 215).»Aber ich glaube, dass der Grad der Komplikation, den wir meistern können, durch das Ausmaß an Erfahrung bestimmt ist, die wir durch die bewusste und systematische Behandlung von Einzelproblemen gewonnen haben« (ebd., S. 388).

Erkenntnisrahmen

Als »erkennendes Subjekt« stehen dem systemischen Therapeuten zwei Erkenntnistheorien (Epistemologien) zu Gebote, die ich in meiner Arbeit nicht als Gegensätze oder sich ausschließend auffasse, sondern als zwei unterschiedliche Erkenntnisrahmen, die sich in einer gegebenen Therapiesituation mehr oder weniger gut eignen, um Motivationsprozesse in Gang zu setzen. Die beiden Rahmen werden auch dazu verwendet, um die systemischen Familientherapieansätze in zwei Modelle zu unterteilen, einerseits der systemische Ansatz erster Ordnung und andererseits der systemische Ansatz zweiter Ordnung (Hoffman 1987).

Systemischer Ansatz erster Ordnung

Das Kontrollmodell der »strukturellen Familientherapie« (Minuchin u. Fishman 1983) basiert auf dem Prinzip des (Familien-)homöostatischen Gleichgewichts (Jackson 1957). Homöostatisch heißt, dass ein Regulationssystem aus positiver und negativer Rückkoppelung im Sinn der Kybernetik dafür sorgt, dass Gleichgewichte (z. B. Grenzen, Beziehungsdreiecke, Haushaltsausgaben, Affektausdruck, Blutdruck, Zuckerspiegel) erhalten werden (= Kybernetik 1. Ordnung). In diesem Modell handelt der Therapeut direktiv und orientiert sich an dysfunktionalen Strukturen, die in funktionale verwandelt werden (z. B. Herstellung »normaler« Familienhierarchien, Herauslösen eines Jugendlichen aus seiner »parentifizierten« Rolle usf.). Dem Therapeuten steht ein diagnostisches wie therapeutisches Repertoire an Symptomen, Indikatoren und Methoden zur Verfügung, um (Beziehungs-)Strukturen zu initiieren, aufzubauen, aufrechtzuerhalten und aufzulösen (Morphostase, Morphogenese). Zwangsläufig orientiert sich dieses Modell an gewissen Normvorstellungen (z. B. »Eltern in den Führungsstand«), und die Aufgabe der Therapie besteht darin, pathologische Strukturen in den Normalbereich zu überführen.

> **Beispiel 17: Pia C.**
> In folgender Sequenz bedient sich der Therapeut eines Kontrollmodells. Die Eltern der 16-jährigen Pia haben hinter deren Rücken telefonisch Kontakt mit dem Hausarzt aufgenommen, um sich zu erkundigen, wie es mit den selbst zugefügten Verletzungen bei Pia medizinisch aussieht; diese »Grenzverletzung« löste bei Pia ungeachtet dessen, dass der Hausarzt die Eltern in korrekter Weise an deren Tochter zurückverwiesen hatte, Empörung aus.
>
> PIA: Das geht euch überhaupt nichts an, und ich erwarte, dass ihr das respektiert, dass es meine Sache ist ...
> VATER: Das akzeptiere ich nicht. Du kannst nicht erwarten ... Das ist mir nicht egal, du bist meine Tochter und es kann mir nicht egal sein, wenn ich weiß, dass du deinen Körper malträtierst ...
> PIA: Ich finde es einfach fies, wenn ihr hinter meinem Rücken ...
> MUTTER: Es war ja nicht hinter deinem Rücken, wir haben es dir dann ja auch gesagt ...
> PIA: Ja, aber erst hinterher, und weil Dr. U. nichts gesagt hat ...
> VATER: Also, du bist ja erst 16-jährig, und da haben wir als Eltern ja auch noch eine Verantwortung, und ich bin einfach nicht bereit, die Dinge so laufen zu lassen, da verlange ich einfach von dir, dass du uns aufklärst und auch die Wunden zeigst, sodass wir ein wenig beurteilen können, wo das steht, und wo wir uns Sorgen machen müssen ...
> PIA: Das geht einfach nicht so, das ist fies, das akzeptiere ich nicht, das ist mein Körper und ihr müsst das respektieren ... Unter keinen Umständen zeige ich euch das Zeug, nie und nimmer, was meint ihr eigentlich, glaubt ihr denn, dass es sich dabei einfach so um ein paar Blätze [Wunden] handelt, die man jedermann zeigen kann? Du hast einfach keine Ahnung, du kannst das überhaupt nicht verstehen ...
> THERAPEUT (zu Pia): Wäre es denn für Sie wichtig, dass Ihr Vater besser versteht ...

PIA (weint): Das ist unmöglich, er kann das nicht verstehen ... Und es ist ja auch egal, es ist gar nicht nötig, dass er es versteht, er soll mich einfach in Ruhe lassen ...

THERAPEUT: Gesetzt den Fall, Ihr Vater leidet tatsächlich darunter, dass er es nicht verstehen kann, ich meine, er hat vielleicht schlaflose Nächte, er ist bei seiner Arbeit zerstreut und so weiter, und nehmen wir an, es gäbe eine Erklärung dafür, dass es das Beste wäre, für ihn wie insbesondere für seine Tochter, dass er sie mit dieser Frage nach den Verletzungen in Ruhe lässt, gesetzt den Fall, es wäre so, wie ...

PIA: Er muss doch nicht alles wissen, ich bin doch in einem Alter, wo ...

THERAPEUT: Ja gut, Okay, das stimmt, und dennoch gibt es ja Situationen, wo das Nichtwissen großen Schaden auslöst ... Nehmen wir zum Beispiel an, er grämt sich wegen der Situation dermaßen, dass er nicht mehr arbeiten kann ...

MUTTER: Ja, genauso ist es auch für mich, du musst doch auch Rücksichten nehmen, es geht doch hier nicht um die Frage, ob wir einen Ausgang verlängern oder nicht, sondern um deine Gesundheit, und wie kannst du erwarten, dass uns die egal ist?

THERAPEUT: Vielleicht wäre den Eltern und damit auch Ihnen tatsächlich gedient, wenn sie eine Erklärung hätten ...

PIA: Das kann man doch nicht erklären, das ist sehr persönlich ...

THERAPEUT: Okay, darf ich versuchen, an Ihrer Stelle eine Erklärung abzugeben?

PIA (ambivalent): Ja ...

THERAPEUT (zu den Eltern): Okay, ich glaube, es fällt Ihnen nicht schwer zu respektieren, dass es auf der einen Seite persönliche Dinge gibt, die Pia jetzt für sich verwalten muss, ohne die Eltern, und andere, wie etwa Fragen der Krankenkasse oder ähnliches, wo die Eltern noch mitreden. Ist das so?

(Beide Eltern bestätigen.)

THERAPEUT: Okay, nun gibt es auch bei jeder Krankheit diese zwei Seiten. Als Arzt vergleiche ich das am liebsten mit einer medizinischen Situation. Ein Diabetes beispielsweise, eine Zuckerkrankheit, die hat auch diese beiden Seiten. Stellen Sie sich vor, Eltern wüssten nicht, weshalb ihr Sohn ab und zu vom Esstisch verschwindet und sie regen sich auf, weil sie das als Angriff auf ihre Familiennorm verstehen. Stellen Sie sich vor, das Problem könnte gelöst werden, indem die Eltern einfach darüber aufgeklärt werden, dass ihr Sohn sich Insulin spritzen muss und dass er das aus Rücksicht am

liebsten im Badezimmer macht. Das wäre doch für die Eltern ziemlich wichtig zu wissen, oder nicht?
(Beide Eltern bestätigen.)
THERAPEUT: Okay, und ganz ähnlich ist es nun mit einer selbstverletzenden Störung, nur hier führt das Problem nicht zu einer Über- oder Unterzuckerung, sondern zu übermäßiger Scham. Die Scham-, Schuld- und Angstgefühle, die damit verbunden sind, übersteigen das natürliche Maß, sie können als irrational und äußerst quälend bezeichnet werden. Das ist der gewissermaßen objektive Grund, weshalb Menschen mit dieser Störung so Mühe haben, darüber zu reden, vor allem mit den Eltern, es sind quälende Gefühle, die das übliche Maß bei Weitem übersteigen. Es ist wie beim diabetischen Sohn, der lieber im Badezimmer spritzt. Verstehen Sie? Und hier, bei Pia, sind es Schamgefühle, und jedes Mal, wenn man trotzdem davon spricht, werden sie noch schlimmer [zu Pia] ... trifft das in etwa zu?
PIA: Ja, genau.
THERAPEUT: Das Beste, das Sie also für Ihre Tochter tun können, ist, das zu akzeptieren und auch auszuhalten, im Interesse der Gesundung ... Verstehen Sie?
VATER: Ich bin Ihnen sehr dankbar für diese Ausführung, ja ... Jetzt kann ich es besser verstehen ...
THERAPEUT: Das heißt aber nicht, dass Sie nun Ihre Tochter schonen sollen, da gibt es ja auch noch die gesunden Seiten, und die sind ja fast alles. Zum Beispiel die Ablösung. Pia ist ja in einem Alter, wo sie auch eigene Ideen entwickelt, und das ist etwas ganz anderes, aber das sind dann die normalen Themen, Ausgang, Taschengeld und so weiter [zu Pia] ... Habe ich das so richtig verstanden ... Ich meine, Sie wünschen nicht unbedingt, dass die Eltern Sie in all den normalen Dingen wie ein rohes Ei behandeln?
PIA: Ja, so ist es, das ist genau das, wie ich es meine ...

Systemischer Ansatz zweiter Ordnung

Ausgehend von der Erkenntnistheorie des »radikalen Konstruktivismus«, der besagt, dass unsere Wahrnehmung kein »Abbild«, keine »Kopie« der Realität »da draußen« ist, sondern dass ausnahmslos (radikal = an der Wurzel greifend) alle Wahrnehmung das Ergebnis der Konstruktion eines Gehirns darstellt, wurde unter dem Begriff der »Kybernetik 2. Ordnung« (Kybernetik der Kybernetik) eine Epistemologie ins Feld geführt, die die Sprache ins Zentrum der Therapie setzt.

In dieser Betrachtungsweise wird der Therapeut nicht als Beobachter auf dem »professionellen Hochsitz« der Familie gegenübergestellt, von wo aus er Konflikte, Symmetrien oder Grenzen objektiv identifiziert und zielgenau wie ein Chirurg mit dem sprachlichen Skalpell beeinflusst, sondern er wird vielmehr als Teil eines Kommunikationssystems gesehen, das er nur insofern beobachten kann, als er stets auch sich selbst mitberücksichtigt. Er ist als Mitspieler in einem Sprachspiel in das soziale Gesamtsystem zirkulär verknüpft.

An die Stelle der objektivistischen, beobachterunabhängigen Erkenntnis tritt die Idee des Standpunkts, der sich selbst enthält, sodass »kein Teil eines solchen in sich interaktiven Systems eine einseitige Kontrolle über den Rest oder über irgendeinen anderen Teil haben kann« (Dell 1986, S. 108). Eine Analogie findet diese Sicht im sog. »Enthaltensein-Rätsel« der Kosmologen (Harrison 1983, S. 19): »Die Kosmologie ist unvollständig in dem fundamentalen Sinne, dass wir nicht wissen, wohin mit uns selbst als Kosmologen in unserem Weltbild. Wir können unsere Körper und bioelektrischen Gehirne ins physikalische Universum einfügen, aber wir können nicht unseren Verstand – was immer das bedeutet – in das Universum einbringen, das von unserem Verstand begriffen wird. Wenn wir es doch versuchen, stehen wir vor der Absurdität einer unendlichen Regression: Ein Kosmologe stellt sich ein Universum vor, welches den Kosmologen enthält, der sich das Universum vorstellt, und immer so weiter.«

Bekannte Modelle des systemischen Ansatzes zweiter Ordnung, die sich mehr oder weniger explizit am Konversationsmodell orientieren, sind das »Mailänder-Modell« (Selvini Palazzoli 1981), die »lösungsorientierte Kurztherapie« (DeShazer 1989), das »Reflecting Team« (Andersen 1996) oder das »Problemsystem« (Anderson u. Goolishian (1990).

Fall 1: Ein Hilferuf aus dem Äther – Zu viel des Guten[5]

Gerät ein Schiff in Not, dann ist es wohl seiner Manövrierfähigkeit beraubt, festgefahren, den Winden ausgesetzt, es ist aber noch intakt. Wenn ein Jugendlicher psychisch krank wird, ist die Familienkompetenz nicht zerstört, sondern nur blockiert. In vertrauensvoller Nähe

---

5 Basiert auf einem früher publizierten Artikel (Liechti 2004).

zur Familie sind dem Therapeuten die belastenden Muster und prekären Gleichgewichte »live« zugänglich. Seine Professionalität zeigt sich zum einen in der Fähigkeit, in Bezug auf die gewünschten Ziele seitens der Hilfesuchenden nützliche Beobachtungen zu machen und diese als Ansatzpunkte für die Veränderung in Betracht zu ziehen, und andererseits »aus dem Kaufhaus der bewährten Methoden« zielführende Handlungen ins Spiel zu bringen.

Wenn ein Jugendlicher psychisch erkrankt, sind mindestens drei Perspektiven zu beachten:

1) jene des psychisch kranken Menschen selbst, für den das subjektive Erleben von Leid und Kranksein im Mittelpunkt steht,
2) jene der engsten Bezugspersonen, insbesondere der Familienangehörigen, für die sich die anspruchsvolle Aufgabe stellt, sich mit den Auswirkungen einer psychischen Krankheit auseinanderzusetzen – so etwa mit dem radikalen Hungern bei Magersucht, dem stummen Rückzug bei Depression oder der Wirklichkeitsverkennung bei einer Psychose, und
3) schließlich jene des Problemsystems, das heißt jene Einheit, die durch die Kommunikation über das Problem geschaffen wird. Diese dritte Perspektive rückt die Beziehungsdynamik und Kommunikationsmuster ins Blickfeld und ist die Domäne der (systemischen) Familientherapie.

Den Dialog in Gang halten

Wie viel Selbstbestimmung einem Jugendlichen zumutbar ist und wie viel Unterstützung er von seinen Angehörigen erwarten darf, welche Ansprüche und welche Rücksichtsnahmen dabei angemessen sind, wo seine Eigenverantwortung beginnt und wo sie endet, sind Fragen, die sich einer Familie neu stellen, wenn ein Mitglied psychisch erkrankt. Professionelle Hilfe und Information, etwa in Form von Pharmakotherapie, Patientengesprächen, Angehörigenarbeit oder Selbsthilfegruppen, sind unverzichtbare Maßnahmen, um Leiden zu mindern, das Krankheitsverständnis zu mehren, Scham- und Schuldgefühle abzubauen und Überforderung aufzudecken. Familientherapie kann darüber hinaus mithelfen, den Dialog in der Familie in Gang zu halten, der umso dringlicher wird, je bedrohlicher und einschränkender die krankheitsbedingten Veränderungen sind. Oft bleibt das Gespräch sogar ganz auf der Strecke, sei es aus Gründen der Schonung oder aus der Angst, die Probleme würden dadurch nur noch schlimmer. Ehe es sich die Familie versieht, haben sich Missverständnisse eingeschlichen, Meinungsverschiedenheiten wie dunkle Wolken über der Familie zusammengebraut und Extrempositionen aufgeschaukelt, die das Familiensystem auf eine unmanövrierbare Notlage zusteuern lassen können.

Gerät eine Familie in Not, kann trotz – oder gerade wegen – des familiären Engagements eine rasche und effiziente therapeutische Hilfe für das psychisch erkrankte Mitglied behindert werden. Per E-mail erreichte uns folgender Hilferuf (gekürzt und anonymisiert):

»Bis vor gut einem Jahr waren wir eine ganz normale Familie mit einem 19-jährigen Sohn. Im Frühling 2003 wurde bei Theo eine schwere Depression festgestellt und er brach seine Lehre ab. Er meint, dass er keine Beziehung zu Menschen habe. Er ist seit einem Jahr in Therapie und bekommt Medikamente. Eigentlich möchte er die Therapie beenden, da er findet, dass sie doch nichts bringe. Wir Eltern möchten jedoch nicht, dass er diese Therapie abbricht, sind aber auch nicht mehr sicher, ob es das Richtige ist. Wir haben auch gehofft, dass unser Sohn in Sachen ›Selbstständigkeit‹ und ›Ausbildung‹ Begleitung durch die Therapeuten bekommen würde. Wir fühlen uns sehr hilflos und würden uns freuen, einen Rat zu bekommen.«

In der Erstsitzung gibt Theo das Bild eines ungeduldigen jungen Mannes ab; ganz offensichtlich kommt er den Eltern zuliebe her. Die Eltern wirken demgegenüber kummervoll und hilfebedürftig. Die Stimmung ist gedrückt und es fällt der Familie schwer, sich mitzuteilen. Nachdem die Mutter ihrer Sorge um den psychischen Gesundheitszustand des Sohnes Ausdruck gegeben hat, meldet sich der Vater zu Wort. Das Gewicht seiner Worte scheint ihn selber zu überwältigen und verschlägt ihm mehrmals die Stimme. Seit Längerem befürchtet er, dass sein Sohnes sich umbringen könnte. Deshalb hat er das Gefühl, in der Falle zu sitzen. Einerseits lehne Theo eine stationäre Hilfe, ja Fachhilfe überhaupt, mit der Begründung ab, dass ihm das nichts bringe, andererseits signalisiere er immer wieder Lebensmüdigkeit.

Die Worte des Vaters legen einen Teppich des Schweigens über die Familie. Weder Theo noch seine Mutter vermögen die Sätze zu bestätigen oder zu dementieren. Alles Gesagte bleibt in der Schwebe, im grundsätzlich Möglichen, und scheint gerade deshalb den Dialog zu hemmen. Die familiäre Dynamik ist »in der Klemme«. Auf der einen Seite der intelligente und liebenswürdige Theo, der sich dem realen Leben versagt und sich in der elterlichen Wohnung verbarrikadiert, die Nacht zum (digitalen) Tag macht und außerfamiliäre Kontakte – insbesondere zu Peers – meidet. Auf der anderen Seite die sich mit Angst- und Schuldgefühlen plagenden Eltern, die alles unternehmen, um das in Not geratene Schiff über Wasser zu halten.

Helm Stierlin (1994) vergleicht diese Klemme mit dem Clinch zweier Boxer, die sich in ihrer Erschöpfung, Ratlosigkeit und Angst vor dem nächsten Schlag unter Einbuße ihrer Bewegungsfreiheit ineinander verklammern. Dem Verlust an Freiheitsgraden entgegenzuwirken ist Aufgabe der Familientherapie. Es geht darum, im familiären Kontext den Dialog zu verflüssigen, Sichtweisen auszutauschen und den Gegebenheiten anzupassen, Realitäten zu respektieren, Grenzen zu ziehen, Risiken zu eliminieren, Befürchtungen auszusprechen, alles in allem Optionen zu mehren. Seit jeher zielt die Psychotherapie grundsätzlich darauf ab – um es in den Worten des amerikanischen Psychiaters Erik H. Erikson (1981) zu sagen – Hilfesuchende zu befähigen, eine (eigene) Entscheidung zu treffen.

Öffnendes Fragen

Einen Ausweg bietet die Technik des »öffnenden Fragens«, die mit »As-if-Frames« arbeitet, mit der fiktionalen »Wie-wärs-wenn?«-Vorstellung. Sie hilft, das Unmögliche (zumindest scheinbar) möglich, das Unaussprechbare aussprechbar zu machen.

Der folgende Dialog aus der Erstsitzung ist aus Platzgründen verdichtet, in seiner Essenz indes authentisch:

THERAPEUT: Wer in der Familie leidet am meisten?
THEO: Die Eltern.
THERAPEUT: Woran erkennen Sie, dass die Eltern leiden?
THEO: Sie sind immer bedrückt, voller Sorge.
THERAPEUT: Was denken Sie, ist der Hauptgrund ihrer Sorge?
THEO: Das bin ich. Sie machen sich Sorgen, dass ich mit dem Leben nicht zurechtkomme.
THERAPEUT: Gibt es jemanden in der Verwandtschaft, der diese Sorge teilt, und gibt es andere, die ganz anderer Meinung sind?
THEO: Ja, die Großmutter teilt die Sorge, aber sie ist auch in anderen Dingen sehr ängstlich.
THERAPEUT: Und wer ist anderer Meinung?
THEO: Onkel Robert, der Bruder meiner Mutter. Der hat gesagt, er hätte mich schon längst vor die Tür gesetzt.
THERAPEUT: Ginge es den Eltern besser, wenn sie den Rat von Onkel Robert befolgten?

9. Zwei Beispiele für den Einstieg

THEO: Meine Eltern sind schlicht außerstande, so etwas zu machen.
THERAPEUT: Ginge es den Eltern besser, wenn sie es tun könnten?
THEO: Vielleicht. Sogar sicher.
THERAPEUT: Gesetzt den Fall, Ihre Eltern würden lernen, so wie Onkel Robert besser auf sich zu achten, sich besser abzugrenzen, müssten sie dann riskieren, dass Sie, Theo, sich deshalb umbringen würden?
THEO: Nein. Im Gegenteil. Wenn ich mich umbringen würde, dann bestimmt nicht wegen meiner Eltern, sondern weil ich die Orientierung verloren habe.
THERAPEUT: Gesetzt den Fall, Ihre Eltern möchten lernen, sich der Haltung von Onkel Robert anzunähern, wäre dies für Sie eher eine Belastung oder eine Entlastung?
THEO: Ganz klar eine Entlastung.
THERAPEUT: Woran würden Sie erkennen, dass die Eltern sich diesem Ziel annähern?
THEO: Es gäbe in unserer Familie wieder mehr Fröhlichkeit.
THERAPEUT: Würden Sie es auch als eine Entlastung erleben, wenn die Eltern folgerichtig auf »fröhlichere Hausregeln« pochen würden?
THEO: Das ist ihre Wohnung, da haben sie auch das Recht dazu.
THERAPEUT: Nehmen wir einmal an, Ihre Eltern würden mich beauftragen, ihnen beizustehen, sich der Haltung von Onkel Robert anzunähern, würden Sie mich darin unterstützen?
THEO: Sicher, ja.
THERAPEUT: Sind Sie sich bewusst, dass mehr Fröhlichkeit auch ihren Preis hat, auch für Sie?
THEO: Ja, sicher. Vielleicht wäre ich dann motivierter, besser auf mich zu achten.

Wie die Bindungsforschung zeigt, suchen Menschen im Falle von Sorge und Kummer von Natur aus die Nähe von Bindungspersonen auf, die Fürsorge und Schutz bieten. Umgekehrt ist auch die dazu passende Neigung angelegt, anderen in der Not beizustehen – zumindest, wenn es sich um Bezugspersonen handelt. Der englische Psychoanalytiker und Begründer der Bindungstheorie, John Bowlby (2008) war der Meinung, dass der Mensch nicht nur in der Mutter-Kind-Einheit an dieses Muster gebunden ist, sondern »von der Krippe bis zum Grab«. Das Muster von wechselseitiger Schonung und Ängsten, durch welches die Familie B. in Not geriet, hat seine Wurzeln vermutlich auch in unbewussten Schutz- und Bindungsneigungen. Diese sind nicht primär gut oder schlecht, sondern in einer bestimmten Situation mehr oder weniger passend. Im Verlaufe der Therapie lernten die Eltern, sukzessive ihre Ängste abzubauen, eigene Ziele anzustreben und ihrem Sohn gegenüber deutlichere Grenzen zu ziehen. Da es immer »in seinem Auftrag« geschah, sahen sich die Eltern von der Verantwortung befreit, stets »das für ihn Richtige« zu tun. Indem sie mehr auf sich achten, nahmen sie auch Einfluss auf Theo, der sich aufrichtete und nun seine Therapie selbst an die Hand nahm.

Fall 2: Siehst du, Vater hasst mich! – Patchworkfamilie

In diesem Fall geht es um die Behandlung eines 15-jährigen Jugendlichen, bei dem die Diagnose einer Sozialverhaltensstörung bei vorhandenen sozialen Bindungen (ICD-10, F91.2) gestellt wurde. Es geht um eine Patchworkfamilie, einer heute weit verbreiteten Familienform mit eigenen Chancen und Risiken.

Ein Anruf der Mutter

Zur Kontaktaufnahme meldete sich die Mutter per Telefon. Ihre Stimme wirkte dabei gleichermaßen klagend und resigniert, und auch ein leiser Vorwurf schwang mit. Auf Anraten der Schulpsychologin wolle sie sich nach einer Familientherapie erkundigen, da sich ihr »Kleiner« (Felix) weigere, eine psychologische Hilfe für sich in Anspruch zu nehmen. Und er hätte die Hilfe dringend nötig, denn es gehe ihm schlecht. Sie selber arbeite 50 Prozent als Verkäuferin in einem nahen Warenhaus, sodass Felix alleine zu Hause herumlungere, wenn sie bei der Arbeit sei. Und wenn abends einmal alle zu Hause wären, dann sei es mit ihm kaum noch auszuhalten, die ganze aufgestaute Aggression komme dann hoch, das sei ja auch verständlich. Deshalb möchte sie fragen, ob eine Familientherapie hier was bringe.

THERAPEUT (am Telefon): Woran würden Sie das denn erkennen, dass es was bringt?

MUTTER: Wissen Sie ... [stockend] Felix hat Schulverbot erhalten, weil er einen Lehrer angespuckt hat. Gut, ja, das ist schlimm. Aber jetzt sitzt er zu Hause und macht Stress. Den ganzen Tag lang hängt er im Pyjama herum, sieht fern oder spielt diese aggressiven Videospiele. Das ist doch keine Lösung! Und jedes Mal, wenn mein Mann etwas sagt, gerät Felix außer sich! Ich muss erwähnen, dass Fredy nicht der richtige Vater ist. Er ist der Stiefvater, und er hat Felix und die beiden älteren Buben adoptiert, als sie noch klein waren. Er hat sich immer große Mühe gegeben. Aber jetzt ist es einfach zum Verzweifeln, und eigentlich verstehe ich Fredy, wenn er sagt, er halte das nicht mehr aus.

Kürzlich sind sich die beiden regelrecht in die Haare geraten wegen der Tenniskappe, die Felix nicht abnehmen wollte. Mein Mann ist überhaupt nicht brutal, er ist eher der sensible Typ. Aber er erwartet, dass Felix spurt. Und jetzt kann er nicht mehr schlafen, und als Lokomotivführer braucht er den Schlaf – besonders, wenn er Nachtschicht hat. Und wenn sie dann aneinandergeraten, bin ich immer dazwischen. Ich muss dann schlichten. Ich finde es auch nicht in Ordnung, wenn Fredy seinen ganzen Frust an Felix auslässt. Dann muss ich ihn natürlich verteidigen, weil ich ja die Mutter bin und weil auch Felix sehr sensibel ist. Sehr sensibel ... Ja, äh ... So geht es einfach nicht mehr weiter! Es muss jetzt endlich etwas geschehen!

THERAPEUT: Was verspricht sich denn die Psychologin davon, wenn die Familie zu mir kommen würde?

MUTTER: Sie meint, es wäre besser für Felix. Sie meint, wir bräuchten auch Hilfe, vor allem mein Mann. Sie sagt, er leide womöglich an einem Burnout.

THERAPEUT: Und was meint Ihr Mann dazu?

MUTTER: Er hat einfach die Nase voll. Er spricht nicht mehr mit Felix, und wenn überhaupt, dann schreit er ihn nur noch an. In letzter Zeit zieht er sich zurück, kommt nach der Arbeit nicht nach Hause oder hat eine Alkoholfahne. Und sie machen ja die Tests bei der Bahn, und da verliert er womöglich noch den Job. Auch mit mir spricht er immer weniger. Kürzlich hat er sich in der Zeitung nach Wohnungen umgeschaut, da hab' ich fast einen Nervenzusammenbruch gekriegt. Felix meint, es sei vielleicht das Beste, wenn der Bäpu [Vater] gehe. Ein anderes Mal hat er zu mir gesagt, siehst du, Bäpu hasst mich! Immer lobe er nur die beiden Brüder! Was soll ich mir da noch Mühe geben? Ja, das hat er gesagt, der Kleine.

THERAPEUT: Käme denn der Vater in eine Sitzung?

MUTTER: Ich müsste halt mit ihm reden. Er ist also ... nehmen Sie das bitte nicht persönlich ... nicht so begeistert von den Psychologen. Aber irgendwas muss ja geschehen.

Eine integrale Sicht

Je nach Grundausbildung und Praxiserfahrung einer Therapeutin bzw. eines Therapeuten wird der Problembericht der Mutter unterschiedlich interpretiert, was auch unterschiedliche und das Fallverständnis ergänzende Hilfe- oder Lösungsintuitionen auslöst. Kurz gesagt legt die *psychodynamische Sicht* das Augenmerk auf die Determiniertheit des Erlebens und Verhaltens durch unbewusste, untereinander im

Konflikt stehende psychische Kräfte, ausgehend von traumatischen Kindheitserfahrungen. Das Bewusstmachen, Klären und Durcharbeiten intrapsychischer Konflikte und Fantasien führt nach dieser Lehre zum Verschwinden der Symptome. Unter dieser Perspektive würden vielleicht im Einzelsetting mit Felix unbewusste Konflikte im Zusammenhang mit der Adoptionssituation aufgedeckt, allenfalls eine Bindungsstörung oder ein Verlusttrauma bearbeitet. Die bindungsbasierte Perspektive kann darüber hinaus Aufschluss über real gemachte Bindungs- und Beziehungserfahrungen seit frühester Kindheit sowie daraus abzuleitende (motivationale) Schemata, sog. »innere Arbeitsmodelle« (Bowlby 2008), bringen.

Die *kognitiv-behaviorale oder lerntheoretische Sicht* richtet den Fokus eher auf Hinweise verpasster Lernmöglichkeiten und hat dabei ein empirisch fassbares Vorgehen vor Augen. Neben der diagnostischen Abklärung – etwa auf Störung des Sozialverhaltens, Aufmerksamkeitsdefizite, hyperkinetische und/oder depressive Störungen – käme eine Zuweisung von Felix an eine Einrichtung für verhaltensgestörte Jugendliche infrage, um ihm eine angemessene Pharmakotherapie, Entspannungs- und Gruppentherapien sowie ein angepasstes Selbstmanagementprogramm zu ermöglichen.

Die *systemische Sicht* wiederum lenkt die Aufmerksamkeit eher auf interaktionelle Beziehungskontexte, auf dynamische Muster und Regeln sowie auf die zirkulär-wechselseitige Bedingtheit und kontextuelle Funktion eines (Störungs-)Verhaltens. Beispielsweise liegt es auf der Hand, dass sich zwischen der Mutter, dem Stiefvater und Felix eine Dynamik entwickelt hat, die im Rahmen der Familientherapie unter dem Begriff der »Triangulation« bzw. des »pathologischen Dreiecks« konzeptualisiert wird. Demzufolge müsste man eine Intervention im Beziehungssystem der Familie in Betracht ziehen.

Unter einer schulenübergreifenden Fallkonzeption sind sowohl die differenzielle Indikation für eher störungsorientierte wie auch die adaptive Indikation für individuelle und prozesssensitive Maßnahmen in Betracht zu ziehen. Zählen doch bei vielen Störungen im Kinder- und Jugendalter jene Modelle zu den wirksamsten, die systemische Zusammenhänge mit kognitiv-behavioralen Verfahren und einer (bindungsbasierten) Familienorientierung kombinieren. Demgegenüber finden eingleisige und schulenorientierte Modelle kaum mehr Unterstützung (Petermann 2002).

Grund der Zuweisung

Der 15-jährige Felix, das angemeldete Problemkind, erhielt sechs Wochen vor Ende des Schuljahres aus disziplinarischen Gründen einen Schulverweis. Vorausgegangen waren zahlreiche Gespräche zwischen dem Jugendlichen und seiner Klasse, den Lehrkräften, der Schulleitung und den Eltern, die aber nicht zu der erhofften Verbesserung führten. Man warf dem Jüngling unter anderem ständiges Trödeln und Gammeln vor, Zuspätkommen, Schwänzen, Beleidigungen, provokative und vom Unterricht ablenkende Fragen und schließlich Vandalismus und Einbruch im eigenen Schulhaus. Letzteres geschah als Mitläufer in einer Bande Jugendlicher aus demselben Viertel und das Vergehen zog ein jugendgerichtliches Verfahren nach sich.

Nachdem Felix einen älteren Schüler auf der Schulhaustreppe provoziert hatte, schlug dieser ihm die Faust ins Gesicht, sodass Felix die Treppen hinunterfiel und mit einer schweren Hirnerschütterung für mehrere Tage im Krankenhaus landete. Als er nach der Entlassung wieder in die Schule kam, wurde dies von der Schulleitung als problematisch eingestuft, und er wurde stattdessen von der Schule verwiesen. Mit dem Schulverweis als administratives Endergebnis einer längeren Konfliktentwicklung verpasste der Jugendliche die ordentliche Schulpflicht, was eine erfolgreiche Lehrstellensuche praktisch unmöglich machte. Seither blieb Felix zu Hause und wurde von seinen Eltern teils getröstet und teils zu Arbeiten im Haushalt angemahnt, wobei beides gleichermaßen wirkungslos blieb. Psychologische Unterstützung durch die Schulpsychologin ließ Felix über sich ergehen. Man empfahl der Mutter, sich zu einer Familientherapie zu melden, da man einen Teil der Probleme in der Familie vermutete.

Anamnese und diagnostische Einschätzung

Zu einer ersten diagnostischen Einschätzung dienen Zuweisungsberichte, Schilderungen seitens der Klienten, fremdanamnestische Angaben, direkte Verhaltensbeobachtungen sowie Informationen aus Fragebogen.

Die Familie wohnt in einer Mietswohnung mit 5 Zimmern, sodass die Eltern und die drei Söhne je über einen eigenen Raum verfügen. Die 43-jährige Mutter arbeitet halbtags als Verkäuferin in einem

Kaufhaus. Der 19-jährige Philip kifft ab und zu, gilt ansonsten aber als unauffällig und steht im dritten Lehrjahr als Bauzeichner. Der 17-jährige Martin steht im ersten Lehrjahr als Disponent bei der Bundesbahn. Den leiblichen Vater der drei Söhne verließ die Mutter vor 13 Jahren, als sie mit Felix schwanger war. Sie hielt dessen Alkoholexzesse und Gewalttätigkeiten nicht mehr aus. Damals arbeitete der Mann unregelmäßig als Bauarbeiter, verlor immer wieder die Stellen, wobei ihm später wegen eines Rückenleidens eine IV-Rente zugesprochen wurde. Da er seinen Unterhaltsverpflichtungen nicht nachkam, verlor sich sein Kontakt zur Familie, und seit er vor ca. 10 Jahren aus der Region weggezogen war, hat er weder seine Söhne noch deren Mutter je gesehen.

Der Stiefvater Herr K., der vor zehn Jahren den verwaisten Platz in der Familie eingenommen hatte, kannte den leiblichen Vater von früher her und beschreibt ihn als einen »armen Teufel«, der dem Alkohol verfallen war. Herr K. ist Lokomotivführer bei der Bundesbahn, wobei ihm der zunehmende Stress wegen Rationalisierungsmaßnahmen zusetzt. In der Freizeit ist er ein passionierter Motorradfahrer, der sämtliche Reparaturen und Verbesserungen an seinem Motorrad selbst ausführt.

Während der komplikationsreichen Schwangerschaft mit Felix musste die Mutter wehenhemmende Medikamente einnehmen, da bereits ab der 31. Woche starke Wehen einsetzten. Mit einem Gewicht von 3750 g kam Felix durch eine Spontangeburt auf die Welt. Wenige Monate später trennte sich die Mutter vom leiblichen Vater, der nichts gegen seine Alkoholprobleme unternehmen wollte. In dieser Zeit verkehrte Herr K. bereits im Haushalt, und als Felix drei Jahre alt war und die Scheidung der Eltern gerichtlich vollzogen worden war, heiratete er die Mutter und adoptierte die drei Buben. Während der Stiefvater mit den beiden älteren Knaben von Anfang an gut im Rennen lag, hatte er mit Felix sichtlich Mühe. Felix war ein außerordentlich sensibles Kind, lehnte den Stiefvater vehement ab und suchte stattdessen die Nähe der Mutter. Doch wenn diese ihn aufmuntern wollte, schrie er lauthals. Bereits in dieser Zeit war die Mutter mit ihm öfters überfordert. Hinzu kamen ab dem 5. Lebensjahr ein aggressives Impulsverhalten und eine motorische Unruhe. Bei allen Entwicklungsübergängen, etwa während des Einstiegs in den Kindergarten oder bei der Einschulung, nässte Felix vorübergehend ein. Während sich das hyperkinetische Verhalten langsam wieder legte, war der Kontakt zu anderen Kindern mühsam, indem er ihnen die Spielsachen wegnahm oder alleine spielen wollte. Eine kinderärztliche Untersuchung ergab keine somatischen Befunde. Obwohl er intelligent war, fiel er durch schlechte Leistungen auf. Bald suchte er geradezu den Kontakt zu den schlechtesten Schülern, die sich lieber herumtrieben als Schulaufgaben machten.

In ihrem Bericht stellte die erfahrene Schulpsychologin die Diagnose einer Sozialverhaltensstörung bei vorhandenen sozialen Bindungen (ICD-10, F91.2) und empfahl eine Familientherapie.

Exploration des Problemsystems

Die Exploration eines Problemsystems und seine Transformation in ein therapeutisches Beziehungssystem kann mit der *mise en place* einer Gourmetköchin verglichen werden. Der Begriff ist der Gastronomie entlehnt und beschreibt die gut durchdachte Vorbereitung des Arbeitsplatzes als unerlässliche Voraussetzung für den reibungslosen und erfolgreichen (Service- und) Küchenablauf. Die *mise en place* beginnt lange vor dem eigentlichen Kochen, etwa in der Bereitstellung der Pfannen, der benötigten Gewürze oder noch früher mit dem Erstellen einer Checkliste. In vergleichbarer Bedeutung sind Vorgespräche mit Fachleuten einzuordnen, die bereits »im System« sind. Es ist gewiss nicht im Dienst eines Patienten, wenn man den Kontakt mit den »Vorbehandlern« aus Gründen der Konkurrenz, der Einengung durch eine bestimmte Schule oder Therapierichtung oder aus Gründen des Zeitdrucks vernachlässigt oder übergeht.

Aus dem Erstinterview

Zum Erstinterview erscheinen eine quirlige Mutter in luftigem Sommerrock, deren helle Stimme schon von weitem im Wartzimmer zu hören ist, sowie der untersetzte, behäbige Stiefvater mit Seemannsbart und Glatze, der in geblümten Bermudas und Sandalen den Kontext einer Therapiepraxis vergessen ließ.

THERAPEUT: Was führt Sie hierher, wo drückt der Schuh?
MUTTER (zum Vater): Willst du oder muss ich [lacht hell]?
VATER: Also ... äh ... man muss ganz vorn beginnen. Wir haben vor zehn Jahren geheiratet, sie [die Mutter] hat damals bereits drei Kinder gehabt, drei Söhne, und so ist dann die Familie entstanden, so eine Patchworkfamilie, und dann hat es seinen Lauf genommen. Und da hat es

schon immer Probleme mit dem Jüngsten gegeben, also sie [zeigt mit dem Kopf zur Mutter] hat mit ihm immer mehr Probleme ... äh ... es haben sich Probleme angebahnt, und die sind immer schlimmer geworden, und jetzt in letzter Zeit ist das soweit ausgeartet, ist das außer Kontrolle geraten, dass wir, bald gesagt ... dass ich ... also ich bin seither völlig durch den Wind. Ich rege mich wegen der kleinsten Dinge auf und gerate bald jeden Tag mit ihm aneinander.

THERAPEUT: Mit ihm?

VATER: Also mit dem Jüngsten, mit Felix. Er hat so eine Art ... also, sie haben auch mit dem leiblichen Vater keinen Kontakt bereits seit über zehn Jahren ... wobei die beiden Älteren akzeptieren mich und es gibt Probleme eigentlich nur mit dem Jüngsten. Das heißt, ich habe dauernd mit ihm zu kämpfen, und das artet jedes Mal aus ... und jetzt sollte er ja zur Psychologin von der Schule gehen, aber auch da geht er nicht hin. Und er kommt mit dem Gesetz immer wieder häufiger in Konflikt, und ich merke, dass mich das immer deutlicher von ihm abnabelt. Und jetzt ... eben ... ist man darauf gekommen, also Frau Blaser [die Psychologin] von der Erziehungsberatung ist darauf gekommen, dass wir eben zu ihnen kommen sollten, weil sie meint, ich hätte ein Burnout.

THERAPEUT: Frau Blaser?

MUTTER: Das ist die Psychologin von der Schule, und sie hat gesagt, dass es eben gut wäre, wenn mein Mann auch jemand hätte, wo man herausfinden könnte, weshalb er sich so schnell aufregt. Ist ja klar, dass es dann für mich auch schwierig ist, denn ich stehe dann immer dazwischen. Das kann er [zeigt mit dem Kopf zum Vater] eben nicht verstehen ... ich meine, eine Mutter ist doch für ihr Kind da ...

VATER: Ja, aber ...

MUTTER: Und ich ziehe mich dann zurück, lasse ihn ausflippen ... aber ich kann das ja auch nicht immer.

THERAPEUT: Ihn ausflippen? Wen?

MUTTER: Ihn [zeigt zum Vater]. Aber wir haben es ... das Grundsätzliche in der Beziehung ... wir haben es eigentlich ganz gut, es ist nur das Thema Kind, da hapert's einfach, das heißt das Thema Felix. Da kommt mein Man nach Hause, zur Tür herein, und dann geht's gleich los, weil Socken am Boden liegen, dann schreit er immer gleich herum, und ich habe bereits damit begonnen, obwohl das nicht meine Erziehungsmethode ist, alles wegzuräumen, zu putzen und Socken zu versorgen, bevor mein Mann nach Hause kommt, und das stresst dann wieder mich. Ich rege mich dann selber auf, weil es ist ja nicht meine Aufgabe, den Plunder der Jungs aufzuräumen, die sollen das gefälligst selber tun, und ...

VATER: Aber sie tun's eben nicht, das ist ja das Problem, sie tun's eben nicht ...

MUTTER: Und der Kleine sagt dann Unschönes zum Vater und dieser zurück, halt auch nichts Vorbildliches, und ich bin dann dazwischen. Und wissen Sie, grundsätzlich ist Felix nicht schlecht, er ist nicht anders als die beiden anderen, er hat nur weniger Nerven ...
VATER: Er ist einfach nicht normal, das sagen sie ja auch in der Schule ...
MUTTER: Sehen Sie, die beiden gehen zu Hause immer gleich aufeinander los, wie zwei Kampfhähne, dabei sollte er [zeigt auf den Vater] doch gescheiter sein. Felix sagt mir dann, was hat's für einen Sinn, Bäpu [der Vater] hat mich ohnehin nicht gern, der hasst mich. Und ich möchte einfach, bevor alles auseinandergeht, noch alles versuchen.
THERAPEUT: Alles auseinandergeht? Wie meinen Sie das?
MUTTER: Ich meine, wir beide [zeigt zum Vater] ... das nimmt manchmal ziemlich extreme Formen an, das Herumgeschrei, sodass man schon daran denkt, die Beziehung gehe flöten. Aber ich möchte lieber nicht, dass wir auseinandergehen, und deshalb hat es uns ja hierher verschlagen. Und Frau Blaser hat gesagt, sie sei a) nicht geschult für Familientherapie, und b) brauche mein Mann jemand, der ihm hilft, das Burnout zu verbessern.
THERAPEUT: Was meint Frau Blaser mit Burnout?
VATER: Meine Frau meint ...
MUTTER: Er regt sich einfach zu schnell auf, wenn er Felix sieht, dann ist das gleich das rote Tuch. Vielleicht, dass da etwas nicht ganz stimmt, weil bei ihm daheim in seinem Elternhaus ging's auch so zu, der Vater hat befohlen und die Buben mussten spuren, sonst gab's elend Krach und Schläge [zu ihrem Mann]: Ist es nicht so, dass du gar nichts anderes kennst, als herumzupoltern und alles zu kritisieren – vor allem, wenn es mit Felix zu tun hat?
THERAPEUT: Wie muss ich das jetzt verstehen, was Sie mit einem Burnout meinen? Heißt das, Burnout hat etwas zu tun mit Felix, mit Herrn K. und all den Schwierigkeiten zu Hause?
MUTTER: Ja, irgendwie so, ja ...
THERAPEUT: Gesetzt den Fall, wir würden zusammen ins Geschäft kommen, und es gelänge Ihnen, Felix zur Zusammenarbeit zu gewinnen, glauben Sie, Frau K., dass Felix es merken würde, dass es eine riesige Chance ist, sich mit einem anwesenden Vater auseinanderzusetzen?
MUTTER: Ja, das ist ja auch mein Wunsch, dass er das sieht, aber wenn mein Mann immer gleich rot sieht, so geht's doch nicht!
THERAPEUT: Ich meine, dass Felix verstehen könnte, dass es nicht das Selbstverständlichste der Welt ist, sich mit einem Vater auseinanderzusetzen? Würde er das verstehen?
MUTTER: Ja klar, das wünschte ich auch, aber ...
THERAPEUT: Gesetzt den Fall, Felix würde all das verstehen und die Chance nutzen, und nehmen wir an ...

MUTTER: Also, mein Ziel wäre es, einfach wieder eine harmonische Familie zu haben ... und dass die beiden Männer einander besser vertragen. Weil jetzt geht's nicht so gut, im Gegenteil, es wird immer schlimmer, und ich sehe, dass ich mich dann immer mit den Buben solidarisiere, wenn er [zeigt zum Mann] wieder ausrastet, so wegen dem Fahrrad, das herumsteht oder einen Platten hat, ohne dass es gleich geflickt wird, oder wegen all den anderen Kleinigkeiten. Und beim Skifahren das Gleiche, wenn Felix vordrängt beim Lift beginnt mein Mann gleich zu keifen [verwirft die Hände], dabei sind die Leute doch selbst schuld, wenn sie nichts sagen.

THERAPEUT: Darf ich nochmals fragen, gesetzt den Fall, Felix würde es verstehen, das heißt, er hätte dann die Chance genutzt und kann sich besser mit dem Vater auseinandersetzen, mit mehr Respekt, sodass der Vater nicht gleich ausrasten muss, und Sie würden dann merken, nur der Felix hat sich verändert, er ist irgendwie reifer geworden, und es ginge ihm auch allgemein besser, vielleicht wäre er sogar in einer Lehre, wäre das denn für Sie ein gutes Resultat? Auch wenn sich nur Felix verändert hätte? Der Vater aber nicht?

MUTTER: Sicher, ja, denn ich erwarte ja nicht, dass sich mein Mann groß verändert, ich hab ihn ja auch so geheiratet, wie er ist.

THERAPEUT: Gut. Okay, das ist eine klare Antwort, und ich danke Ihnen dafür.

Es ist nicht einfach, teilnehmender (statt eingreifender) Beobachter einer Situation zu sein, wo der Stiefvater von seiner Frau auf die Stufe eines Buben gestellt wird, ohne dass er reagiert und sich wehrt. Stieffamilien sind besonders anfällig für Dreiecksprozesse, und deshalb folgen nun einige Informationen dazu.

Risiken der Patchwork- oder Stieffamilie

Bei der Familie K. handelt es sich um eine Patchwork- oder Stieffamilie (ahd. *stiof-* = »hinterblieben« oder »verwaist«), definiert als eine Familie, wo wenigstens ein Erwachsener ein »nichtleiblicher« Stiefelternteil ist (Krähenbühl et al. 1987).

Die Arbeit mit diesen Familien, immerhin nach Kern- und Einelternfamilien die dritthäufigste Familienform, geht mit der Erfahrung eines großen Drucks speziell bei dem Stiefelternteil einher. Während von Stiefmüttern erwartet wird, dass sie die ihnen »anvertrauten« Kinder hegen, pflegen und lieben, ungeachtet der Frage, wie es umgekehrt steht, stehen Stiefväter unter dem Beweiszwang, dass sie der neuen Familie »vorstehen« und die Kinder »im Griff haben«. Indessen handeln diese engagierten Stiefelternteile oft ganz ohne eigentliches Mandat von kindlicher Seite her, was umso anspruchsvoller ist, als nach außen hin die Stieffamilie das Bild der natürlich gewachsenen Normalfamilie abgibt. Weil die normativen Erwartungen (»Wir sind eine stinknormale Familie«) einerseits und die (Stiefeltern-)Realität andererseits mitunter weit auseinanderklaffen und sich typische Entwicklungsentgleisungen einstellen können, wird die Stieffamilie auch als eine Risikofamilie bezeichnet (Krähenbühl et al. 1987, S. 4).

Hinzu kommt für den Stiefelternteil ein Problem der Passung, das in der Literatur zur Adoption diskutiert wird: »Grotevant et al. (1988) berichten, dass in den von ihnen untersuchten Adoptivfamilien der verhaltensgestörte Jugendliche von den Eltern als anders beschrieben wurde. Unter Anwendung der psychobiologisch inspirierten ›goodness-of-fit‹-Theorie konstatierten die Autoren eine schlechte Passung des Kindes aufgrund seiner mitgebrachten Erbanlagen, seines Temperamentes, seines Aktivitätsniveaus und seiner Intelligenz ... Dazu passt auch die Beobachtung von psychoanalytischer Seite (Brinich 1980), dass sich die Konflikte zwischen Adoptivkindern und ihren Eltern häufig an triebhaften und damit auch biologischen Sachverhalten entzünden, etwa am Umgang mit Essen, Schmutz, Sexualität und Aggression« (Schleiffer 1993, S. 392).

Zu einer kaum ertragbaren, ja existenziell belastenden Erfahrung gehört die familiäre Konstellation, wo ein Stiefvater (oder eine Stiefmutter) in seiner Familie kaltgestellt wird. Er, der mit dem Willen zur guten Elternschaft angetreten ist und sich für »seine« Kinder engagiert hat, muss zusehen, wie vor dem Hintergrund einer scheiternden Elternallianz seine Autorität abbröckelt. Insofern ist er denselben Jugendlichen, denen er zuvor noch das Fahrrad geflickt hat, »wehrlos« ausgeliefert: »Der alte Sack hat hier nichts zu sagen!«, »Wenn es ihm nicht passt, kann er ja gehen!« (beides Originalzitate von Jugendlichen).

Die zwischen leiblichem und Stiefelternteil unleugbare Asymmetrie der Bindungs- und Loyalitätsbeziehungen zu den Kindern und die daraus resultierenden Bruchlinien macht Stieffamilien besonders anfällig für Spaltungen, Triangulation und »pathologische Dreiecke«. Meist übernimmt dabei der leibliche Elternteil die Rolle des »gatekeepers«, der die Beziehung des Kindes zum Stiefelternteil kontrolliert, während der Stiefelternteil in die Schranken gewiesen, marginalisiert oder gedemütigt wird.

Wo sich interparentale Konflikte und die daraus resultierenden Führungsprobleme der Eltern sowie kindliche Verhaltensstörungen wechselseitig beeinflussen, bilden sich unter dem Druck wachsender Loyalitätskonflikte und Trennungswünsche ungesunde Bündnisse. »In Familien mit einem symptomatischen Mitglied, so beobachtete Haley, tauchte am häufigsten die Triade auf, die eine Koalition zwischen zwei – meist aus verschiedenen Generationen stammenden – Personen darstellte, und auf Kosten einer dritten ging« (Hoffman 1982, S. 110).

Dreiecksprozesse

Der »Dreiecksmechanismus« (= Prozess der Konstitution eines dysfunktionalen Personendreiecks) ist in familientherapeutischer Hinsicht hauptverantwortlich für prekäre Gleichgewichte (= »bevorzugte Zustände, die entweder den Beteiligten nicht bequem sind oder nach Wertkriterien von Außenstehenden als problematisch, störend, fixiert oder blockierend interpretiert werden«, vgl. Flammer 1996, S. 226) und symptomatische Prozesse in Beziehungssystemen. Es wurde auch behauptet, »dass ein gestörtes Kind das Ergebnis von Elternkonflikten ist« (Haley 1990, S. 71). Je instabiler die Elternbeziehung, desto wahrscheinlicher ist es, dass das (zunehmend gestörte) Verhalten des Kindes Nähe und Distanz in der Elternbeziehung reguliert (Byng-Hall 1980).

Die Defizitorientierung dieser Konzepte und die Unterstellung, Eltern würden ihre Kinder als Konfliktstabilisatoren »missbrauchen«, trug der Familientherapie von außen wie aus den eigenen Reihen Kritik ein. Umso sensibilisierter für diese Gefahren vertrete ich nichtsdestotrotz die Meinung, dass Dreieckskonzepte gerade in der Ausbildung junger Familientherapeuten als Komplexitätsreduktoren und Ordnungshilfen nützlich sind, indem sie auch Ansätze für die Veränderung erkennen lassen. Ein »pathologisches Dreieck« ist so definiert (Minuchin u. Fishman 1983),

- dass Personen, die in einer Dreiecksbildung aufeinander reagieren, bezüglich der Machthierarchie (z. B. unterschiedliche Generationen, unterschiedliche Betriebsebenen) nicht gleichgestellt sind,

- dass eine Koalition zwischen zwei der hierarchisch ungleich gestellten Personen gegen eine dritte eingegangen wird, die sich von ihren Aufgaben und Funktionen her auf der hierarchisch höheren Ebene befindet als die Person, mit der koaliert wird, und
- dass diese Koalition geleugnet wird, sodass sie nicht eingeklagt und nicht verhandelt werden kann.

Insofern sind solche Dreiecksprozesse »pathologisch«, als sie ein System charakterisieren, »das zur eigenen Auflösung oder zu Unfrieden zwischen seinen Bestandteilen führt oder Bestandteile hat, die sich in irgendeiner Weise merkwürdig und unangepasst verhalten« (Haley 1990, S. 68). Salvador Minuchin et al. (1981) gingen von drei unterschiedlichen Typen der »starren Triade« in der Kernfamilie aus:

- *Instabile Eltern-Kind-Koalition* (Triangulation): Das Kind kann seine eigene Meinung nicht äußern, ohne sich gleichzeitig auf die Seite des einen Elternteils gegen den anderen zu stellen. Das Kind lernt, bestraft zu werden, sobald es eine eigene Meinung äußert. Oder aber es lernt, die Eltern für eigene Ziele zu manipulieren.
- *Stabile Eltern-Kind-Koalition* (pathologische Triade): Das Kind nimmt eindeutig Partei für den einen Elternteil gegen den anderen.
- *Stabile Eltern-Koalition gegenüber dem Kind* (Sündenbockprozess, Labelling- und Pathologisierungsprozess, Konfliktumleitung): Die Eltern sind sich einig darin, dass das Kind böse oder krank ist (»bad or mad«).

Die Dreiecksmechanismen sind den Betroffenen nur teilweise oder überhaupt nicht bewusst, mitunter erinnern sie an die »schicksalshafte« Choreographie griechischer Tragödien. Seit alters her nutzen Komödien und Tragödien in Literatur und Film die (pathologische) Dreiecksbeziehung als Drehscheibe der Emotionen.

Dyadisch, triadisch

Eine *dyadische* Beziehung bezieht sich auf die Psychologie der Zweierbeziehung, und die klinische Anwendung geht davon aus, dass die entscheidenden Prozesse zwischen zwei Partnern geschehen. Eine *triadische Beziehung* bedeutet »die klinische Anwendung von Konzepten der Koalition oder des Bündnisses, der Vermittlung und Parteinahme« (Zuk 1978, S. 26). Sie bezieht sich auf eine Psychologie der Dreierbeziehung. Ein triadisches Konzept der therapeutischen Beziehung geht beispielsweise davon aus, dass die entscheidenden Prozesse zwischen Vater, Mutter *und* dem Therapeuten (oder zwischen dem Vater, dessen Sohn *und* dem Therapeuten, zwischen den Eltern, der Tochter *und* dem Therapeuten) geschehen. Im Unterschied zu dyadischen oder Zweierbeziehungen, wo zwei Menschen aufeinander wirken, kommt es in triadischen oder Dreierbeziehungen zu Wechselwirkungen zwischen den Beziehungen (z. B. die Beziehung zwischen Frau G. und der Therapeutin hat Veränderungswirkung auf die Beziehung zwischen Mutter und Tochter). Triadische Effekte sind für den Einzelnen schwerer kontrollierbar als dyadische (Eifersucht ist beispielsweise ein triadischer Effekt, Asendorpf u. Banse 2000). Aus lerntheoretischer Perspektive wird angenommen, dass die Inhalte einsichtsvoller Gespräche im dyadischen Setting nicht viel Wirkung zeigen, solange »sich die Bekräftigungsgewohnheiten einflussreicher Personen im sozialen System nicht verändern« (Bandura 1979, S. 325).

»Spill-over«-Effekte (Überschwappen)

Den familientherapeutischen Dreieckskonzepten, so praktisch sie sind, fehlt es an einer empirisch nachvollziehbaren Basis. Es sind deskriptive Modelle. Doch es gibt auch wissenschaftliche Ergebnisse, die in eine ähnliche Richtung weisen.

Befunde aus der Scheidungsforschung deuten auf einen Zusammenhang zwischen einer Scheidung und Verhaltensauffälligkeiten bei den Kindern. Länger anhaltende interparentale Konflikte, die mit destruktiver Aggression und Unversöhnlichkeit zwischen den Eltern einhergehen, müssen heute als Risikofaktoren gesehen werden (Rutter 1994), wobei das Bild zusätzlich mit der Bewältigungsfähigkeit des Jugendlichen komplettiert werden muss. Besonders bei Knaben zeigte sich nämlich, dass sie umso besser mit der Situation fertig werden, je deutlicher sie die Konflikte der Eltern kognitiv zu kontrollieren wissen. Daraus wurde der Schluss gezogen, dass es zu den wichtigsten beraterischen Aufgaben gehört, in konfliktbeladenen Familien »Eltern und Kinder miteinander ins Gespräch zu bringen« (Niesel 1995, S. 167).

In den vergangenen Jahrzehnten steuerte die wissenschaftliche Psychologie Belege für die Richtigkeit der Annahme bei, dass Gesetzmäßigkeiten zwischen der Qualität der elterlichen Paarbeziehung, Erziehungspraxis und kindlicher Entwicklung vorliegen. Am bekanntesten ist die sogenannte »Spill-over-Hypothese« (Übertragungseffekte), die besagt, dass elterliche Interaktionsmuster, positive und negative Gefühle oder zwischenelterliches Gewaltverhalten auf den (erzieherischen) Umgang mit den Kindern überschwappen und umgekehrt (Erel u. Burman 1995). Eine metaanalytische Untersuchung von 39 Studien zu diesem Thema, die zwischen 1981 und 1998 erschienen sind, ergab einen signifikanten Zusammenhang zwischen interparentalen Konflikten und Erziehungsqualität (Krishnakumar u. Buehler 2000). Eine differenzierte Sicht ist umso angebrachter, als noch offen bleibt, in welche Richtung die Wirkungen gehen und wie weit andere intervenierende Faktoren eine Rolle spielen.

Elterliche Allianz im Patchwork

Die Beziehung der Eltern K. war in der ersten Sitzung auf das aufmüpfige Verhalten von Felix konzentriert und geprägt von der Ambivalenz in Bezug auf die Frage, was »richtige« Erziehung und Loyalität bedeutet. Über alle Transaktionen zeigte sich folgendes Muster:

VATER (zum Therapeuten): Wenn ich den beiden zuhöre, wie gestern, als Felix wieder zu spät nach Hause gekommen ist und das Fahrrad wieder nicht versorgt hat, obwohl wir das ja abgemacht haben, halte ich das fast nicht aus ... Ich weiß dann schon, wie es ausgeht, weil meine Frau zu nachgiebig ist. Der Bub nützt das aus und wickelt seine Mutter um den Finger. Am Schluss hat er dann wieder Recht, wo ja die Tatsachen in eine ganz andere Richtung zeigen.

MUTTER (zum Therapeuten): Sehen Sie! Das ist eben das Problem. Mein Mann ist der Meinung, man müsse immer gleich dreinfahren. Aber als Mutter weiß ich, dass der Kleine begriffen hat, was ich meine. Da braucht es nicht immer gleich Schläge oder so was. Für meinen Mann muss es immer gleich so klar sein [zeichnet mit der Hand mit einem »zack«-Geräusch begleitet ein Koordinatensystem in die Luft] ... Man muss halt auch wissen, wie mein Mann aufgewachsen ist, in seinem Elternhaus [zum Vater] ... Du musst das doch zugeben, bei dir zu Hause gab's ja nur Schläge und kaum Liebe. Aber es gibt nicht nur diesen Weg. Es gibt auch den Weg, wo man zusammen redet und Lösungen finden kann.

VATER (zum Therapeuten): Ich glaube, da ist meine Frau einfach naiv. Ich wette, dass Felix auch heute wieder zu spät kommt, und wenn nicht heute, dann morgen ...

MUTTER (zum Therapeuten): Ja eben, das ist ja das Problem, mein Mann hat kein Vertrauen zu Felix. Man muss ihm doch eine Chance geben.

VATER: Chancen hat er ja die ganze Zeit, nur nutzt er sie nicht ...

Zu den Eltern K. nimmt der Therapeut die allparteiliche Haltung ein. Er lässt sich dabei von folgenden Ideen leiten:

- Der schwelende Loyalitätskonflikt wird auf den Tisch gebracht und als »Worst-case-Szenario« durchgespielt: »Was geschieht, wenn sich die Mutter zwischen Ehemann und Sohn entscheiden muss?« Ich habe noch nie eine Mutter erlebt, die sich nicht klar für das Kind entscheiden würde. Nur wenn diese Wahrheit ausgesprochen wird, kann der Stiefvater auch verstehen, dass eine Mutter »von Natur aus« keine andere Wahl hat, und dass es daher in seinem eigenen Interesse steht, es nicht auf dieses Szenario hinauslaufen zu lassen.
- Da sich der Vater weder für die Entstehung des Problems noch für dessen Lösung verantwortlich fühlte und beides der Mutter bzw. den Helfern zuschiebt (»medizinisches Modell«), wähle ich eine Neurahmung, die es ihm ermöglicht, Lösungsverantwortung zu übernehmen. Als »Experte für das Durchgreifen« soll er die Mutter coachen, während sie die »operative« Verantwortung in Sachen Disziplin übernimmt.
- Der Mutter wird zugestanden, dass sie als einzige »im Mutterherzen« spürt, was ihr Sohn »wirklich« benötigt – umso mehr, als sie daran interessiert ist, ihren Sohn in eine gesündere Richtung zu begleiten.
- Jeder, der schon einmal ein Stangenzelt aufgestellt hat, weiß, dass erst einmal die tragenden Stangen gestellt, die haltenden Schnüre gespannt und deren Enden mit Pflöcken im Boden verankert werden müssen. Danach kann man in Ruhe weiterarbeiten. Die tragenden Stangen in der Therapie sind Commitments zu Grundsatzfragen in Bezug zur Kooperation, u. a.: »Sind wir uns einig, dass die Probleme von Felix vermutlich

nicht von selbst verschwinden? Dass der Weg, den Sie bisher eingeschlagen haben, einerseits von großem familiärem Engagement zeugt, andererseits aber in eine Sackgasse geführt hat? Dass eine wirksame Lösung von allen etwas abverlangt? Dass es um einen verbesserten Familienzusammenhalt geht? Dass es um das Wohl von Felix geht? Dass eine ›richtige‹ Erziehung beides nutzt, Vertrauen und Disziplin? Dass die Familie über beide Ressourcen verfügt, die Mutter als Vertrauensexpertin, der Vater als Experte für ›Disziplin‹? Dass die Lösung nicht im einen oder anderen liegt, sondern in der ›richtigen‹ Mischung von beidem? Dass die ›Richtigkeit‹ der Mischung nirgends abgelesen, sondern nur ver- und ausgehandelt werden kann?«

THERAPEUT (zum Vater): Gesetzt den Fall, Ihre Frau möchte zeigen, dass sie an der richtigen Mischung arbeitet, woran würden Sie erkennen, dass die Mischung besser wird?

VATER: Wenn sie Felix nicht mehr alles durchgehen lassen würde.

THERAPEUT: Nehmen wir an, es würde Ihrer Frau nicht so leicht fallen, sich in diese Richtung zu bewegen, könnte sie denn auf Ihre Unterstützung zählen?

VATER: Ja klar, das war ja auch immer der Fall, nur ist das Problem das, dass sie von mir nichts annehmen kann – zumindest, was Felix anbetrifft ...

THERAPEUT (zur Mutter): Ich versuche jetzt, das Ganze erst einmal in der Vorstellung durchzuspielen, im Wissen, dass es dann vielleicht ganz anders ist ... erlauben Sie mir dennoch die Frage, gesetzt den Fall, Ihr Mann möchte Sie noch deutlicher unterstützen, woran würden Sie denn das erkennen?

MUTTER: Er würde mir zuhören statt weglaufen und die Tür zuschmeißen. Er würde mich ausreden lassen und er würde mir eine Chance geben .... Weil wenn er so dreinfährt, dann kommt dann Felix zu mir und beklagt sich über seinen Vater und meint noch, er müsse mich verteidigen gegen ihn. Er hat auch schon gesagt, der Bäpu [Vater] soll doch gehen ...

THERAPEUT: Okay, das sieht Felix auf seine Weise, aus seiner Perspektive als Kind, aber lassen Sie uns nochmals die Perspektive aus der erwachsenen Elternsicht einnehmen ... Sie sagen, es wäre für Sie ein deutliches Zeichen der Unterstützung, wenn Ihr Mann Ihnen zuhören würde?

MUTTER: Ja, genau.

THERAPEUT: So, wie er jetzt zugehört hat?

MUTTER: Ja, genau so ... hier kann er es ...

THERAPEUT (zum Vater): Wäre es Ihnen ein Anliegen, Ihrer Frau eine Chance zu geben ... Ich meine, sie kann nicht von heute auf morgen ein anderer Mensch sein, aber sie kann es versuchen, mit Felix eine neue Sprache zu finden, eine Sprache, die die richtige Mischung enthält ... Was meinen Sie?
VATER: Ja, klar, ich kann's versuchen. Ich werde ihr zuhören. Aber ...
THERAPEUT: Gut, ganz klar, es wird am Anfang alles schiefgehen, das ist klar ...

Systemische Beziehungsgestaltung – Der Umgang mit Felix

Eine häufige Unsicherheit bei der Mehrpersonentherapie besteht in Bezug auf die Settingfrage: Soll, darf, muss man Eltern und Jugendliche, allenfalls auch die Elternteile, Geschwister oder Großeltern in getrennten Settings sehen? Wie steht es dabei mit der Frage des Berufsgeheimnisses, mit der Frage nach Loyalitäten und Fairness?

Erfahrene Therapeuten beantworten diese Fragen vermutlich mit »Kommt drauf an«. Systemische (Motivations-)Arbeit geht immer »vom Willen des Klienten zur Kooperation aus. Der Klient wird verstanden als aktiv um die Lösung seiner Probleme bemüht. Der Therapeut schafft einen geeigneten therapeutischen Rahmen, der die Kooperation mit dem Klienten fördert. So gelingt es, sich direkt an den Zielen der Klienten zu orientieren, ihre Ressourcen zu nutzen und ihre Motivation für Veränderung zu stärken« (Strunk 1998, S. 35).

Was »Einzelsitzungen« betrifft, so beziehen sich systemische Modelle sowohl auf eine interpersonelle wie auch personale Perspektive, sie schließen letztere nicht aus. Allerdings darf die Perspektive des Individuums als System nicht mit einer individualpsychotherapeutischen Perspektive verwechselt werden. Vielmehr respektiert sie sowohl die Verflochtenheit des Patienten in ein persönliches Beziehungsnetz außerhalb der Therapie wie auch die kontextuelle Bedeutung dieser Beziehungen für den Einzelnen. Auch berücksichtigt sie, dass der Therapeut in einen Beziehungsprozess mit dem Patienten und dessen signifikanten Bezugspersonen verwickelt ist. Für die systemische Betrachtungsweise bedeutet es keinen Gegensatz, wenn sowohl die Individualperspektive wie auch die Familienperspektive in Betracht gezogen werden. Im Gegenteil, der flexible Umgang mit Perspektiven ist fester Bestandteil der systemischen Praxis.

9. Zwei Beispiele für den Einstieg

Falls nun Felix alleine zu einer Sitzung kommt, so sieht ihn der Therapeut »in das jeweilige ›Problemsystem‹ eingebettet; er hat dieses System stets vor Augen, überlegt sich bei jeder seiner Fragen und Interventionen, wie sie sich auf die Mitglieder dieses Systems auswirken könnten« (Stierlin 2001). Die Hypothesen, die er sich im Verlaufe dieses »Mehr-Perspektiven-Prozesses« beispielsweise über die Funktion des »dissozialen« Verhaltens bildet, bleiben nicht im Stadium von Fantasien und Annahmen stecken, sondern werden im Rahmen gemeinsamer Sitzungen mit den Eltern »live« sozusagen »experimentell« verifiziert oder falsifiziert.

Es wurde den Eltern überlassen, zu Hause zusammen mit Felix das Setting der nächsten Sitzung zu besprechen; auch begegnete der Therapeut den mütterlichen Zweifeln, ob Felix überhaupt mitkommen würde oder nicht, mit viel Zuversicht:

THERAPEUT: Kommen Sie einfach so, wie es Ihnen möglich ist und üben Sie auf keinen Fall Druck auf Felix aus. Er hat bewiesen, dass er seine eigenen Entscheidungen trifft, und wir möchten ihn nicht zwingen, sich ins Abseits zu stellen. Früher oder später wird er auf jeden Fall kommen, sofern es uns gelingt, ihm in diesem Rahmen hier Voraussetzungen zu schaffen, die ihn neugierig statt ablehnend machen.

MUTTER: Aber was, wenn er einfach nicht will? Weil in der Schule machen sie auch Druck, dass etwas geschieht ... Was, wenn er einfach streikt und noch Freude daran findet, im Pyjama den Tag am Computer zu verbringen?

THERAPEUT: Was würde denn in diesem Fall geschehen? Ich meine, wie würde es dann weitergehen?

MUTTER: Ja die Behörde würde bestimmt nicht zuschauen. Ich habe Felix auch schon gesagt, wenn er nicht mitmacht, dann kommt er in ein Heim.

THERAPEUT: Und wie hat er darauf reagiert?

MUTTER: Sehr aggressiv!

THERAPEUT: Das heißt, nicht erfreut?

MUTTER: Überhaupt nicht, nein, nein, gar nicht erfreut.

THERAPEUT: Gut. Das ist schon mal etwas. Er will nicht ins Heim. Das ist doch auch eine Entscheidung. Denken Sie, er kommt lieber hierher als ins Heim?

MUTTER: Ja, er wird schon herkommen, aber was bringt's, wenn er kommt, und nicht mitmacht?

THERAPEUT (zum Vater): Was denken Sie? Was bringt das, wenn er erst einmal herkommt?

VATER: Ja, dann ist er auf jeden Fall mal hier. Das ist schon mehr, als wenn er gar nicht kommt.
THERAPEUT (zur Mutter): Verstehen Sie, was der Vater meint?
MUTTER (nachdenklich): Ja, vielleicht muss ich lernen, kleine Schritte zu machen.

Zur nächsten Sitzung erschienen die Eltern zusammen mit Felix, ein eher kleingewachsener Junge, der im Wartzimmer auf dem von den Eltern am weitesten entfernten Stuhl saß. Er trug ein Kapuzenshirt, quer sitzende Baseballkappe und tief sitzende Hosen. Während die Eltern beim Eintritt des Therapeuten gleich aufstanden, blieb Felix demonstrativ sitzen und schaute zum Fenster hinaus. Ohne großes Zeremonial forderte der Therapeut die Familie freundlich auf, ihm ins Therapiestudio zu folgen. Mit einigem Abstand trottete auch Felix hinterher.

MUTTER (sich setzend, zum Therapeuten, hinter vorgehaltener Hand): Ähm ... er, also Felix [dann zu Felix] oder willst du es gleich selber sagen [Felix schaut weg, ohne zu reagieren, setzt sich auf einen Außenstuhl und schaut weg] ... dann sag' ich es halt, weil [zum Therapeuten] ... er wollte zuerst gar nicht kommen ... Er hat gesagt, er habe das nicht nötig ... Und dann habe ich gesagt ... äh ... willst du denn lieber ins Heim? Weil wenn er nicht mitmacht, dann hat Herr D. [der Schulinspektor] gesagt, dann muss etwas anderes geschehen ... so ... also ... dann hat er ... hat der Kleine gesagt, dann komm ich halt, sag aber nichts ...
THERAPEUT: Hier hat jeder das Recht, das zu sagen, was er für richtig hält, und wenn jemand nichts sagen will, dann ist das eben auch in Ordnung, manchmal ist ja auch mit Nichtssagen mehr gesagt ... Okay? Und du, Felix, du sagst einfach das, was du für richtig hältst, auch wenn es nichts ist, ist das okay?
FELIX (ohne aufzublicken): Hm.
THERAPEUT: Würdest du dich melden, wenn du doch was sagen möchtest?
FELIX: Hm.
THERAPEUT: Danke, okay, Felix [blickt der Reihe nach zu Felix und den Eltern] ... Ich möchte, dass wir das so respektieren, ist das okay?
(Beide Eltern nicken.)
THERAPEUT: Danke.
FELIX: Ich möchte doch etwas sagen. Sie haben mich gezwungen herzukommen.
THERAPEUT: Ja gut, man kann es so sehen, man kann es auch anders sehen. Ich glaube, du hast bewiesen, dass du dir nichts vormachen lässt, dass du aufs Ganze gehst, wenn's sein muss. Auf jeden Fall freut es mich, dass du dich dennoch entschieden hast, trotz allem, herzukommen. Es

freut mich, dich kennenzulernen. [Zu den Eltern] Kann man sagen, Felix ist immer schon einer gewesen, der einen starken Willen hat ... der ... äh ... sich nicht so rasch rausbringen lässt, ist das so? Wie ist das?

MUTTER: Also ja, das kann man schon sagen, Felix ist einerseits sehr sensibel ... so hat er, wo er noch kleiner war, immer das Kätzchen gehütet, und wehe, wenn jemand ... und ... äh, also auf der anderen Seite ist er eben auch ... wie soll ich sagen ...

THERAPEUT: Stark?

MUTTER: Ja, irgendwie ist er stark. Als er den Einbruch gemacht hat, da hat er das zuerst geleugnet, aber dann habe ich ihm gesagt, du musst es mir sagen, weil sonst kann ich dir nicht mehr vertrauen ... und da hat er mir gesagt, dass er dabei war und dass ich es Bäpu [dem Vater] nicht sagen soll, aber da habe ich gesagt, das kommt sowieso raus, das hat gar keinen Sinn, es zu leugnen, dann hat er es zugegeben und auch ihm [deutet zum Vater] gesagt.

THERAPEUT: Also eigentlich ehrlich.

MUTTER: Ja, eigentlich wäre er ehrlich, weil das ist für mich das Wichtigste in der Erziehung gewesen, bei allen drei, die Ehrlichkeit ... und ich glaube, das sind sie alle drei, ehrlich ...

THERAPEUT: Gibt es andere Ähnlichkeiten zwischen den Söhnen?

VATER: Die gibt es schon, da gibt es einige Ähnlichkeiten, ich glaube, auch Felix wie die beiden anderen haben es gern, wenn wir in den Sommerferien zusammen am See sind, auf dem Zeltplatz [Campingplatz]. So wenn man zusammen ist, und wenn Felix sich nicht abgrenzen muss, dann kann er auch sehr lieb sein ... das habe ich mehrmals erlebt.

THERAPEUT: Ehrlich und lieb, das sind Ähnlichkeiten zwischen den drei Söhnen? Okay, das ist nicht selbstverständlich, ich meine heute ... [zu Felix] Darf ich dir eine Frage stellen?

FELIX: Hm.

THERAPEUT: Gesetzt den Fall, Philip und Martin [die beiden Brüder] würden jetzt auch hier sitzen, was denkst du, Felix, was würden sie dazu sagen, ich meine, zu den Ähnlichkeiten, würden sie die bestätigen?

FELIX: Keine Ahnung ... Vielleicht schon.

THERAPEUT: Wenn ich sie noch fragen würde, was am Charakter von Felix könnt ihr anerkennen, was beeindruckt euch an eurem Bruder? Was würden sie dazu sagen?

FELIX: Keine Ahnung.

THERAPEUT (zu den Eltern): Was würden sie sagen?

VATER: Felix hat ein Gespür für Motoren. Ich hab mit ihm auf dem Campingplatz den Squad geflickt, eine Barossa Silver Hawk 250, der Kettenantrieb vom Getriebe zur Hinterachse ist kaputt gewesen, das haben wir dann zusammen rausmontiert und ersetzt, da hab' ich gemerkt, der hat was drauf, der Felix [zu Felix] weißt du noch?

FELIX: Hm.
THERAPEUT: Toll.
MUTTER: Ja, er wäre eben schon gut. Wenn er nur mitmachen würde.
THERAPEUT: Ja gut, das sind ja auch zwei verschiedene Sachen. Es ist die Erfahrung seines Stiefvaters, dass er gut mitmacht, da wo er seine Stärken hat. Die Schule ist ja auch was ganz anderes.
VATER: Muss natürlich ja auch sein.
THERAPEUT: Ja klar. Wie war für Sie die Schule?
VATER: Das waren noch andere Zeiten. Wir mussten da so Flüsse auswendig lernen und die Vögel kennen. Und heute kommt man als Eltern schon nicht mehr nach, bevor sie aus den Windeln sind.
THERAPEUT: Ja, da hat sich vieles geändert.
MUTTER: Ja, das kann man sagen.
THERAPEUT: Okay, ich weiß natürlich auch nicht, wie Felix dazu steht. Ich meine nur, ob es wohl sinnvoll wäre, die beiden anderen Jungs auch mal zu einer Sitzung mitzunehmen, ich meine, vielleicht kennen sie noch andere positive Seiten ... [zu den Eltern] Was meinen Sie?
VATER: Ich finde das eine gute Idee.
MUTTER: Ja, die kommen sicher mit, also ... sie müssten einfach kommen, bin ich der Meinung, weil es hat sich schon ein bisschen eingeschlichen, so als wäre Felix einfach so der Sündenbock, und das ist ja nicht gerecht, da machen es sich die beiden auch zu einfach, wenn sie so denken.
THERAPEUT: Sie meinen, auch für die beiden wäre es gut zu erkennen, dass alles ein wenig komplizierter ist?
MUTTER: ...Finde ich, ja, das wäre ja normal.
THERAPEUT: Würdest du das unterstützen, Felix, ich meine, dass auch Martin und Philip für sich Verantwortung übernehmen, und sich die Sache nicht zu leicht machen?
FELIX: Ja [nach einer Pause] ... Das finde ich auch.

Als »die hohe Schule der Psychotherapie« bezeichnete Klaus Grawe (2005) die Therapie mit Menschen, deren Verhalten durch dominante motivationale Vermeidungsschemata bestimmt wird. Um Felix einen Therapiekontext anzubieten, der ihm Kooperation »ohne Gesichtsverlust« ermöglicht, habe ich folgende Leitlinien beachtet: :

- Wenn ein Jugendlicher mit aktivierten motivationalen Vermeidungsschemata in die Sitzung kommt, dann sitzt er zumindest schon einmal da, auch wenn er das eigentlich nicht will, auch wenn er nicht freiwillig hergekommen ist.
- Der Jugendliche sitzt (letztlich) immer am längeren Hebel. Er hat nicht nur sein Leben vor sich, er hat es auch in seiner

Hand (Abschiedsbriefe von Jugendlichen geben Zeugnis davon).
- Eine frontale Sitzordnung ist zu vermeiden, besser ist eine Sitzanordnung über 45 Grad.
- Auf Notizen während der Sitzung sollte man verzichten (wenn der Jugendliche keine Kontrolle darüber hat, was notiert wird, schafft das Reaktanz).
- Alles, was einen Verhöreffekt erzeugt, ist tabu (unter keinen Umständen Jugendliche mit Verhörfragen in die Enge treiben, stattdessen indirekte, tentative (absuchende) oder zirkuläre Fragen über die Eltern, über nicht anwesende Personen etc., »über die Bande spielen«, vgl. Holtz u. Mrochen 2005). Jede Aussage der Therapeutin sollte in ihrem Kern eine (aus der Sicht des Jugendlichen!) anerkennende Botschaft transportieren.
- Keine Anbiederung! Stattdessen eine wertschätzende Haltung (»Ich weiß, dass du nicht gerne von deinen Leistungen redest, und dennoch möchte ich einfach sagen, ich finde es gut«, »Ich glaube nicht, dass du faul bist, ich sehe vielmehr, dass du dich noch nicht entschieden hast«, »Verstehe ich dich richtig, ein Teil in dir möchte sich für einen Beruf entscheiden, ein anderer Teil ist noch unschlüssig?«).
- Blickkontakt »auf gleicher Augenhöhe« (nicht »von oben herab«).

Bei der Gestaltung des therapeutischen Kontextes erwies sich die Haltung der Mutter als die entscheidende Größe. Je tiefer sie Vertrauen fasste, dass im Rahmen der Therapie die »gesunden Seiten« ihres Sohnes respektiert und gewürdigt wurden – und je mehr sie dabei die Unterstützung des Stiefvaters spürte –, umso weniger musste sie Felix als Person in Schutz nehmen. Stattdessen konnte sie seinem unkooperativen Verhalten gegenüber immer deutlicher Paroli bieten – ohne Angst, ihn gleichzeitig im Stich zu lassen. Mitunter ist es überraschend, wie sich bei Jugendlichen eine Entwicklung zum Bessern ergibt, sofern die familiären Loyalitäten und Verpflichtungen es (wieder) zulassen. Das ist hoffnungsvoll und im Einklang mit früheren Erfahrungen:

»Eindrucksvoll war die Beobachtung, dass es dem Patienten besser ging, sobald sich die Eltern emotional nahe waren und sich einander stärker zuwandten als jeder von ihnen dem Patienten« (Bowen 1984, S. 217).

10. Krisenintervention aus systemischer Sicht[6]

»Viele jungen Mädchen füllen freiwillig das Vakuum, das Eltern hinterlassen, die nach der Scheidung einen emotionalen und manchmal auch physischen Zusammenbruch erleiden. Ein solches Versorgerkind sieht seine Aufgabe darin, die Mutter bzw. den Vater sozusagen am Laufen zu halten, indem es die gerade gewünschte Funktion erfüllt – die des Mentors, des Beraters, der Pflegeperson, der Vertrauten. Der Fächer der Möglichkeiten ist breit.«

Wallerstein et al. (2002)

Einbeziehung des Umfelds auch in der Krise

Als ich in den 1980er Jahren einmal jährlich am Jugendamt in Kassel Supervisionen durchführte, blieb mir eine Geschichte hängen. Eine Sozialarbeiterin schilderte den Fall einer 40-jährigen, an Schizophrenie erkrankten Frau, die wöchentlich die Therapiesitzungen bei ihrem Psychiater besuchte. Jedes Mal wenn die Patientin einem erneuten Schub verfiel und infolgedessen der Sitzung fern blieb, meldete der Psychiater das der Sozialarbeiterin, die darauf die Patientin zu Hause aufsuchte und in ihrer akuten Krise versorgte. Meine Frage, weshalb der Psychiater den Hausbesuch nicht selbst unternahm, löste damals in der Supervisionsgruppe der sozial Arbeitenden eine lange Diskussion über die unterschiedlichen Kompetenzen, Pflichten und Rechte der beiden Berufsgruppen aus, deren Ergebnis auch ein Konfliktfeld und Grabenkämpfe freilegte. Das Delegationsprinzip des Psychiaters, der im vorgegebenen Fall die »schmutzige« Arbeit an die Sozialarbeiterin übertrug, wurde als beispielhaft für die unterschiedlichen und nicht wertfreien Zuständigkeitsauffassungen der beiden Berufsgruppen empfunden.

Heute stelle ich fest, dass in den seither vergangenen 20 Jahren auch für mich als freiberuflicher Psychiater Hausbesuche in Krisensituationen eine Seltenheit waren. Nichtsdestotrotz aber gehörten akute Krisen von Personen und Familien – bzw. die fachliche Konse-

---

6 Dieses Kapitel basiert auf einem früher publizierten Artikel (Liechti 2008).

quenz davon: Kriseninterventionen – zum Normalfall. In den meisten Fällen waren die Hilfesuchenden und ihre Angehörigen in der Lage und bereit, im Krisenfall innerhalb einer angemessenen Frist meine Praxis aufzusuchen. Ein Grund dafür liegt vielleicht darin, dass ich es als Systemiker gewohnt bin, bei allen Therapien konsequent das Umfeld in die Problem- und Lösungsbeschreibungen einzubeziehen, und zwar nicht nur theoretisch vor dem geistigen Auge, sondern ganz praktisch: Ich lerne dabei die Ehepartner und bei Kindern und Jugendlichen die Eltern, allenfalls Geschwister oder in Fällen chronisch Kranker die einzelnen Mitglieder eines Helfersystems persönlich kennen (persönlich heißt auch: deren Handy-Nummern!). Anders als die Psychiater im einzelkämpferischen Setting Arzt-Patient, investieren Systemiker viel Zeit und Kraft, um ein sogenanntes »therapeutisches System« zu gestalten, sodass auch im Krisenfall praktisch immer die Möglichkeit besteht, Bezugspersonen zu mobilisieren.

Ungeachtet dessen wurden in den vergangenen Jahren in jeder größeren Stadt interdisziplinäre, aus sozialen, psychologischen, medizinischen und allenfalls seelsorgerischen Berufsleuten zusammengesetzte Krisenzentren eingerichtet, die in neudeutscher Terminologie als »Mental Health Professionals« gelten. Nicht zu unterschlagen ist die Tatsache, dass es in jeder Gesellschaft Menschen gibt, die weder in der Krise noch überhaupt einen Psychiater aufsuchen würden und für deren Notversorgung *aufsuchende* Krisendienste unerlässlich sind. Am Rande sei auch vermerkt, dass es neben den hier fokussierten psychischen Krisen auch politische, wirtschaftliche oder ökologische Krisen gibt, die man je nach eigenen Gesetzmäßigkeiten angehen muss, um zu verhindern, dass sie in einer Katastrophe enden.

Was ist eine Krise?

Der fachliche Krisenbegriff basiert auf den Vorstellungen des amerikanischen Sozialpsychiaters Gerald Caplan, der darunter einen »Verlust des seelischen Gleichgewichtes infolge akuter Überforderung eines gewohnten Verhaltens-/Bewältigungssystems durch belastende äußere oder innere Ereignisse« verstand (Caplan 1964).

Eine *Krise* verweist auf eine sich zuspitzende, eskalierende, zunehmend aus den Fugen geratende Situation, die auf einen (unter Umständen lebens-)gefährlichen Wendepunkt hinsteuert (krisis, griech. =

Entscheidung, entscheidende Wende). Ausgelöst durch innere (Krankheit, Reifeprozesse etc.) und äußere Veränderungen (Verlust des Arbeitsplatzes, Trennung, Krieg) werden Individuen, Familien und außerfamiliäre Sozialsysteme in ihrem Selbstverständnis (und Selbstwertgefühl) erschüttert. Typische Veränderungen auf psychischer Ebene sind Kontrollverluste, Verunsicherung, Hilflosigkeit, Trauer-, Wut- und Angstgefühle, erhöhte Suggestibilität, Verzweiflung, wahnhafte Verkennungen bis zur Depersonalisation und Derealisation (Ciompi 1993). Je nach Schweregrad eines Schicksalsschlages, etwa nach einem Verlust eines Partners oder Kindes durch Tod, können auch psychisch Stabile rasch in eine Krise geraten, sodass das bisherige Fließgleichgewicht radikal destabilisiert wird. Wird eine Krisenentwicklung nicht unterbrochen, die Krise nicht abgewendet oder bewältigt, endet sie schließlich in einer Katastrophe mit allenfalls dauerhaftem Schaden. Dramatische Beispiele hierfür sind Selbsttötungen, erweiterte Suizide, aber auch jede andere Anwendung von Gewalt, sexueller Missbrauch, Suchtexzesse oder Weglaufen von zu Hause.

Die Verhinderung des Suizids gehört zu den wichtigsten Zielen der Krisenintervention.

Psychische Krisen sind in der psychiatrischen Praxis eine häufige Erscheinung, wobei nicht mit jedem psychischen Leid bereits eine Krise gegeben ist. Menschen, die eine schwere psychische Krankheit zu bewältigen haben, können mit Unterstützung seitens ihrer Angehörigen über lange Zeitabschnitte eine bewundernswerte Balance zwischen Stabilität und Wandel finden und aufrechterhalten. Sie leben indessen in einem vulnerablen Gleichgewicht, sodass bereits ein geringer Anstoss genügt, um sie aus ihrer Bahn zu werfen.

Ein Notruf

Am 27. März rief mich um 21 Uhr die 13-jährige Sara L. an. Sie stand vor dem Hauseingang ihres Blocks im Regen, schluchzte und wusste nicht, was sie mit ihrer Mutter anfangen sollte. Diese lag in der Wohnung des 11. Stocks betrunken auf dem Sofa, hatte kurz zuvor Sara geohrfeigt und angeschrieen, als diese ihr ins Bett helfen wollte. Der Scheidungstermin stand am nächsten Tag auf der Agenda, und die Mutter schien zu verkennen, dass sie mit ihrer Flucht in den Alkohol nicht nur den bedrohlichen Anlass ausblendete, sondern auch die

Bedürfnisse ihrer pubertierenden Tochter, die am nächsten Tag einen schwierigen Schultest zu bestehen hatte. Am Telefon wurde mir rasch deutlich, dass Sara völlig überfordert war. Sie konnte sich vor Weinen kaum fassen, und die durchschimmernde Wut dem Vater, aber auch anderen Erwachsenen gegenüber, die ihr weismachen wollten, dass ein Scheidungsleid vorübergehend sei, machte ihren Krisenzustand deutlich. Sie heulte ununterbrochen und verriet eine tiefe Hoffnungslosigkeit, möglicherweise auch stellvertretend für ihre alkoholisch abgemeldete Mutter.

Unweigerlich gingen mir dabei die Scheidungsmythen durch den Kopf, wie sie von der US-Forscherin Judith S. Wallerstein beschrieben werden (Wallerstein 2002). Während 25 Jahren hat sie ursprünglich 131 Scheidungskinder (= Kinder geschiedener Eltern) und deren Familien nach den Folgen der elterlichen Scheidung befragt. Ein auch hierzulande verbreiteter Mythos geht dahin, dass Kinder nach der Scheidung ihrer Eltern glücklicher sind, sobald sie erfahren würden, dass nun die Eltern jeweils allein oder mit neuen Partnern zufriedener seien als vor der Scheidung, und dass das Unglück für die Kinder nur vorübergehender Natur sei. Dies hat die Autorin als einen Irrglauben der Erwachsenen entlarvt, die auf diese Weise – unabhängig von den wahren Verhältnissen – ihre Schuldgefühle auf Kosten der Kinder regulierten. In diesen Untersuchungen entpuppte sich die Scheidung der Eltern für die Mehrzahl der Scheidungskinder als eine ihr Leben verändernde, »langwährende Krise« (ebd., S. 30).

Krisenintervention – eine systemische Perspektive

Krisenintervention ist die professionelle Antwort auf eine Krise und umfasst alle fachlichen Maßnahmen von außen, deren Zweck es ist, die Krise zu unterbrechen, zu verhindern, abzuwenden oder zu bewältigen, ehe sie in eine Katastrophe mündet. Ziel der Krisenintervention ist es, einerseits dauerhaften Schaden zu verhindern und andererseits eine möglichst nachhaltige präventive Wirkung zu erzielen.

Systemiker sprechen eher von »Krisenbegleitung« denn von »Krisenintervention«, da Letzteres zu sehr die Fachperson als Experten hervor streicht, der immer am besten – auf jeden Fall besser als die Hilfesuchenden selbst – weiß, was zu tun ist (Egidi u. Boxbücher 1996). Das heißt indessen nicht, dass der Systemiker im Anblick der

Not die Hände in den Schoß legt und, statt anzupacken, intellektuell raffinierte Fragen stellt. Vielmehr orientiert er sich primär am Kontext der Krise, und das sind meist andere, für die hilfesuchende Person bedeutungsvolle Menschen, die wechselwirkend an der Krise teilhaben, sei es durch aktives Mittun, sei es durch Unterlassungen oder Abwesenheiten. Daher behält der Systemiker stets beides im Auge, einerseits den lebensbedrohlichen Notfall, der die lebensrettende Sozialkontrolle verlangt und keinen Interventionsaufschub erlaubt, und andererseits die in der Krise nicht genutzten Kompetenzen und Ressourcen der Menschen, die durch einen fachlichen Aktivismus nur noch hilfloser gemacht würden.

Einen weiterführenden Kontext herstellen

Ich kannte das Einzelkind Sara L. im Zusammenhang mit der Paartherapie der Eltern, die mich aufsuchten, nachdem der Vater die Mutter wegen einer anderen Frau verlassen hatte. Während es der Mutter um nichts weniger als die Rettung der Ehe und Familie ging, erschien der Vater einzig zu dem Zweck, unter »objektiven Bedingungen« eine optimale Besuchsregelung bezüglich Sara auszuhandeln. Er blieb denn auch bald den gemeinsamen Sitzungen fern. Insofern schwebte eine zusätzliche Tragik über den ohnehin schon zerrütteten Verhältnissen, als die Freundin des Vaters seit kurzem die Diagnose einer Krebskrankheit zu erdulden hatte. Als ich am Telefon Saras verzweifelte Stimme hörte, schien es mir, als fände darin all das Leid der Familie seinen unerträglichen Ausdruck.

THERAPEUT (während Sara schluchzt): Es tut mir so leid, Sara ... es tut mir so leid ... und ich danke dir, dass du dich gemeldet hast ... Das ist nicht selbstverständlich. Es ist gut, dass du weinen kannst ... Wo bist du jetzt?
SARA: Vor dem Haus ... Ich kann doch meine Mutter nicht da sitzen lassen ... Im Sozialdienst war der Anrufbeantworter dran. Die sind erst morgen wieder da.
THERAPEUT: Hast du noch genügend Batterie in deinem Handy?
SARA: Ja, ich hab's eben erst aufgeladen.
THERAPEUT: Wenn ein Wunder geschähe, wer wäre gerade jetzt an deiner Seite?
SARA: Mein Vater ... der kann doch uns nicht einfach so ...
THERAPEUT: Hast du ihn angerufen?

SARA: Nein, weil er glaubt mir nicht, dass Mami betrunken ist, er glaubt, das sei nur Theater, und dann regt er sich auf ...
THERAPEUT: Wäre es eine Hilfe, wenn ich ihn anrufe?
SARA: Ja.
THERAPEUT: Was müsste ich ihm sagen, damit er gleich auflegen würde?
SARA: Er müsse jetzt sofort nach Mami schauen.
THERAPEUT: Kannst du mit deiner Mutter noch sprechen, oder ist sie zeitweise bewusstlos?
SARA: Sie hat schon eine Flasche Wodka getrunken, und sie trinkt immer weiter. Ich glaube, ich mache mir Sorgen wegen ihr.
THERAPEUT: Okay, Sara, du bist jetzt für mich die wichtigste Verbindungsperson zur Mutter. Weder dir noch ihr darf irgendwas geschehen. Deshalb werde ich jetzt den Notfallarzt anvisieren, damit deine Mutter rasch in Sicherheit, ins Spital kommt. Auch werde ich deinen Vater kontaktieren, allerdings muss er dann selbst entscheiden, wie er mit der Situation umgehen will. Geh' jetzt zurück in die Wohnung und warte auf meinen Rückruf in genau 15 Minuten!

Fünf Minuten später war der Notfallarzt organisiert und mittels SMS teilte ich dem Vater mit, so rasch wie möglich mit mir Kontakt aufzunehmen, was kaum eine Minute später geschah. Ich orientierte ihn über die Vorkommnisse und den Sachverhalt, dass die Sanitätspolizei samt Notarzt unterwegs zur Mutter sei, und nachdem er sich erst über die »ewigen« Manipulationen seiner Noch-Ehefrau beschwert hatte, meinte er ziemlich kleinlaut: »Vielen Dank, Herr Doktor, dass Sie sich für uns eingesetzt haben. Ich hole jetzt Sara ab, sie kann vorerst bei mir bleiben, und ich werde auch ihren Klassenlehrer benachrichtigen.«

THERAPEUT: Okay, danke Herr L., ich informiere Sara, dass sie von ihrem Vater abgeholt wird.

Abschätzen der Suizidalität

Bei Jugendlichen im Ausnahmezustand, insbesondere in Kombination mit einer Depression, muss im Rahmen einer Krisenintervention auch die Suizidalität abgeschätzt werden. Immerhin stellt das Jugendalter die Lebensphase mit der höchsten Rate an Suizidversuchen überhaupt dar (Nevermann u. Reicher 2001, S. 79). Die Schweiz hält zudem einen traurigen Rekord, indem sie zu den Ländern mit der höchsten Suizidrate bei Heranwachsenden gehört. Jährlich nehmen sich über hundert Jugendliche das Leben. Unter den 15- bis 19-Jährigen geben bis zur Hälfte an, jemals den Gedanken an Suizid gehabt zu haben (Michel 2002). Besonders bei Kindern mit depressiven Störungen ist Vorsicht geboten, da hier mehr als 80 Prozent über Selbstmordgedanken berichten (ebd., S. 84).

Generell werden bei Jugendlichen familiäre Konflikte, Liebeskummer und Schulprobleme als die wichtigsten suizidauslösenden Faktoren dargestellt. Neben Unfällen ist der Suizid eine der wichtigsten Todesarten bei Jugendlichen (junge Leute sterben nur selten an »natürlichen« Todesursachen). Im Geschlechtervergleich verhalten sich die jugendliche Suizidenten so wie die Erwachsenen: Mädchen begehen eher Suizidversuche – Suizid als Hilfsappell. Jungen hingegen wollen sich weniger häufig das Leben nehmen, wählen in ihren Handlungen dann aber vermehrt solche, die mit größerer Sicherheit zum Tod führen, also eine Waffe, den Strick oder den Sprung ins Leere. Auch suchen Jugendliche und Männer oft nicht oder zu spät Hilfe, weil sie ihre Probleme häufig allein lösen wollen. Junge Frauen greifen eher zu einer Überdosis Medikamente, was die Chance einer Rettung erhöht.

Was die spezifische Gefährdung betrifft, so machen Nevermann u. Reicher (2001, S. 92) folgende Angaben:

- »Ein erhöhtes Risiko eines Suizids haben vor allem Jugendliche, die bereits einen Suizidversuch hinter sich haben. *Bei jedem vierten Suizidversuch folgt binnen zwei Jahren eine Wiederholung.* Kinder und Jugendliche, die in der eigenen Familie Personen erleben, die sich das Leben nehmen wollen oder bereits Suizidversuche durchgeführt haben (in der Regel bei einem Elternteil).
- Kinder und Jugendliche, die keine nennenswerten Kontakte zu Gleichaltrigen oder Cliquen in ihrem sozialen Umfeld haben, sondern im Alltag eher einsam und sozial isoliert leben. Nicht die Tatsache der sozialen Isolierung und Einsamkeit selbst, sondern die persönliche Verarbeitung und Bewertung der Situation im Denken des Kindes, das dadurch hervorgerufene Leiden, die sich einstellende Traurigkeit und Hoffnungslosigkeit bilden den Hintergrund für die suizidale Gefährdung.
- Einsame, depressive Kinder, die mit andauernden starken Belastungen alleingelassen werden.

- Kinder und Jugendliche, die einen Suizidversuch ankündigen. 60 % bis 80 % der Suizidenten kündigen ihre Absicht, sich das Leben zu nehmen, vorher an. Entsprechend sind verbale Äußerungen absolut ernst zu nehmen. Der Satz »Wer sagt, dass er sich umbringen will, bringt sich nicht um!« stimmt nicht.
- Schizophrene Kinder und Jugendliche, Drogen- und Alkoholabhängige sowie Kinder und Jugendliche, die ihren Selbstmord ankündigen. Es ist längst widerlegt, dass Menschen, die vom Suizid reden, sich nicht umbringen, während diejenigen, die es tun, nicht davon reden. Auch wenn bei jugendlichen Mädchen in der Hochpubertät das suizidale Handeln häufig als ein Appell aufgefasst werden kann, sich um das persönliche Leiden zu kümmern. Diese Mädchen wollen in aller Regel nicht sterben, sie schreien eher nach Hilfe.«

Ambulant tätige Fachleute begleiten oft über Jahre Familien mit einem Mitglied, dessen psychiatrische »Karriere« ehemals als psychisch kranker Jugendlicher begonnen hatte und das sich dann nur teilweise von der Erkrankung erholte. Mithin sind diese Menschen weiterhin auf psychiatrische Unterstützung angewiesen, nicht selten ein Leben lang, sei es in Krisensituationen, sei es bezüglich der Medikamente (sog. »sozialpsychiatrische Fälle«). Dabei repräsentiert der Therapeut einen stabilen Ort, einen »sicheren Hafen«. Wenn vulnerable Menschen über eine brauchbare »Signalleine« zu Professionals als Quelle für raschen Beistand verfügen, kann das im Krisenfall entscheidend sein.

Bereits am folgenden Tag fand in den Abendstunden eine Krisensitzung statt, an der die ausgenüchterte Mutter, der Vater und Sara teilnahmen. Davon sind mir folgende Fragen in Erinnerung geblieben.

THERAPEUT (an die Adresse der Mutter): Gesetzt den Fall, Sie werden einen neu festgelegten Scheidungstermin wahrnehmen, was denken Sie, was könnten sich daraus für positive Entwicklungen ergeben, die sich vorerst nur erahnen lassen?

THERAPEUT (an die Adresse des Vaters): Falls Sie nun der Mutter Ihrer gemeinsamen Tochter genügend Zeit geben, die Scheidungskrise zu bewältigen und sich auf die neuen Gegebenheiten hin zu orientieren, was denken Sie, was kann das für positive Auswirkungen auf Sara haben?

THERAPEUT (an die Adresse von Sara): Was würde dir helfen, um das Vertrauen zu finden, dass keine Scheidung der Welt dir deine Eltern wegnimmt?

Aspekte einer Krisenbegleitung

Vor dem Hintergrund verschiedener Handlungsmodelle für die Krisenintervention (Schnyder 1993; Egidi u. Boxmücher 1996; Sonneck 2000; Kunz et al. 2007), können folgende wichtige Aspekte hervorgehoben werden:

1. *Kontakt herstellen und die Beziehung stärken*: Ein Kontakt zur Person in Krise muss nicht nur hergestellt, sondern insbesondere aufrechterhalten und gestärkt werden (Metapher: In einer Kurve den Kontakt zum Steuerrad zu verlieren, ist verhängnisvoll). Hierzu ist höchste Konzentration auf die hilfesuchende Person und deren Bedürfnisse gefordert. Ein Kontakt kann auch an technischen Pannen scheitern, z. B. dass kein Handy-Empfang möglich oder die Batterie leer ist.
2. *Emotionale Entlastung fördern:* Eine Person in Krise ist oft verzweifelt, erregt, in Aufruhr, unkonzentriert, verängstigt oder gar psychotisch, und daher sind zur Stabilisierung des Kontakts emotional entlastende Maßnahmen unverzichtbar. Ein behutsames Eingehen auf den Gemütszustand kann helfen.
3. *Erfassen und Ordnen der Krisensituation*: Die Krisenmanagerin sollte sich so rasch wie möglich ein Bild von den inneren und äußeren Stressoren bzw. Krisenauslösern, aber auch vom Bewältigungspotenzial der Person in Krise, deren Einbettung in einen situativen, zeitlichen, familiären und sozialen Zusammenhang sowie den zugänglichen oder allenfalls zur Zeit blockierten persönlichen und sozialen Ressourcen machen.
4. *Beschreibungen der Krise*: Sich in Krise befindende Personen zeigen oft eine ›röhrenförmige‹ Wahrnehmung, und ihr Bewältigungspotenzial wird zusätzlich überfordert, wenn etwa von der »Krise als Chance« geredet wird. Um dem Bedürfnis nach Wahrnehmungsbestätigung gerecht zu werden, ohne gleichzeitig die pessimistische Wertung zu unterstützen, soll die Krise in verständliche Worte gefasst werden, indessen so, dass die Subjektivität der zugrundeliegenden Wahrnehmung deutlich wird (»So wie Sie die Situation erleben, kann ich Ihre Verzweiflung gut verstehen«).
5. *Vermittlung einer Zukunfts-, Hoffnungs- und Kompetenzperspektive durch Undeutung der Krise*: So wie das chinesische Schriftzeichen

für »Krise« aus zwei Teilen zusammengesetzt ist, je aus einem für Gefahr und für Chance, zeigte auch die Krise im Fall von Sara L. neben der Leidens- eine unerwartete Chancenseite, indem die Eltern zwecks Klärung von Missverständnissen, Ängsten und Abwertungen weitere Familiensitzungen beschlossen.
6. *Beendigung der Krisenbegleitung und Standortbestimmung*: Das Potenzial systemischer Fragetechniken liegt darin, dass sie dem in einer Krise stehenden Hilfesuchenden das Angebot machen, Experte seiner Leidenssituation zu sein und ihm zugleich die Chance ermöglichen, die Krisenbewältigung selbstwirksam zu erleben. Denn am Ende will jeder Mensch selbst entscheiden, ob sozialarbeiterische, juristische, psychotherapeutische und – last but not least – seelsorgerische Hilfen nötig und weiterführend sind.

Ein abschließendes Wort

Für einen jungen Menschen mit auffälligem Verhalten kann eine Psychotherapie unter der Voraussetzung, dass sie möglichst frühzeitig in einem für ihn relevanten (Beziehungs-)Kontext stattfindet sowie interdisziplinär, individualisiert und nachhaltig durchgeführt wird, von entscheidender Bedeutung für seine weitere Entwicklung sein.

Dass professionell durchgeführte Psychotherapie wirkt, will heute kaum jemand noch ernstlich bestreiten. Wie sie wirkt, ist eine andere Frage und Gegenstand weltweiter Untersuchungen. Die zur Zeit hoch im Kurse stehende Neurobiologie zeigt uns, dass sie Spuren in der Struktur und Dynamik neuronaler Netzwerke hinterlässt (Kandel 2006, S. 319): »Die Psychotherapie funktioniert vermutlich dadurch, dass sie eine Umgebung schafft, in der Menschen lernen, sich zu verändern. Wenn diese Veränderungen über die Zeit hinweg stabil bleiben, liegt die Schlussfolgerung nahe, dass die Psychotherapie, genau wie andere Formen des Lernens, zu strukturellen Veränderungen im Gehirn führt. Tatsächlich können wir schon jetzt die Gehirne von Menschen vor und nach einer Therapie mit bildgebenden Verfahren untersuchen und dadurch die Folgen einer psychotherapeutischen Intervention sehen, jedenfalls bei bestimmten Störungen.«

In Anbetracht dieser hoffnungsvollen Perspektive einerseits und der immensen Kosten, die eine nicht oder inadäquat behandelte psychische Störung im Jugendalter für das Gesundheitssystem bedeutet, anderseits, ist das Ziel einer optimalen psychotherapeutischen Versorgung Jugendlicher unstreitig. Ungeachtet dessen deckt aber eine umfassende Bestandsaufnahme zur psychischen Gesundheit in Europa (Wittchen 2005) ausgerechnet bei Kindern und Jugendlichen eine psychotherapeutische Unterbehandlung auf. Wieweit dabei auch Schwierigkeiten mit der Motivierung Jugendlicher in Therapie und Beratung zu Buche schlagen, bleibe dahingestellt. Dass es Motivierungsprobleme gibt, steht indessen außer Zweifel.

Wissenschaftliche Erkenntnisse können in jedem therapeutischen Einzelfall als eine Orientierungshilfe dienen, so wie Kompass und Karte in unbekanntem Gelände. Aber auch die beste Karte ist nicht die Landschaft selbst, stattdessen wird letztere durch Menschen mit unverwechselbarer Biographie (*spätgr.* biographia = »Lebensbeschreibung«) bevölkert. Sich für die Lebensbeschreibung eines jugendlichen Menschen zu interessieren und ihm die Gewissheit zu vermitteln, dass er als Individuum nicht nur einzigartig ist, sondern dass seine Einzigartigkeit ihn zu einem Experten macht, ohne dessen Vertrauen und Beitrag keine Psychotherapie gelingen kann, gehört zum Herzstück jeder Motivierungsarbeit.

Es war mein Ziel, anhand konkreter Beispiele Anregungen zu einer systemisch-familientherapeutischen Motivierungspraxis bei Jugendlichen mit Verhaltensstörungen zu geben. Wieweit der Funke gesprungen ist und ob die therapeutischen Ideen für die Leserin und den Leser in der eigenen Arbeit einen Nutzen bringen, ist nicht an mir zu beurteilen.

Auf die Frage, ob ihm die Therapie etwas gebracht hat, sagte der 17-järige Boris, nachdem er seinen gefährdeten Lebenslauf stabilisiert und eine Lehre angefangen hatte: »Die Therapie hat mir eigentlich nichts gebracht, aber die Gespräche schon.«

Literatur

Achenbach, T. M. (1991): Manual for Teacher's Report Form and 1991 Profile. Burlington, VT (University of Vermont, Department of Psychiatry).
Adelson, J. (ed.) (1980): Handbook of adolescent psychology. New York (Wiley & Sons).
Adler, A. (1994): Neurosen. Frankfurt (Fischer).
Ambühl, H. (2004): Wege aus dem Zwang. Düsseldorf/Zürich (Walter).
Andersen, T. (1996): Das Reflektierende Team. Dortmund (modernes lernen).
Anderson, H. u. H. A. Goolishian (1990): Menschliche Systeme als sprachliche Systeme. *Familiendynamik* 15 (3): 312–243
Asendorpf, J. u. R. Banse (2000): Psychologie der Beziehung. Bern (Huber).
AWMF online (2007): Arbeitsgemeinschaft der Wissenschaftlichen Medizinischen Fachgesellschaften. Wissenschaftlich begründete Leitlinien für Diagnostik und Therapie (Internet). Verfügbar unter: http://www.uni-duesseldorf.de/awmf/ll/ [25.01.2009].
Baier, F. (2007): Ein neues Handlungsfeld etabliert sich. Entstehung, Praxis und Rolle der Schulsozialarbeit. *Zeitschrift für Sozialhilfe* 4: 8–9.
Bandler, R., J. Grinder u. V. Satir (1999): Mit Familien reden. Stuttgart (Pfeiffer bei Klett-Cotta).
Bandura, A. (1979): Aggression. Stuttgart (Klett-Cotta).
Barlow, D. (ed.) (2001): Clinical handbook of psychological disorders. New York (Guliford Press).
Bastine, R. (1981): Adaptive Indikationen in der zielorientierten Psychotherapie. In: U. Baumann (Hrsg.) (1981): Indikationen zur Therapie psychischer Störungen, München (Urban & Schwarzenberg), S. 158–168.
Baumann, U. (Hrsg.) (1981): Indikationen zur Therapie psychischer Störungen. München (Urban & Schwarzenberg).
Baumeister, R. F. a. M. R. Leary (1995): The need to belong: Desire for interpersonal attachments as a fundamental human motivation. *Psychological Bulletin* 117: 497–529.
Beck, A. T. (1992): Kognitive Therapie der Depression. Weinheim (Beltz).
Berger, B. u. P. L. Berger (1984): In Verteidigung der bürgerlichen Familie. Frankfurt a. M. (S. Fischer).
Bergin, A. E. u. S. L. Garfield (eds.) (1994): Handbook of psychotherapy and behavior change. New York (Wiley), pp. 270–378.

Bieri, E. (1996): Das 3-Phasen-Modell therapeutischer Veränderung von Howard, Lueger, Maling und Martinovich. Psychologisches Institut der Universität Bern (unveröffentl. Lizentiatsarbeit).
Byng-Hall, J. (1980): Symptom Bearer as Marital Distance Regulator: Clinical Implications. *Family Process* 19: 355–365.
Blos, P. (1978): Adoleszenz. Stuttgart (Klett-Cotta).
Boscolo, L., G. Cecchin, L. Hoffman u. P. Penn (1988): Familientherapie – Systemtherapie. Das Mailändermodell. Dortmund (modernes lernen).
Boszormenyi-Nagy, I. u. G. Spark (1981): Unsichtbare Bindungen. Stuttgart (Klett-Cotta).
Boszormenyi-Nagy, I. a. B. R. Krasner (1986): Between give and take. A clinical guide to contextual therapy. New York (Brunner/Mazel).
Bowlby, J. (2008): Bindung als sichere Basis. Grundlagen und Anwendung der Bindungstheorie. München/Basel (Reinhardt).
BPtK, Bundespsychotherapeutenkammer. Berlin. Verfügbar über: http://www.bptk.de/psychotherapie/zahlen_fakten/89067.html [25.01.2009].
Brehm, J. W. (1966): A theory of psychological reactance. New York (Academic Press).
Brickman, P., V. C. Rabinowitz, J. Karuza, D. Coates, E. Cohn a. L. Kidder (1982): Models of Helping and Coping. *American Psychologist* 37 (4): 368–384.
Brinich, P. M. (1980): Über mögliche Auswirkungen von Adoption auf Selbst- und Objekt-Repräsentanzen. In: E. Harms u. B. Strehlow (Hrsg.) (1980): Das Traumkind in der Realität. Göttingen (Vandenhoeck & Ruprecht), S. 77–95.
Brisch, K. H., K. E. Grossmann, K. Grossmann u. L. Köhler (Hrsg.) (2002): Bindung und seelische Entwicklungswege. Stuttgart (Klett-Cotta).
Brunstein, J. C. u. G. W. Maier (2002): Das Streben nach persönlichen Zielen: emotionales Wohlbefinden und proaktive Entwicklung über die Lebensspanne. Weinheim (Beltz).
Caplan, G. (ed.) (1964): Principles of Preventive Psychiatry. New York (Basic Books).
Carter, B. a. M. McGoldrick (1989): The Changing Family Life Cycle. Boston (Allyn & Bacon), 2nd ed.
Cialdini, R. B. (2006): Die Psychologie des Überzeugens. Bern (Huber).
Cierpka, M. (Hrsg.) (2003): Handbuch der Familiendiagnostik. Berlin/Heidelberg (Springer).
Ciompi, L. (1993): Krisentheorie heute – eine Übersicht. In: U. Schnyder u. J.-D. Sauvant (1993): Krisenintervention in der Psychiatrie. Bern (Huber), S. 13–26.
Claessens, D. (1979): Familie und Wertsysteme. Berlin (Duncker & Humblot).

Literatur

Coleman, J. S. (1994): Social capital, human capital, and investment in youth. In: H. Fendt (1998): Eltern und Freunde. Soziale Entwicklung im Jugendalter. Bern (Huber), S. 21.

Conen, M. L. u. G. Cecchin (2007): Wie kann ich Ihnen helfen, mich wieder loszuwerden? Therapie und Beratung in Zwangskontexten. Heidelberg (Carl-Auer), 2. Aufl. 2009.

Csikszentmihalyi, M. (1996): Das Flow-Erlebnis. Stuttgart (Klett-Cotta).

Deci, E. L. a. R. M. Ryan (1985): Intrinsic motivation and self-determination in human behavior. New York (Plenum).

Deci E. L. u. R. M. Ryan (1993): Lernmotivation – ästhetische Bildung – Waldorfschulen in der Diskussion. *Zeitschrift für Pädagogik* 39 (2): 224–238.

Deissler, K. G. (1996): Glossar zu: Postmoderne (therapeutische). In: Th. Keller u. N. Greve (Hrsg.) (1996): Systemische Praxis in der Psychiatrie. Bonn (Psychiatrie-Verlag), S. 390–391.

Delhees, K. H. (1994): Soziale Kommunikation. Opladen (Westdeutscher Verlag).

Dell, P. F. (1986): Klinische Erkenntnis. Zu den Grundlagen systemischer Therapie. Dortmund (modernes lernen).

DeShazer, S. (1989): Der Dreh. Heidelberg (Carl-Auer), 10. Aufl. 2009.

Deutsch, M. (1976): Konfliktregelung. München (Reinhardt).

Dickenberger, D., G. Gniech u. H. J. Grabitz (1993): Die Theorie der psychologischen Reaktanz. In: D. Frey u. M. Irle (Hrsg.) (1993): Theorien der Sozialpsychologie. Bd. I–III. Bern (Huber), S. 243–274.

Dilling, H., W. Mombour u. M. H. Schmidt (Hrsg.) (2005): Internationale Klassifikation psychischer Störungen. Bern (Huber).

Driscoll, R., K. E. Davis a. M. E. Lipetz (1972): Parental interference and romantic love: The Romeo and Juliet effect. *Journal of Personality and Social Psychology* 24: 1–10.

Egidi, K. u. M. Boxbücher (Hrsg.) (1996): Systemische Krisenintervention. Tübingen (Forum 31).

Ellis, A. (1993): Die rational-emotive Therapie. München (Pfeiffer).

Engel, L. a. T. Ferguson (1990): Imaginary crimes. Boston (Houghton Mifflin).

Erel, O. a. B. Burman (1995): Interrelatedness of marital and parent-child-relationships: A meta analytic review. *Psychological Bulletin* (118): 108–132.

Erikson, E. H. (1981): Jugend und Krise. Stuttgart (Klett-Cotta).

Essau, C. A. u. U. Petermann (2002): Depression. In: F. Petermann (Hrsg.) (2002): Lehrbuch der klinischen Kinderpsychologie und -psychotherapie. Göttingen (Hogrefe).

Fend, H. (1998): Eltern und Freunde. Soziale Entwicklung im Jugendalter. Bern (Huber).

Fend, H. (2003): Entwicklungspsychologie des Jugendalters: Ein Lehrbuch für pädagogische und psychologische Berufe. Wiesbaden (VS, Verlag für Sozialwissenschaft).

Fiedler, P. (2003): Integrative Psychotherapie bei Persönlichkeitsstörungen. Göttingen (Hogrefe).

Fiegenbaum, W., M. Freitag u. B. Frank (1992): Kognitive Vorbereitung auf Reizkonfrontationstherapien. In: J. Margraf u. J. Brengelmann (Hrsg.) (1992): Die Therapeut-Patient-Beziehung in der Verhaltenstherapie. München (Röttger), S. 89–108.

Fiegenbaum, W. u. B. Tuschen (2003): Systemimmanente kognitive Therapie. In: J. Margraf (Hrsg.): Lehrbuch der Verhaltenstherapie. Bd. 1. Berlin (Springer), S. 499–509.

Fisch, R., J. H. Weakland u. L. Segal (1991): Strategien der Veränderung. Stuttgart (Klett-Cotta).

Flammer, A. (1988, 1996): Entwicklungstheorien. Bern (Huber).

Flammer, A. (1990): Erfahrung der eigenen Wirksamkeit. Bern (Huber).

Flammer, A. u F. D. Alsaker (2002): Entwicklungspsychologie der Adoleszenz. Bern (Huber).

Fonagy, P. (2002): Ist Bindungssicherheit angeboren? In: K. H. Brisch, K. E. Grossmann, K. Grossmann u. L. Köhler (Hrsg.) (2002): Bindung und seelische Entwicklungswege. Stuttgart (Klett-Cotta) 277–287.

von Foerster, H. (1985): Sicht und Einsicht. Wissenschaftstheorie, Wissenschaft und Philosophie. Braunschweig/Wiesbaden (Vieweg). Verfügbar unter: http://www.carl-auer.de/programm/978-3-89670-567-9 [30.1.2009]

Fortune, S., J. Sinclair a. K. Hawton (2008): Adolescents' views on preventing self-harm. A large community study. *Social Psychiatry and Psychiatric Epidemiology* 43 (2): 96–104.

Frank, J. D. (1981): Die Heiler. Wirkungsweisen psychotherapeutischer Beeinflussung. Stuttgart (Klett-Cotta).

Frankl, V. E. (1982): Der Mensch vor der Frage nach dem Sinn. München (Piper).

Freud, A. (1936): Das Ich und die Abwehrmechanismen. Wien (Internationaler Psychoanalytischer Verlag).

Freud, S. (1982): Schriften zur Behandlungstechnik. Studienausgabe, Ergänzungsband. Frankfurt a. M. (Fischer Taschenbuch).

Frey, D. u. M. Irle (Hrsg.) (1993): Theorien der Sozialpsychologie. Bd. I–III. Bern (Huber).

Frith, C. D. a. U. Frith (1999): Interacting minds – A biological basis. *Science* 286: 1692–1694.

Gamillscheg, H. (2008): Zuhören, zuhören, zuhören. *Der Bund* 159 (238): 5.

Garfield, S. L. a. A. E. Bergin (eds.) (1986): Handbook of psychotherapy and behavior change. New York (Wiley).
Goodrich, J., C. Rampage, B. Ellman u. K. Halstead (1988): Feministische Familientherapie. Frankfurt, New York (Campus).
Grawe, K. (1998): Psychologische Therapie. Göttingen (Hogrefe).
Grawe, K. (2004): Neuropsychotherapie. Göttingen (Hogrefe).
Grawe, K. (2005): Alle Psychotherapien haben auch Grenzen. NZZ am Sonntag, 23.10.2005, 78.
Grossmann, K. u. K. E. Grossmann (2004): Bindungen – das Gefüge psychischer Sicherheit. Stuttgart (Klett-Cotta).
Grotevant, H. D. u. C. R. Cooper (1986): Individuation in family relationships. In: Human Development 29: 82–100.
Grotevant, H. D., R. G. McRoy a. V. Y. Jenkins (1988): Emotionally disturbed, adopted adolescents: early patterns of family adaptation. Family Process 27: 439–457.
Habermas, J. (1971): Knowledge and human interests. Boston (Beacon).
Hain, P. (2001): Das Geheimnis therapeutischer Wirkung. Heidelberg (Carl-Auer).
Haley, J. (1990): Ansätze zu einer Theorie pathologischer Systeme. In: P. Watzlawick u. J. H. Weakland (Hrsg.) (1990): Interaktion. Bern (Huber), S. 61-84.
Haley, J. (1979): Direktive Familientherapie. München (Pfeiffer).
Haley, J. (1994): Ordeal-Therapie. Salzhausen (Iskopress).
Harms, E. u. B. Strehlow (Hrsg.) (1980): Das Traumkind in der Realität. Göttingen (Vandenhoeck & Ruprecht).
Harrison, E. R. (1983): Kosmologie. Darmstadt (Darmstädter Blätter).
Hartmann, H. (1965): Bemerkungen zur psychoanalytischen Theorie des Ichs. Psyche 18: 330–353.
Hayakawa, S. I. (1981): Sprache im Denken und Handeln. Darmstadt (Darmstädter Blätter).
Hawton, K., K. Rodham a. E. Evans (2008): Selbstverletzendes Verhalten und Suizidalität bei Jugendlichen. Risikofaktoren, Selbsthilfe und Prävention. Bern (Huber).
Heckhausen, H. (1980): Motivation und Handeln. Berlin (Springer).
Heider, F. (1958): The Psychology of interpersonal relations. New York (J. Wiley).
Heider, F. (1983): Das Leben eines Psychologen. Eine Autobiographie. Bern (Huber).
Hofer, M., E. Klein-Allermann u. P. Noack (1992): Familienbeziehungen. Göttingen (Hogrefe).
Hofer, M. (2006): Wie Jugendliche und Eltern ihre Beziehung verändern. In: A. Ittel u. H. Merkens: Interdisziplinäre Jugendforschung. Wiesbaden (VS, Verlag für Sozialwissenschaften), S. 9–27.

Hoffman, L. (1982): Grundlagen der Familientherapie. Hamburg (Isko Press).
Hoffman, L. (1887): Jenseits von Macht und Kontrolle. Auf dem Wege zu einer systemischen Familientherapie »zweiter Ordnung«. *Zeitschrift für systemische Therapie* 5 (2): 76–93.
Holtz, K. L. u. S. Mrochen (2005): Einführung in die Hypnotherapie mit Kindern und Jugendlichen. Heidelberg (Carl-Auer).
Howard, K. I., R. J. Lueger, M. S. Maling a. Z. Martinovich (1993): A phase model of psychotherapy outcome: Causal mediation of change. *Journal of Consulting and Clinical Psychology* 61: 678–685.
Hubble, M. A., B. L. Duncan u. S. D. Miller (2001): Das Augenmerk auf das richten, was funktioniert. In: M. A. Hubble, B. L. Duncan a. S. D. Miller (Hrsg.): So wirkt Psychotherapie. Dortmund (modernes lernen), S. 289–344.
Hubble, M. A., B. L. Duncanu, S. D. Miller (Hrsg.) (2001): So wirkt Psychotherapie. Dortmund (modernes lernen).
Ittel, A. u. H. Merkens (2006): Interdisziplinäre Jugendforschung. Jugendliche zwischen Familien, Freunden und Feinden. Wiesbaden (VS, Verlag für Sozialwissenschaften).
Jackson, D. D. (1957): The Question of Family Homeostasis. *Psychiatry Quarterly* 31: 79–90.
Jones, M. C. (1957): The later careers of boys who early- or late-maturing. *Child Development* 28: 113–128.
Jores, A (1981): Praktische Psychosomatik – Ein Lehrbuch für Ärzte und Studierende der Medizin. Bern (Hans Huber).
Kanfer, F. H., H. Reinecker u. D. Schmelzer (1991): Selbstmanagement-Therapie. Berlin (Springer).
Kant, I. (1920): Kritik der reinen Vernunft. München (Georg Müller).
Kaplan, A. S. (2002): Psychological treatments for anorexia nervosa: A review of published studies and promising new directions. *Canadian Journal of Psychiatry* 47: 235–242.
Kazdin, A. E. (1990): Premature termination from treatment among children referred for antisocial behaviour. *Journal of Child Psychology and Psychiatry* 31: 415-425.
Keller, Th. u. N. Greve (Hrsg.) (1996): Systemische Praxis in der Psychiatrie. Bonn (Psychiatrie-Verlag).
Kernberg, O. F. (2000): Wahrscheinlich werden in der nächsten Generation Persönlichkeitsstörungen häufiger sein. Otto F. Kernberg im Gespräch mit Ulrich Streeck. *Psychotherapie im Dialog* 4: 84–89.
Keupp, H. (2005): Beratungsziel: Fitness für den Markt oder Selbstsorge in der Zivilgesellschaft? Menschenbildoptionen der Beratung in der globalisierten Welt. Vortrag bei der Ringvorlesung »Beratung in Bildung, Beruf und Beschäftigung« an der Technischen Universität Dresden.

Verfügbar unter: http://www.ipp-muenchen.de/texte/keupp_dresden.pdf [28.01.2009].
Koglin, U. u. F. Petermann (2008): Zur Bedeutung der Sicherheits- und Gewaltwahrnehmung von Schülern: Selbstwirksamkeit und internalisierende und externalisierende im Jugendalter. *Zeitschrift für Psychiatrie, Psychologie und Psychotherapie* 56 (4): 287-292.
Kosfelder, J. J., S. Michalak Vocks u. U. Willutzki (Hrsg.) (2005): Fortschritte der Psychotherapieforschung. Göttingen (Hogrefe).
Krähenbühl, V., H. Jellouschek, M. Kohaus-Jellouschek u. R. Weber (1987): Stieffamilien: Struktur – Entwicklung – Therapie. Freiburg (Lambertus).
Krishnakumar, A. a. C. Buehler (2000): Interparental conflict and parenting behaviors: A meta-analytic review. *Family Relations* (49): 25-44.
Kunz, S., U. Scheuermann u. I. Schürmann (2007): Krisenintervention. Weinheim (Juventa).
Lambert, M. J., E. J. Hawkins, D. A. Vermeersch a. J. L. Whipple (2005): Die Auswirkungen eines Rückmeldesystems zur Erfassung des Therapiefortschritts von Klienten. Eine Zusammenstellung von vier, im klinischen Alltag durchgeführte Studien. In: J. J. Kosfelder, S. Michalak, S. Vocks u. U. Willutzki (Hrsg.): Fortschritte der Psychotherapieforschung. Göttingen (Hogrefe), S. 309–337.
Ley, K. (1991): »Ein Leib und ein Dach« – Fortsetzungsfamilien zwischen Mythos und Realität, Vergangenheit und Gegenwart. *Familiendynamik* 16 (4): 334–350.
Liechti, J. (2004): Wenn ein Familienmitglied krank wird. *Pro Mente Sana – aktuell* 12: 8–10.
Liechti, J. (2008): Krisenintervention aus systemischer Sicht. *Sozialaktuell* 3: 12–17.
Liechti, J. (2008): Magersucht in Therapie. Heidelberg (Carl Auer).
Ludewig, K. (2000): Systemische Therapie mit Familien. *Familiendynamik* 25 (4): 450–484.
Lueger, R. J. (1995): A phase model of psychotherapy outcome. *Psychotherapeut* 40: 276–278.
Lüscher, K. (1995): Postmoderne Herausforderungen der Familie. *Familiendynamik* 20 (3): S. 233-251.
Marcia, J. E. (1980): Identity in adolescence. In: Adelson, J. (Ed.): Handbook of adolescent psychology. New York (Wiley), pp. 159–187.
Margraf, J. u. J. Brengelmann (Hrsg.) (1992): Die Therapeut-Patient-Beziehung in der Verhaltenstherapie. München (G. Röttger).
Margraf, J. (Hrsg.) (2003): Lehrbuch der Verhaltenstherapie. Bd. 1. Berlin (Springer).
Marvin, R. S. (2003): Entwicklungspsychopathologische Intervention auf der Basis der Bindungs- und der Familiensystemtherorie. In: H. Scheurer-

Englisch G. J. Suess u. W. K. P. Pfeifer (Hrsg.): Wege zur Sicherheit. Gießen (Psychosozial), S. 109–134.
Masterson, J. F. (1993): Die Sehnsucht nach dem wahren Selbst. Stuttgart (Klett-Cotta).
Mattejat, F. (1997): Indikationsstellung und Therapieplanung. In: H. Remschmidt (Hrsg.) (1997): Psychotherapie im Kindes- und Jugendalter. Stuttgart, New York (Thieme), S. 69–77.
Meichenbaum, D. u. D. C. Turk (1994): Therapiemotivation des Patienten. Bern (Huber).
Michel, K. (2002): Der Arzt und der suizidale Patient. Teil 1: Grundsätzliche Aspekte. *Schweizerisches Medizinisches Forum* 29/30: 704–707.
Miller, J. G. (1978): Living Systems. New York (McGraw-Hill).
Miller, W. M. u. S. Rollnick (1999): Motivierende Gesprächsführung. Freiburg (Lambertus).
Minuchin, S. (1981): Familie und Familientherapie. Feiburg (Lambertus).
Minuchin, S. u. H. C. Fishman (1983): Praxis der strukturellen Familientherapie. Freiburg (Lambertus).
Minuchin, S., B. L. Rosman u. L. Baker (1981): Psychosomatische Krankheiten in der Familie. Stuttgart (Klett-Cotta).
Murray, H. A. (1938): Explorations in personality. New York (Oxford University Press).
Mussen, P. H. a. M. C. Jones (1957): Self-conceptions, motivations and interpersonal attitudes of late- and early-maturing boys. *Child Development* 28: 243-256.
Neudeck, P. u. H.-U. Wittchen (Hrsg.) (2005): Konfrontationstherapie bei psychischen Störungen. Göttingen (Hogrefe).
Nevermann, Ch. u. H. Reicher (2001): Depression im Kindes- und Jugendalter. München (Beck).
Niesel, R. (1995): Erleben und Bewältigen elterlicher Konflikte durch Kinder. *Familiendynamik* 20 (2): 155–170.
Ogrodniczuk, J. S., A. S. Joyce a. W. E. Piper (2005): Strategies for Reducing Patient-Initiated Premature Termination of Psychotherapy. *Harvard Review of Psychiatry* 13 (2): 57–70.
Orlinsky, D. E., K. Grawe a. B. K. Parks (1994): Process and outcome in psychotherapy – Noch einmal. In: A. E. Bergin u. S. L. Garfield (eds.) (1994): Handbook of psychotherapy and behavior change. New York (Wiley), pp. 270–378.
Orlinsky, D. E. a. K. I. Howard (1986): Process and outcome in psychotherapy. In: S. L. Garfield a. A. E. Bergin (eds.): Handbook of psychotherapy and behavior change. New York (Wiley), 3. Aufl., pp. 311–381.
Petermann, F. (Hrsg.) (2002): Lehrbuch der klinischen Kinderpsychologie und -psychotherapie. Göttingen (Hogrefe).
Piaget, J. (1984): Psychologie der Intelligenz. Stuttgart (Klett-Cotta).

Pirie, F. (2005): Rechtliche Verfahren in neuen staatlichen Konfigurationen: Integration von Minderheiten in Indien und China. Halle/Saale (Max-Planck-Institut für ethnologische Forschung), S. 167–171.
Pleyer, K. H. (2003): Parentale Hilflosigkeit – ein systemisches Konstrukt für die therapeutische und pädagogische Arbeit mit Kindern. *Familiendynamik* 28 (4): 467–491.
Popper, K. R. (1980): Die offene Gesellschaft und ihre Feinde. Teil 1 & 2. München (UTB-Francke).
Prochaska, J. O. a. C. C. DiClementi (1982) : Transtheoretical therapy: Toward a more integrative model of change. *Psychotherapy: Theory, Research and Practice* (19): 276–288.
Prochaska, J. O. (2001): Wie Menschen es schaffen, sich zu ändern, und wie wir noch mehr Menschen dabei unterstützen können. In: M. A. Hubble, B. L. Duncan u. S. D. Miller (Hrsg.): So wirkt Psychotherapie. Dortmund (modernes lernen), S. 253–286.
Puntsch, E. (1994): Das neue Zitatenhandbuch. Augsburg (Weltbild).
Rapoport, A. (1974): Konflikt in der vom Menschen gemachten Umwelt. Darmstadt (Darmstädter Blätter).
Reinecker, H. u. A. Lakatos (2005): Was kommt nach dem Ritual? Umgang mit Emotionen während und nach der Exposition. In: P. Neudeck u. H.-U. Wittchen (Hrsg.): Konfrontationstherapie bei psychischen Störungen. Göttingen (Hogrefe), S. 127–142.
Rattner, J. u. G. Danzer (2004): Europäisches Österreich: Literatur- und geistesgeschichtliche Essays über den Zeitraum 1800–1980. Wien (Königshausen & Neumann).
Remschmidt, H. (1992): Psychiatrie der Adoleszenz. Stuttgart (Thieme).
Remschmidt, H. (Hrsg.) (1997): Psychotherapie im Kindes- und Jugendalter. Stuttgart, New York (Thieme).
Remschmidt, H. u. F. Mattejat (2000): The component model of treatment in child and adolescent psychiatry: Theoretical Concept and empirical results. *European Child and Adolescent Psychiatry* 10 (1): 26–45.
Renan, E. (1882): Qu'est-ce qu'une nation? Conférence faite à la Sorbonne, le 11 mars 1882.Verfügbar unter: http://fr.wikisource.org/wiki/Qu%27est-ce_qu%27une_nation_%3F [25.1.2009].
Rössler, W. (Hrsg.) (2005): Die therapeutische Beziehung. Berlin (Springer).
Rogers, C. R. (1981): Die klientenzentrierte Gesprächspsychotherapie. München (Kindler), 2000.
Rogers, C. R. (1981): Die klientenzentrierte Gesprächspsychotherapie. München (Kindler).
Rogers, C. R.. (2000): Die klientenzentrierte Gesprächstherapie. Frankfurt a. M. (Fischer).

Roth, G. 2007): Das Ich auf dem Prüfstand – Die Hirnforschung und die Frage, was uns zum Handeln antreibt. Vortrag (CD). Tonträgerproduktion. Hamburg (Hoffmann & Campe).
Rotthaus, W. (Hrsg.) (2005): Systemische Kinder- und Jugendlichenpsychotherapie. Heidelberg (Carl–Auer), 3. Aufl.
Rutter, M. (1994): Family Discord and Conduct Disorder: Cause, Consequence or Correlate? Journal of Family Psychology 8 (2): 170–186.
Rutter, M. a. D. J. Smith (eds.) (1995): Psychosocial Disorders in Young People. Time Trends and Their Causes. New York (Wiley).
Scharfetter, C. (1992): Selbstbeschädigung. TW Neurologie Psychiatrie (6): 763–766
Scheurer-Englisch, H., G. J. Suess u. W. K. P. Pfeifer (Hrsg.) (2003): Wege zur Sicherheit. Gießen (Psychosozial).
Schiepek, G. (1999): Die Grundlagen der Systemischen Therapie. Göttingen (Vandenhoeck & Ruprecht).
Schleiffer, R. (1993): Anderssein – Zur Familiendynamik dissozialer Adoptivkinder. Familiendynamik 18 (4): 386–396.
Schlippe, A. von u. J. Schweitzer (1996): Lehrbuch der systemischen Therapie und Beratung. Göttingen (Vandenhoeck & Ruprecht).
Schmid, P. F. (2002): Die therapeutische Beziehung als personale Herausforderung. Vortrag beim 34. Weinsberger Kolloquium. Verfügbar unter: http://web.utanet.at/schmidpp/paper-weinsberg.pdf [19.12.2008].
Schneewind, K. A. (1999): Familienpsychologie. Stuttgart (Kohlhammer).
Schnyder, U. u. J.-D. Sauvant (1993): Krisenintervention in der Psychiatrie. Bern (Huber).
Schulz von Thun, F. (1984): Miteinander reden: Störungen und Klärungen. Reinbeck (Rowohlt).
Schwartz, S. (1988): Wie Pawlow auf den Hund kam. Die 15 klassischen Experimente der Psychologie. Weinheim (Beltz).
Schweitzer, J. u. A. von Schlippe (2006): Lehrbuch der systemischen Therapie und Beratung II: Das störungsspezifische Wissen. Göttingen (Vandenhoeck & Ruprecht).
Segalen, M. (1990): Die Familie – Geschichte, Soziologie, Anthropologie. Frankfurt (Campus), S. 2.
Selvini Palazzoli, M., L. Boscolo, G. Cecchin a. G. Prata (1980): Hypothesizing – Circularity – Neutrality: Three Guidelines for the Conductor of the Session. Family Process 19 (1): 3–12. [dt. (1981): Hypothetisieren – Zirkularität – Neutralität: Drei Richtlinien für den Leiter der Sitzung. Familiendynamik 6 (2): 123–139.]
Selvini Palazzoli, M., L. Boscolo, G. Cecchin u. G. Prata (1981): Paradoxon und Gegenparadoxon. Stuttgart (Klett).
Selvini Palazzoli, M. (Hrsg.) (1984): Hinter den Kulissen der Organisation. Stuttgart (Klett-Cotta).

Senger, H. v. (1988): Strategeme. Bern (Scherz).
Simon, F. u. G. Weber (2006): Vom Navigieren beim Driften. »Post aus der Werkstatt« der systemischen Therapie. Heidelberg (Carl Auer), 3. Aufl. 2009.
Sonneck, G. (2000): Krisenintervention und Suizidverhütung. Wien (Facultas).
Stattin, H. a. D. Magnusson (1990): Pubertal maturation in female development. Hillsdale (Lawrence Erlbaum). In: H. Fendt (2003): Entwicklungspsychologie des Jugendalters: Ein Lehrbuch für pädagogische und psychologische Berufe. Wiesbaden (VS, Verlag für Sozialwissenschaft), S. 245–246.
Steiner, Th. u. I. K. Berg (2005): Handbuch Lösungsorientiertes Arbeiten mit Kindern. Heidelberg (Carl-Auer), 4. Aufl 2009.
Steinhausen, H.-C. u. M. von Aster (Hrsg.) (1999): Verhaltenstherapie und Verhaltensmedizin bei Kindern und Jugendlichen. Weinheim (Beltz/PVU).
Steinhausen, H.-Ch. (2000): Seelische Störungen im Kindes- und Jugendalter. Stuttgart (Klett-Cotta).
Stierlin, H. (1980): Eltern und Kinder. Das Drama von Trennung und Versöhnung im Jugendalter. Frankfurt (Suhrkamp).
Stierlin, H. (1989): Individuation und Familie. Frankfurt a. M. (Suhrkamp).
Stierlin, H. (1994): Ich und die andern. Psychotherapie in einer sich wandelnden Gesellschaft. Stuttgart (Klett-Cotta).
Stierlin, H. (1997): Zum aktuellen Stand der systemischen Therapie. *Familiendynamik* 22: 348–362.
Stierlin, H., I. Rücker-Embden-Jonasch u. N. Wetzel (2001): Das erste Familiengespräch. Stuttgart (Klett-Cotta).
Stroebe, W., M. Hewstone a. G. M. Stephenson (Hrsg.) (1996): Sozialpsychologie – Eine Einführung. Berlin. (Springer).
Strunk, G. (1998): Stellungnahme zur Theorie und Praxis der Systemischen Therapie zum Antrag auf Anerkennung der systemischen Weiterbildung. für den Erwerb des Zertifikats »Klinische/r Psychologe/in Psychotherapeut/in BDP« beim Berufsverband Deutscher Psychologinnen und Psychologen. Verfügbar unter: http://www.complexity-research.com/pdf/strunk6.pdf [3.10.2008].
Sydow, K. v., S. Beher, R. Retzlaff u. J. Schweitzer (2007): Die Wirksamkeit der Systemischen Therapie/Familientherapie. Göttingen (Hogrefe).
Sydow, K. v. (2008): Bindungstheorie und systemische Therapie. *Familiendynamik* 33 (3): 260–273.
Szondi, L (1968): Freiheit und Zwang im Schicksal des Einzelnen. Zürich (Ex Libris).

Tallman, K. u. C. Bohart (2001): Gemeinsamer Faktor KlientIn: SelbstheilerIn. In M. A. Hubble, B. L. Duncan u. S. D. Miller (Hrsg.) (2001): So wirkt Psychotherapie. Dortmund (modernes lernen), S. 85–136.

Tanner, J. M (1962): Wachstum und Reifung des Menschen. Stuttgart (Thieme).

Tarr Krüger, I. (2001): Die magische Kraft der Beachtung. Freiburg (Herder).

Tomm, K. (1996): Die Fragen des Beobachters. Schritte zu einer Kybernetik zweiter Ordnung in der systemischen Therapie. Heidelberg (Carl-Auer), 5. Aufl. 2009.

Van Gennep, A. (1986): Übergangsriten. Frankfurt/New York (Campus).

Wallerstein, J. S., J. M. Lewis u. S. Blakeslee (2002): Scheidungsfolgen – Die Kinder tragen die Last. Eine Langzeitstudie über 25 Jahre. Münster (Votum).

Walster, E., G. W. Walster, J. Piliavin a. L. Schmidt (1973): »Playing hard to get«: Underständing an elusive phenomenon. *Journal of Personality and Social Psychology* 26: 113–121.

Walter, J. L. u. J. E. Peller (1996): Lösungsorientierte Kurztherapie. Dortmund (modernes lernen).

Watzlawick, P., J. H. Beavin a. D. D. Jackson (1969): Menschliche Kommunikation. Bern (Huber).

Wiegand-Grefe, S. (2002): Die präsentierten Probleme in der Familientherapie. Heidelberg (Asanger).

Winnicott, D. W. (1992): Kind, Familie und Umwelt. München/Basel (Reinhardt).

Wittchen, H.-U. a. F. Jacobi 2005): Size and burden of mental disorders in Europe – a critical review and appraisal of 27 Studies. *European Neuropsychopharmacology* 15: 357–376.

Wygotsky, L. S. (1993): Denken und Sprechen. Frankfurt a. M. (Fischer).

Wynne, L. C. (1988): Zum Stand der Forschung in der Familientherapie. *System Familie* 1: 4–22

Young, J. E., A. D. Weinberger a. A. T. Beck (2001): Cognitiv therapy for depression. In: D. Barlow (ed.) (2001): Clinical handbook of psychological dirorders. New York (Guliford Press), pp. 264–308.

ZGB, Art. 304. In: H. Giger (Hrsg.) (1992): ZGB. Schweizerisches Zivilgesetzbuch. Zürich (Liberalis).

Znoj, H. (2005): Die therapeutische Beziehung aus verhaltenstherapeutischer Sicht. In: W. Rössler (Hrsg.): Die therapeutische Beziehung. Berlin (Springer), S. 81–95.

Zuk, G. H. (1978): Familientherapie. Freiburg (Lambert).

Über den Autor

Jürg Liechti, Dr. med.; Studium der Humanmedizin, Experimentellen Medizin, Biologie, Psychiatrie, Psychotherapie und Systemtherapie. Seit 1985 freiberufliche Praxis in Bern. Supervisor und Lehrbeauftragter an verschiedenen Kliniken und Instituten (Universitäten Bern, Zürich, Basel). Lehrbeauftragter für systemische Therapie an der Medizinischen Fakultät der Universität Bern seit 1998. Gründungsmitglied der Schweizerischen Gesellschaft für systemische Therapie und Beratung (SGS). Aufbau und Geschäftsleitung des Zentrums für Systemische Therapie und Beratung (ZSB) Bern seit 1995.

Stiftung ZSB Bern

Zentrum für Systemische
Therapie und Beratung

Systemische Therapie und Beratung
Interdisziplinäres Netzwerk systemisch orientierter PsychotherapeutInnen aus Medizin, Psychologie, Sozialarbeit und Sozialpädagogik

Weiterbildung, Fortbildung und Kurswesen
Im psychomedizinischen, psychosozialen, erwachsenenbildnerischen sowie im Bereich von Organisations- und Teamentwicklung

Systemisch orientierte Projekte
Projekte im psychomedizinischen und psychosozialen Bereich

Kontakt
Sekretariat ZSB Bern
Villettemattstrasse 15 • CH-3007 Bern
+41 (0) 31 381 92 82
info@zsb-bern.ch • www.zsb-bern.ch

MAS Systemische Psychotherapie

Master of Advanced Studies ZFH in systemischer Psychotherapie mit kognitiv-behavioralem Schwerpunkt

Kooperation der Zürcher Hochschule für angewandte Wissenschaften *(IAP, Institut für angewandte Psychologie)* mit dem Zentrum für Systemische Therapie und Beratung *(Stiftung ZSB Bern).*

Zielgruppe
Der MAS in systemischer Psychotherapie mit kognitiv-behavioralem Schwerpunkt (MAS PT) richtet sich an Psychologinnen und Psychologen sowie Ärztinnen und Ärzte.

Weiterbildungsziele
- Facharzt/-ärztin FMH für Psychiatrie und Psychotherapie
- Fachpsychologe/-in für Psychotherapie FSP
- Psychotherapeut/in SBAP.

Inhalt
Wissen und Können: Es werden primär die Konzepte der systemischen Therapie mit Bezug zur kognitiv-behavioralen Orientierung vermittelt. Dabei wird der Integralität beider Grundorientierungen besonderes Gewicht beigemessen. Therapieschulenübergreifendes Basiswissen moderner, pragmatischer Psychotherapie aus Diagnostik und Therapieplanung sowie empirisch abgesicherte, störungsspezifische Konzepte werden gelehrt. Im Zentrum der Weiterbildung steht die praktische Umsetzung in psychotherapeutisches Handeln.

Abschluss
Master of Advanced Studies ZFH
in systemischer Psychotherapie mit kognitiv-behavioralem Schwerpunkt. Das Curriculum ist sowohl durch die FSP wie durch den SBAP. anerkannt.

Dauer
Berufsbegleitende, 3–4-jährige postgraduale Weiterbildung in festen Gruppen

Kosten
CHF 23800,– inkl. die Module Wissen und Können sowie Sequenz Selbsterfahrung in Gruppen (exkl. Kosten für Selbsterfahrung im Einzelsetting und für Supervision).

Information und Detailprogramm
IAP Zürich +41 58 934 83 72 • rita.foerster@zhaw.ch
ZSB Bern +41 31 381 92 82 • info@zsb-bern.ch.

Jürg Liechti
Magersucht in Therapie
Gestaltung therapeutischer Beziehungssysteme

247 Seiten, Kt, 2008
ISBN 978-3-89670-627-0

Seit der Entscheidung großer Modehäuser, keine magersüchtigen Models mehr auf den Laufsteg zu lassen, rückt die Krankheit zunehmend ins öffentliche Bewusstsein. Der angesehene Schweizer Arzt und Psychiater Jürg Liechti beschäftigt sich seit über zwanzig Jahren im Berner Zentrum für systemische Therapie und Beratung mit Magersüchtigen. In diesem Buch gibt er einen aktuellen Überblick über Theorie, klinische und ambulante Therapien bei Anorexia nervosa.

Liechtis Kernthese lautet, dass die Therapie von Magersucht idealerweise systemische, Verhaltens- und Familientherapie kombiniert. Besonderes Augenmerk wird auf die ressourcenorientierte Kontaktaufnahme mit der Patientin und auf die Gestaltung der Beziehungen aller Beteiligten innerhalb der Therapie gelegt.

„Was das Buch besonders wertvoll macht für alle, die sich mit dieser Störung auseinandersetzen (müssen), sind die vielfältigen, gut dokumentierten und kommentierten Fallbeispiele, welche die theoretischen Ausführungen sofort wieder konkretisieren und beleben. Diese Beispiele machen das Buch auch für Laien lesenswert."

Prof. Dr. Hansjörg Znoj

 Carl-Auer Verlag • www.carl-auer.de

Carole Gammer

Die Stimme des Kindes in der Familientherapie

351 Seiten, Kt, 2007
ISBN 978-3-89670-538-9

Was geschieht mit Kindern in der Familientherapie? Wie lässt sich die Therapie auf das Kind ausrichten? Carole Gammer, international renommierte Familientherapeutin, stellt das Kind konsequent in den Mittelpunkt ihrer Arbeit und dieses Buches. Im Unterschied zur Therapie alleine mit Erwachsenen gilt es für Therapeuten hier, den jeweiligen Entwicklungsstand des Kindes und seine altersgemäßen Fähigkeiten zu berücksichtigen.

Das Kernstück des Buches bilden spezifische Behandlungsmethoden – z. B. Rollenspiele oder die Arbeit mit Metaphern – und ihre Anpassung an den jeweiligen Entwicklungsstand des Kindes. Die Autorin macht ihre Vorgehensweise an zahlreichen praktischen Beispielen mit Kindern jeder Altersstufe Schritt für Schritt nachvollziehbar. Die Behandlung ausgewählter Probleme, wie schwierige Geschwisterbeziehungen oder Hyperaktivität, wird an konkreten Sitzungsverläufen erläutert. Zum Abschluss geht Gammer auch auf zugrundeliegende theoretische Aspekte ein.

„Eine Fundgrube an Ideen und Überlegungen, wie Kinder aktiv in den therapeutischen Veränderungsprozess einbezogen werden können. Und eine Hommage an kreative Vorgehensweisen in der Therapie. Für Therapierende wie für Klienten ist das Buch eine Bereicherung!" Dr. med. Therese Steiner

 Carl-Auer Verlag • www.carl-auer.de

Marie-Luise Conen | Gianfranco Cecchin
Wie kann ich Ihnen helfen, mich wieder loszuwerden?
Therapie und Beratung in Zwangskontexten

288 Seiten, Kt, 2. Aufl. 2009
ISBN 978-3-89670-512-9

Wer als Therapeut oder Berater mit Klienten arbeiten soll, die von sich aus kein Anliegen haben oder nicht beraten werden wollen, hat zwei Möglichkeiten: Er sucht sich andere Klienten, oder er versucht, die Möglichkeiten zu nutzen, die die Situation bietet.

Marie-Luise Conen und Gianfranco Cecchin zeigen mit diesem Buch, dass Unfreiwilligkeit kein Hindernis für eine gute Zusammenarbeit sein muss. Professionellen Helfern bieten sie neue Standpunkte und Konzepte für den Umgang mit unmotivierten Klienten an. Die sind nicht nur in der Jugendhilfe, der Psychiatrie oder im Strafvollzug von großem Nutzen, sondern machen auch in der Jugendgerichtshilfe, in Einrichtungen der Drogenrehabilitation, im Umgang mit Verkehrsstraftätern oder bei häuslicher Gewalt erfolgreiche Interventionen möglich.

Gianfranco Cecchin (1932–2004) zählt mit seinen Mailänder Kollegen zu den Pionieren der systemischen Therapie. Marie-Luise Conen hat viele ihrer Ideen in der aufsuchenden Familientherapie formuliert und erprobt. Gemeinsam haben sie das Thema über 15 Jahre entwickelt und hier erstmals publiziert.

 Carl-Auer Verlag • www.carl-auer.de

Gianfranco Cecchin | Marie-Luise Conen
Wenn Eltern aufgeben
Therapie und Beratung bei konflikthaften Trennungen von Eltern und Kindern

239 Seiten, Kt, 2008
ISBN 978-3-89670-629-4

„Was mache ich mit Eltern, die ihre Kinder einfach nur noch loswerden wollen?" Mitarbeiter in Familien-, Jugend- und Erziehungshilfeeinrichtungen stehen immer häufiger vor dieser Frage, weil Eltern resignieren. Dieses Buch unterstützt Therapeuten und andere professionelle Helfer beim Umgang mit Familien, in denen eine solche konflikthafte Trennung von Eltern und Kindern im Raum steht oder bereits stattgefunden hat.

Die Autoren erläutern, unter welchem Druck Eltern heute stehen und wie unser Bild von Familie dazu beiträgt. Sie raten davon ab, den moralischen Zeigefinger zu erheben, wenn Eltern aufgeben, und stattdessen herauszufinden, was Kinder mit ihrem unkooperativen Verhalten sagen wollen. Anhand von ausführlichen Familiengesprächen und Fallbesprechungen aus der Praxis zeigt das Buch Lösungen und ihre Umsetzung auf.

Der Band ist das Ergebnis einer intensiven und langjährigen Zusammenarbeit zwischen Marie-Luise Conen und Gianfranco Cecchin, einem der Pioniere der Familientherapie.

Carl-Auer Verlag • www.carl-auer.de